Sorté.

2643.
A.

à conserver

23932

RÉFLEXIONS

SUR L'IMITATION

DES ARTISTES GRECS

DANS

LA PEINTURE ET LA SCULPTURE.

RECUEIL

DE

DIFFÉRENTES PIÈCES

SUR LES ARTS,

PAR M. WINCKELMANN.

TRADUIT DE L'ALLEMAND.

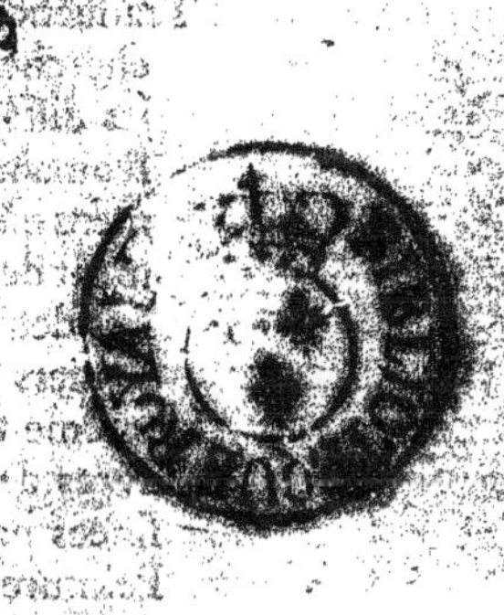

A PARIS,

Chez BARROIS l'aîné, Libraire, Quai des Augustins.

M. DCC. LXXXVI.

AVEC APPROBATION ET PRIVILÈGE DU ROI.

Lettres familières, 2 vol. in-8°. br. avec son portrait, 7 l. 10 s.
Remarques sur l'Architecture des Anciens, & sur celle du
  Temple de Girgenti, in-8. br. 2 liv. 8 s.
Recueil de Lettres sur les Découvertes faites à Herculanum ;
  à Pompeii, à Stabia, à Caserte, & à Rome, in-8°. br. 5 l.

Sous Presse.

Histoire de l'Art chez les Anciens, 3 vol. in-8°. nouvelle
  édition, revue & corrigée, avec figures.
Sur l'Allégorie, in-8°.
Monumens anciens qui n'ont point encore été publiés, avec
  figures.
Description des Pierres gravées du cabinet de Stosch, in-8°.
  2 vol.

LIVRES qui se trouvent chez le même Libraire.

Œuvres complettes de Mengs, 2 vol. in-8°. *Sous presse.*
Description des principales Pierres gravées du cabinet de M. le
  Duc d'Orléans, par MM. les Abbés de la Chau & le Blond,
  2 vol. in-fol. avec plus de 200 fig. br. 120 liv.
Traduction des Fastes d'Ovide, avec des Notes & des Recherches de Critique d'Histoire & de Philosophie, tant sur
  les différens objets du système allégorique de la Religion
  Romaine, que sur les détails de son Culte & les Monu-
  mens qui y ont rapport, par M. Bayeux, Avocat au Parle-
  ment de Normandie, 4 vol. in-8°. avec fig. br. 24 liv.
  Les deux premiers volumes sont en vente, les deux derniers paroîtront cette année.
Le même Ouvrage, format in-4°. 4 vol. 72 liv.
Œuvres de Gesner, 3 vol. in-4°. ornés de 74 estampes dessinées par M. le Barbier l'aîné, de l'Académie royale de
  Peinture, & gravées par les plus habiles artistes.
  Cet ouvrage, proposé par souscription, a paru par livrai-
  sons ; les cinq premières, qui complettent le premier
  volume, sont en vente ; la sixième va paroître incessam-
  ment : les autres suivront de près. Le prix des 3 volumes
  complets est de 120 liv.
  Il y a quelques exemplaires de format in-folio, *premières
  épreuves.* 288 liv.

PRÉFACE

DU TRADUCTEUR.

L'EMPRESSEMENT avec lequel on a reçu les autres ouvrages de M. Winckelmann, que nous avons donnés en François, nous fait espérer qu'on ne verra pas paroître avec moins de plaisir le *Recueil de différentes Pièces sur les Arts,* par le même auteur, que nous publions aujourd'hui.

Les *Réflexions sur l'Imitation des Artistes Grecs,* qui sont à la tête de ce recueil, avoient déja paru en François, dans le *Journal Etranger,* d'après une traduction Angloise. Nous avons conservé avec soin cette traduction Françoise, à laquelle nous avons seulement rendu la forme de l'original Allemand. Nous avons rétabli de même les passages que les estimables auteurs du *Journal Etranger* avoient jugé à propos de retrancher ; & nous avons ajouté les augmentations que M. Winckelmann a faites , en donnant la seconde édition de ce petit ouvrage , qui est le premier qui soit sorti de sa plume (1).

Les autres pièces de ce recueil n'étoient pas encore connues en François, à l'exception de la dernière intitulée : *De la Grace dans les Ouvrages de l'Art*, dont on a donné un extrait dans le *Journal Etranger*, & que nous publions ici en entier.

―――――――――――――

(1) La première édition des *Réflexions sur l'Imitation des Artistes Grecs*, parut en Allemand à Dresde, en 1755. Cet Ouvrage fut alors traduit, en forme de Lettres, en Italien, & ensuite en Anglois & en François. La seconde édition Allemande, augmentée par l'Auteur, fut publiée aussi à Dresde, en 1756; & c'est dans cette même année qu'on en donna la critique, ainsi que la réponse que M. Winckelmann y a faite.

Nous ne dirons rien du mérite de ces différentes pièces : le nom de M. Winckelmann nous difpenfe de faire l'éloge de celles qui font de cet écrivain ; & nous croyons que la *Lettre au fujet des Réflexions fur l'Imitation des Artiftes Grecs* , ne peut qu'ajouter un nouvel intérêt à cet écrit, tant par la manière dont on y relève quelques erreurs échappées à M. Winckelmann , que par l'exactitude avec laquelle il répond à tous les points de cette critique, dont nous ne connoiffons pas l'auteur.

TABLE

Des Pièces contenues dans ce Volume.

Fin de la Table.

RÉFLEXIONS

SUR L'IMITATION

DES ARTISTES GRECS

DANS LA PEINTURE

ET LA SCULPTURE.

On peut dire que le bon goût, qui se répand de plus en plus en Europe, a pris naissance dans la Grèce. Les inventions des autres peuples, qui furent communiquées aux Grecs, n'étoient que des essais grossiers, qui, sous l'heureuse influence du génie de ce peuple, prirent une nouvelle forme & de nouveaux degrés de beauté, de grace ou d'utilité.

Minerve, dit Platon, choisit pour la résidence de son peuple favori le climat agréable de la Grèce, comme le plus propre à favoriser les progrès de l'esprit & du génie, par la douce & heureuse température qui y règne pendant les différentes saisons.

A

Le goût qui fe fait fentir dans les producr tions des artiftes Grecs leur a été particulier. Rarement a-t-il été tranfmis aux autres nations, fans perdre quelque chofe de fa première pureté; & fa douce lumière n'a pénétré que fort tard dans les régions feptentrionales, où elle étoit fans doute encore inconnue, du tems que les deux arts, dont les Grecs ont été les grands maîtres, n'avoient qu'un petit nombre d'admirateurs; dans le tems, dis-je, qu'on vit à Stockholm plufieurs beaux tableaux du Corrège employés à fermer les croifées des écuries du Roi.

L'on ne peut nier que le règne du grand Augufte n'ait été l'heureufe époque où les beaux arts furent introduits en Saxe, comme une colonie étrangère. C'eft fous fon fucceffeur, le Titus du Nord, que ces arts fe font fixés dans ce pays; & c'eft par leur fecours que le bon goût y eft devenu général.

Ces deux Princes ont acquis une gloire immortelle, en tirant de l'Italie les plus rares tréfors de l'art, & les plus beaux tableaux des autres pays, pour les faire fervir de modèles du bon goût, en les expofant aux yeux de leur peuple; & l'amour dont ils étoient animés à cet égard ne leur a laiffé aucun repos, qu'ils n'euffent procuré aux artiftes la fatisfaction de poffléder des chefs-d'œuvres des grands maîtres de la Grèce.

Les fources les plus pures de l'art font ouvertes: heureux celui qui les connoît & qui fait y puifer!

Aller à la recherche de ces sources, c'est ce qu'on appelle communément : « faire le voyage d'Athènes ; » & désormais Dresde sera une autre Athènes pour les artistes.

Ce n'est qu'en imitant les anciens qu'on peut parvenir à exceller, & même à devenir inimitable ; & l'on peut dire des artistes de l'antiquité, & sur-tout des Grecs, ce qu'on a dit d'Homère : plus nous étudierons leurs ouvrages, plus nous les admirerons, parce que la véritable beauté brille d'autant plus qu'on l'examine avec plus d'attention. Afin d'admirer le Laocoon comme on admire Homère, il faut, pour ainsi dire, connoître cette fameuse statue comme on connoît un intime ami, avec qui l'on converse tous les jours ; & c'est en contractant cette amitié intime, qu'on pourra en juger comme Nicomaque jugeoit de l'Hélène de Zeuxis : quelqu'un trouvant des défauts dans la composition de ce fameux tableau : » Prenez mes yeux, dit-il au censeur, & vous » verrez que c'est une divinité ».

C'est avec de semblables yeux que Michel-Ange, Raphaël & le Poussin regardoient les productions des anciens artistes. Ils cherchoient à leur source le goût, le vrai & le beau. Raphaël les prit dans le pays même où ils étoient nés ; il envoya en Grèce plusieurs excellens dessinateurs, chargés de dessiner pour lui tous les monumens précieux de l'antiquité qui avoient échappé au ravage du tems.

Une statue sortie du ciseau d'un ancien artiste

Romain peut être comparée à celle d'un artifte Grec, de la même manière qu'on compare la Didon & la Diane de Virgile à la Naufícaë d'Homère, que le poëte Latin a cherché à imiter.

La ftatue de Laocoon étoit pour les artiftes de l'ancienne Rome ce qu'elle eft pour nous, la régle de Polyclète ; c'eft-à-dire un modèle parfait de l'art.

Il ne faut pas s'imagiher cependant que les meilleures productions des plus fameux peintres & fculpteurs de la Grèce foient exemptes de négligences. Il y en a même un plus grand nombre qu'on ne le croit communément; mais ce font des taches légères effacées par l'éclat des beautés qui les environnent. L'admiration qu'excitent les perfections de ces ouvrages ne permet prefque pas d'en appercevoir les négligences. Quelques-uns des plus grands artiftes de l'antiquité bornoient leurs foins à finir la principale figure de chaque ouvrage, & négligeoient le refte. Le dauphin & l'amour qu'on voit aux pieds de la Vénus de Médicis ; les acceffoires de la célèbre pierre gravée de Diofcoride, repréfentant Diomède avec le Palladium, font des preuves de ce que j'avance ici. Jetez les yeux fur les médailles des Rois d'Egypte & de Syrie, fur celles même qui font du fini le plus précieux, vous verrez que le travail du revers de ces médailles eft bien inférieur à celui des têtes. Il faut confidérer les productions de quelques anciens artiftes comme Lucien confidéroit le

Jupiter de Phidias ; il admiroit le dieu, fans faire attention au piédeftal.

Ceux qui font en état de juger des productions des artiftes Grecs, & qui cherchent à les imiter, trouveront dans leurs chefs-d'œuvres non-feulement la nature choifie, mais quelque chofe encore de plus beau & de plus fublime ; ils y découvriront ce beau idéal, dont le modèle n'eft pas vifible dans la nature extérieure, & qui, fuivant un ancien commentateur de Platon (1), ne peut fe trouver que dans l'ame humaine, où il a été gravé par la fource primitive de toute beauté.

La forme humaine, la plus belle & la mieux proportionnée que l'on puiffe trouver chez les peuples modernes, ne reffembleroit peut-être pas davantage aux plus beaux corps de l'ancienne Grèce, qu'Iphiclès ne reffembloit à fon frère Hercule. La température d'une atmofphère douce, pure & fe-reine, avoit fans doute une grande influence fur la conftitution phyfique des Grecs ; & les exercices mâles auxquels ils étoient accoutumés dans leur jeuneffe, achevoient de leur donner une forme noble & élégante.

Prenons un jeune Spartiate, defcendu d'une race de héros, dont les mouvemens, pendant fon enfance, n'ont jamais été contraints par ces miférables entraves dont nous gênons & opprimons aujourd'hui la nature dans fes premiers dévelop-

____

(1) *Proclus in Timæum Platonis.*

A iij

pemens ; qui, dès l'âge de sept ans, s'est habitué
à coucher sur la terre, qui s'est de bonne heure
endurci aux travaux & à la fatigue, & dont les
amusemens même, tels que la lutte, la nage, &c.
ont contribué à fortifier son corps, & à donner de la
souplesse & de l'énergie à tous ses membres ; prenons, dis-je, cette figure mâle & vigoureuse ; plaçons - la en idée à côté d'un jeune Sybarite de nos
jours, & jugeons lequel de ces deux modèles un
habile artiste choisiroit, s'il avoit à représenter un
Thésée, un Achille, ou même un Bacchus. Le
premier, pour nous servir de l'expression d'un peintre Grec (1), seroit un Thésée nourri de chair,
& l'autre un Thésée nourri de roses.

Les jeux de la Grèce étoient un objet perpé-
tuel d'émulation, qui excitoit les jeunes gens à
cultiver les exercices du corps ; les loix obligeoient
ceux qui prétendoient disputer le prix à ces jeux
solemnels, à s'y préparer pendant l'espace de dix
mois, & cela à Elis même, où se célébroient ces
jeux. Les principaux prix n'étoient pas toujours
remportés par ceux qui avoient atteint l'âge de vi-
rilité ; nous voyons par les odes de Pindare, que
quelques-uns des vainqueurs étoient encore dans
le printems de leur âge. Le plus grand desir de
la jeunesse étoit de pouvoir égaler le divin Dia-
goras (2).

---

(1) Euphranor.

(2) *Voyez* Pindar. Olymp. Od. VII. arg. & schol.

Voyez l'Indien léger & actif, qui pourfuit un cerf à la chaffe : avec quelle vélocité & quelle liberté les efprits animaux coulent dans fes nerfs élaftiques & bien tendus ! que de flexibilité dans fes mufcles ! que de foupleffe dans fes mouvemens ! que de vigueur dans fon corps ! C'eft ainfi qu'Homère nous peint fes héros ; & c'eft par la viteffe des pieds & l'agilité à la courfe, qu'il caractérife principalement Achille.

C'eft dans ces exercices que le corps acquéroit ce contour mâle & élégant que les artiftes Grecs ont donné à leurs ftatues, & qui n'a jamais rien de gratuit ni de fuperflu. Les jeunes Spartiates étoient obligés, tous les dix jours, de paroître tout nus devant les Ephores, qui prefcrivoient la plus auftère diète à ceux qui paroiffoient difpofés à un excès d'embonpoint incompatible également avec les belles proportions & avec la vigueur du corps. Il exifte encore une loi de Pytaghore relative au même objet : c'eft là fans doute la raifon qui engageoit les jeunes gens à faire ufage de laitage pendant tout le tems qu'ils fe préparoient à difputer le prix dans les jeux publics.

Les Grecs évitoient avec le plus grand foin tout ce qui pouvoit tendre à altérer les traits du vifage ou les proportions du corps ; Alcibiade ne voulut pas apprendre à jouer de la flûte, parce que cet inftrument faifoit faire une grimace à la bouche : fon exemple fut fuivi par tous les jeunes Athéniens.

L'habillement des Grecs étoit formé de manière qu'il laiſſoit à la nature toute la liberté de donner au corps ſes juſtes proportions; les développemens réguliers & naturels de chaque partie n'étoient jamais gênés ou altérés par ces ajuſtemens, qui déforment nos cols, nos hanches & nos cuiſſes; ces inventions modernes qu'une fauſſe modeſtie a imaginées, pour déguiſer la beauté, étoient abſolument inconnues aux dames de la Grèce; & l'habillement des jeunes filles de Sparte étoit ſi léger & ſi court, qu'on leur donna le nom de *montre-hanches*.

Chacun ſait auſſi quel ſoin prenoient les Grecs pour augmenter la beauté de leurs enfans : le gouvernement propoſoit des récompenſes, pour encourager ces louables attentions ; & Quillet n'enſeigne pas, à beaucoup près, dans ſa Callipédie autant de moyens pour y parvenir, qu'on en employoit dans la Grèce. Ils avoient tellement perfectionné cet art, qu'ils cherchèrent même à changer en noirs les yeux bleus. Il y avoit dans le Péloponèſe des prix propoſés pour couronner la beauté ; ceux qui avoient remporté la victoire dans ce ſingulier combat, avoient pour récompenſe une armure complète, qu'on ſuſpendoit enſuite en leur honneur au temple de Minerve. C'étoit toujours des juges compétens en cette matière qui adjugeoient le prix. Ariſtote nous apprend que les Grecs enſeignoient le deſſin à leurs enfans, pour les mettre en état de juger avec goût les proportions qui conſtituent la vraie beauté.

Aujourd'hui même encore les îles de la Grèce ſont diſtinguées par la grace & la beauté de leurs habitans ; les femmes y conſervent toujours, particulièrement dans l'île de Scios, malgré le mélange des races étrangères, ces charmes particuliers, du teint & de la figure, qui ſont une forte preuve de la beauté ſupérieure de leurs ancêtres, qui ſe diſoient être deſcendus de la lune, & même d'une origine plus ancienne que cette planète.

Il y a encore actuellement des nations entières, chez qui la beauté n'eſt point une prérogative, parce que tous les individus en ſont beaux : les voyageurs s'accordent unanimement à donner cet avantage au peuple de la Géorgie ; & l'on aſſure que la même choſe a lieu chez les Kabardinski, nation de la Crimée.

Ces maladies cruelles, qui détruiſent la régularité des traits, la fraîcheur du teint, les belles proportions du corps, étoient inconnues chez les Grecs ; on ne trouve ni dans leurs auteurs, ni dans leurs traditions aucune indication de la petite vérole ; & il n'y a aucune deſcription particulière de la figure des Grecs, dont Homère dépeint quelquefois juſqu'aux moindres traits, qui nous donne à connoître que ce peuple ait été en butte à ce fléau. La maladie vénérienne, & le rachitis, qui en eſt une ſuite, leur étoient pareillement inconnus.

En un mot, tout ce que l'art peut donner, pour augmenter & conferver la fanté, le développement, la beauté, la ymmétrie & la perfection du corps humain fut mis en ufage par les Grecs; & c'eft ce qui les a rendus un modèle d'imitation pour ceux qui cherchent la nature dans fes formes les plus gracieufes & les plus nobles.

Cependant fi les Grecs avoient adopté les mœurs des Egyptiens, ces prétendus inventeurs des fciences & des arts, qui, par les plus auftères loix, gênoient & garottoient la nature dans plufieurs de fes opérations, ces mêmes modèles de beauté n'auroient pas produit les effets que nous admirons; & la *belle nature* ne fe feroit montrée que très-imparfaitement à l'œil curieux de l'artifte. Mais chez ce peuple charmant, dont la vie étoit confacrée aux plaifirs les plus recherchés, & dont les mœurs n'étoient point contraintes par certaines loix de bienféance qui font d'origine moderne, la nature paroiffoit fans voile, & déployoit la variété infinie de fes attraits.

Les peintres & les fculpteurs étudioient leurs arts dans ces gymnafes ou places publiques, où les jeunes gens nus, & n'ayant d'autre voile que la chafteté publique & la pureté des mœurs, exécutoient leurs différens exercices. Ces places étoient fréquentées par les philofophes & les artiftes; Socrate y venoit inftruire Charmidès, Antonicus & Lyfis: c'eft là auffi que Phidias venoit contempler ces modèles agiffans & animés du beau, du gracieux & du fublime. Les exercices publics dévoiloient aux yeux de l'obfervateur attentif les différens mouvemens des mufcles, & cette prodigieufe variété d'attitudes & de mouvemens ; & l'on étudioit les contours d'un corps vigoureux & bien conformé, dans l'empreinte que les jeunes lutteurs laiffoient fur l'arêne.

Vous imaginez aifément que ces beaux corps entièrement nus, fe montroient fous une infinité de fituations & d'afpects, dont la nobleffe, la vérité, l'expreffion & la grace ne peuvent fe rencontrer dans les attitudes contraintes de ces modèles mercenaires, qui, dans nos académies, vendent aux peintres & aux fculpteurs leur ignoble nudité.

C'eft l'ame feule qui peut imprimer au corps le caractère & l'expreffion de la vérité. Il ne pent y en avoir dans une attitude qui n'eft pas déterminée par un fentiment : le peintre qui voudra donner ce caractère à fes compofitions, le cherchera vainement, s'il n'a fous les yeux l'image vivante de ce qu'il veut exprimer ; l'imagination la plus vive & la plus exercée ne lui tiendra pas lieu de la réalité.

Les exordes de plufieurs dialogues de Platon, qu'il fuppofe fe tenir dans les lieux d'exercice d'Athènes, peuvent fervir à nous donner une idée de la morale élevée de la jeuneffe, & des exercices auxquels elle fe vouoit.

La fleur de cette jeuneffe danfoit toute nue fur

le théâtre public d'Athènes. C'est Sophocle qui, dans sa jeunesse, donna le premier ce singulier spectacle à ses concitoyens, aux fêtes qu'on célébroit en l'honneur de Cérès. On vit aussi Phryné, la belle Phryné, se baigner aux yeux de toute la Grèce; & Phryné sortant du bain, fournit aux artistes le modèle de Vénus Anadyomène, ou naissant au sein de la mer. On sait aussi qu'à Lacédémone les jeunes filles dansoient à certains jours toutes nues aux yeux de la jeunesse Spartiate. Cet usage ne doit point étonner, lorsqu'on se rappelle que, dans les premiers siècles de l'église, on baptisoit les personnes de l'un & de l'autre sexe, en les plongeant indistinctement dans les mêmes eaux.

Il suit de tout ce que je viens dire, que non-seulement la Grèce fournissoit les plus beaux modèles pour la perfection de la peinture & de la sculpture, mais encore que les artistes trouvoient dans les mœurs des Grecs & dans la nature de leurs institutions publiques, les plus grandes ressources, pour tirer de ces modèles toute l'instruction possible; & ces occasions revenoient constamment avec les spectacles, les jeux & les fêtes, dont le nombre étoit prodigieux.

Tant que les Grecs restèrent libres, ils furent trop humains pour introduire sur leur théâtre des scènes de sang & des spectacles d'horreur. Quelques savans prétendent cependant qu'il se donna des spectacles de ce genre en Ionie; mais il est certain que s'ils furent connus dans cette Province, ils n'y eurent pas une longue durée. Antiochus Epiphane, roi de Syrie, fut le premier qui porta en Grèce le goût de ces scènes sanglantes ; il fit venir de Rome des gladiateurs : ces malheureuses victimes de la barbarie d'une populace féroce, n'excitèrent d'abord dans l'ame des Grecs qu'un sentiment de pitié mêlé d'horreur ; mais cette sensibilité s'affoiblissant par degrés, l'usage rendit bientôt familiers ces spectacles affreux, qui devinrent une école où les peintres & les sculpteurs trouvèrent de nouveaux objets à imiter, & une nouvelle source d'instruction. C'est là que Ctésilas vit le modèle de son *Gladiateur mourant*, cité par Pline comme le chef-d'œuvre de l'antiquité le plus étonnant pour l'expression. Cet écrivain nous dit que dans le visage, & même dans les principaux membres de cette figure, un observateur attentif pouvoit remarquer le degré de mouvement & de vie dont elle sembloit encore animée (1).

Ces ressources multipliées, pour observer la nature dans tous ses mouvemens & ses aspects divers, mirent non seulement les artistes Grecs en état de représenter toutes ces beautés avec énergie & vérité, mais encore encourageoient le génie à faire un nouveau pas vers la perfection,

---

(1) Il y en a qui pensent que ce *Gladiateur* dont parle Pline, est le même que le célèbre Gladiateur de Ludovisi, qui se trouve maintenant dans la grande galerie du Capitole.

& à s'élever au dessus même de la nature réelle. Après avoir contemplé la nature dans ses plus belles formes, ils imaginèrent des formes encore plus belles & plus frappantes ; ils acquirent ainsi des idées de beauté supérieures à celles que la nature elle-même leur avoit présentées, & ils les appliquèrent dans leurs ouvrages, non seulement aux différentes parties du corps humain, mais encore au tout considéré sous un seul point de vue. Cette beauté idéale n'avoit d'existence que dans leurs sublimes conceptions ; elle n'appartenoit à aucun objet extérieur ; mais elle surpassoit de beaucoup toutes les idées que les hommes avoient eues jusques là de la beauté.

C'est d'après cette forme idéale de beauté que Raphaël conçut sa fameuse *Galatée*. Cet artiste immortel observe, dans sa lettre au Comte Balthasar Castiglione : « que les différentes parties de
» la véritable beauté se trouvent rarement unies
» dans une seule personne, particulièrement dans
» les femmes ; & qu'en conséquence il avoit été
» obligé de donner à sa Galatée les traits d'une
» beauté idéale, dont le modèle n'existoit que
» dans sa propre imagination (1). «

Ces idées, réellement supérieures à toutes les formes que la matière prend dans l'ordre ordinaire des choses, guidèrent les artistes Grecs dans les

(1) *Voyez* Bellori, Descriz. delle Imagini depinte da Rafaelle d'Urbino, &c. Roma, 1695. Fol.

repréfentations qu'ils firent des divinités & des hommes. On remarque dans les ftatues des dieux & des déeffes, que le front & le nez font prefque entièrement formés par la même ligne. Ce même profil fe retrouve dans les têtes de quelques femmes célèbres repréfentées fur les médailles grecques. Il n'eft cependant pas indifférent, dans une médaille, d'altérer ou de fuivre la nature. Peut-être cette conformation étoit-elle particulière aux anciens Grecs, comme le font le nez applati chez les Calmouks, & les petits yeux en couliffe chez les Chinois. Les yeux grands & bien ouverts, que nous trouvons toujours dans les têtes grecques gravées fur les médailles & les pierres antiques, paroiffent une forte préfomption en faveur de ce fentiment.

Quoi qu'il en foit, les artiftes Grecs deffinèrent les têtes des Impératrices Romaines, d'après un modèle idéal. Auffi obferve-t-on, dans le profil d'une Livie ou d'une Agrippine, le même profil & la même manière que dans celui d'une Artémife ou d'une Cléopatre.

Il ne faut cependant pas penfer qu'en parcourant ces régions idéales, ils perdiffent jamais de vue la nature & la vérité. Les Thébains prefcrivoient à leurs artiftes « d'imiter la nature d'auffi » près qu'il leur feroit poffible; » & cette maxime étoit celle de toute la Grèce. Lorfqu'un artifte s'appercevoit qu'il ne pouvoit pas exprimer le plus beau profil, fans s'écarter de la vérité, il facrifioit le beau idéal au vrai de la nature : c'eſt ce qu'on peut voir dans la belle tête de Julie, fille de Titus, exécutée par le graveur Evode (1).

Mais la loi que les artiſtes Grecs ſe propoſoient de remplir dans toutes leurs compoſitions, « d'i-
» miter fidèlement leurs modèles, en les embel-
» liſſant, & d'unir ainſi la vérité à la beauté «, ſuppoſe dans un peintre ou un ſtatuaire l'idée d'une perfection ſupérieure à celle que la nature lui pré-ſente réellement. Polignote eſt fameux dans l'hiſ-toire des arts, par ſon attachement à ce principe fondamental.

On nous dit, à la vérité, que Cratina, maîtreſſe de Praxitèle, fournit à cet artiſte célèbre l'idée ou le modèle de ſa Vénus de Cnide, & qu'un autre peintre fameux prit la figure de Laïs pour le modèle d'une des trois Graces. Mais il n'y a rien en cela d'incompatible avec les règles générales dont je veux parler: le peintre ou le ſculpteur trou-voit dans le modèle qu'il avoit ſous les yeux, ſoit Cratina, ſoit Laïs, des formes & des lignes par-ticulières de beauté; mais c'eſt dans ſon modèle idéal qu'il trouvoit les grands traits d'élégance & d'expreſſion, & le bel enſemble de ces mêmes parties qu'il imitoit d'après la nature. Le premier de ces modèles fourniſſoit à l'artiſte ce qu'il y avoit d'humain dans ſa compoſition; ce qu'il y mettoit de divin, il le devoit au ſecond modèle.

____

(1) *Voyez* Stoſch, Pierres gravées, pl. XXXIII.

Ceux

Ceux qu'un goût supérieur, éclairé par la réflexion & l'étude, a initiés dans les mystères des beaux arts, apperçoivent dans les productions des artistes Grecs des beautés rarement senties, & qui échappent à l'œil d'un observateur ordinaire ; ces beautés leur paroîtront plus frappantes encore, lorsqu'ils compareront les ouvrages des anciens avec ceux des modernes, sur-tout de ceux qui s'attachent plus à suivre servilement la nature que le goût qui règne dans les anciens modèles de l'art.

Dans les figures de la plus grande partie des modernes, la peau est exprimée, dans les parties comprimées du corps, par une multitude de petits plis trop apparens, & prononcés avec une sorte de dureté. Les artistes Grecs exprimoient au contraire ces plis par des lignes ondoyantes, qui, naissant l'une de l'autre, avec une gradation insensible, présentoient un tout qu'on croyoit formé par un seul trait. Dans ces chefs-d'œuvres de l'antiquité, la peau, au lieu d'avoir un air de contrainte, & de paroître avoir été étendue avec effort sur la chair, semble au contraire unie intimement avec elle, & en suit exactement tous les contours & toutes les inflexions ; on n'y remarque jamais, comme à nos corps, de ces plis détachés qui lui donnent l'air d'une substance séparée de la chair qu'elle recouvre.

On trouve aussi cette même différence entre les ouvrages des Grecs & des modernes, dans l'expression de certains petits creux, & des petites fossettes que ces derniers multiplient à l'infini dans

leurs figures ; mais que les anciens n'ont employées
qu'avec beaucoup d'économie, d'après leur belle
nature, qu'ils n'indiquoient que foiblement, &
qu'on n'apperçoit même souvent à leurs ouvrages
que par un tact exercé.

On ne peut d'ailleurs nier qu'il y avoit dans les
beaux corps des Grecs, ainſi que dans les productions de leurs artiſtes, un enſemble plus parfait,
des articulations plus déliées, des développemens
plus nobles, & une plénitude plus riche que dans
nos corps & dans nos ouvrages grêles & décou-
pés par des inflexions profondes.

Ces conſidérations ſont d'autant plus dignes de
l'attention des artiſtes & des connoiſſeurs, que
beaucoup de gens regardent l'admiration pour les
chefs - d'œuvres de l'antiquité Grecque comme
l'effet du préjugé ou du fanatiſme, & imaginent
que ces monumens n'ont d'autre mérite que d'être
antiques.

Ce point, ſur lequel les artiſtes ſont diviſés dans
leur opinion, auroit même demandé un examen
plus détaillé que celui dans lequel il nous eſt permis d'entrer ici.

On ſait que le fameux cavalier Bernin avoit trop
de connoiſſance & de goût pour embraſſer cette
étrange opinion dans toute ſon étendue ; cependant il étoit bien éloigné de regarder l'étude & l'i-
mitation de l'antiquité comme une règle eſſentielle
aux artiſtes. Il prétendoit d'ailleurs que la nature
avoit donné à toutes ſes productions les différens

degrés de beauté qui appartiennent à chacune, &
que c'étoit à l'art à découvrir ces beautés, à les
combiner, & à les rendre avec élégance & vérité.
Il étoit auffi, comme on fait, un de ceux qui ne
vouloient pas reconnoître la fupériorité des Grecs
dans l'imitation de la nature choifie, & dans l'expreffion du beau idéal. Il avouoit, à la vérité, que
la beauté fupérieure de la Vénus de Médicis l'avoit
pendant long-tems prévenu en faveur des Grecs,
& lui avoit donné une très-haute idée de leur fupériorité fur tous les autres modèles; mais il fe
vantoit d'avoir enfin triomphé de ce préjugé par
une fuite d'obfervations & d'études qui lui avoient
fait voir que toutes les beautés de cette fameufe
ftatue exiftoient actuellement dans la nature (1).

Examinons un moment cet aveu remarquable :
on peut en tirer un argument contre l'artifte qui
l'a fait, & une preuve frappante de l'excellence
des ouvrages Grecs. Bernin reconnoît que la Vénus de Médicis lui a fait voir des beautés dans la
nature qu'il n'y avoit pas encore découvertes,
& que vraifemblablement il n'y auroit jamais cher-
chées, puifque cette ftatue a pu feule lui en faire
imaginer l'exiftence. Que faut-il donc conclure de
fa déclaration ? C'eft qu'il eft évident que les plus
belles lignes de beauté fe découvrent plus aifément
dans les ftatues Grecques que dans la nature même;
qu'elles y font moins difperfées, & qu'elles pro-

____

(1) *Voyez* Baldinucci, Vita del cav. Bernino.

duifent une impreffion plus puiffante & plus fenfible, étant réunies dans ces copies fublimes, que
lorfqu'élles font éparpillées dans l'original.

En convenant que l'étude de la nature eft abfolument indifpenfable aux artiftes, il faut convenir auffi que cette étude conduit à la perfeÆion
par une route plus ennuyeufe, plus longue & plus
difficile que l'étude de l'antique. Les ftatues Grecques offrent immédiatement aux yeux de l'artifte
l'objet de fes recherches : il y trouve réunis dans
un foyer de lumière les différens rayons de beauté
divifés & épars dans le vafte domaine de la nature.
Ainfi quand le Bernin exhortoit les jeunes artiftes
à étudier la nature choifie, il leur donnoit fans
doute un bon avis, mais il ne leur montroit pas
la route la plus courte pour arriver à leur but.

Il y a deux manières d'imiter la nature : dans
l'une, l'artifte occupé d'un feul objet, tâche de le
repréfenter avec précifion & vérité ; dans l'autre,
il tire de plufieurs objets certains traits qu'il com-
bine, & dont il forme un tout régulier. Les portraits & toutes les efpèces de copies appartiennent
au premier genre d'imitation : ces fortes de productions doivent être exécutées dans la manière Flamande, c'eft-à-dire avec un grand fini, fans invention. Mais la feconde efpèce d'imitation conduit
direÆement à la recherche du vrai beau, de ce
beau dont l'idée eft née dans l'efprit humain, &
ne peut fe trouver que là dans fa plus grande
perfeÆion. C'eft le genre d'imitation dans lequel

excelloient les Grecs. Mais les Grecs avoient pour
cette étude une multitude d'avantages dont nous
sommes privés : ils jouissoient d'une nature plus
belle, plus riche, plus variée, & avoient mille
moyens de l'observer dans tous ses aspects. Où
trouve-t-on aujourd'hui un corps humain aussi
parfait pour la beauté, la grace & les proportions
que la statue d'Antinoüs ? Où trouver quelque
chose d'aussi sublime que les proportions *sur-
humaines* de l'Apollon du Vatican ? Toutes les
puissances de la nature, du génie & de l'art sont
épuisées dans ces deux admirables ouvrages.

Un artiste apprendra donc bien plutôt, je crois,
par l'étude de ces chefs-d'œuvres, à concevoir
de grandes pensées, & à saisir avec hardiesse &
avec assurance les limites qui séparent la beauté
actuelle de la beauté idéale; limites qui se trouvent fixées avec précision dans les ouvrages des
anciens.

Lorsqu'un artiste aura acquis un certain degré
de familiarité intime avec les beautés des statues
Grecques, & qu'il aura formé son goût sur ces
excellens modèles, il pourra procéder avec confiance & avec succès à l'imitation de la nature.
Les idées qu'il se sera déja formées de la nature
parfaite & sublime des anciens, le mettront en état
d'acquérir avec facilité & d'employer avec avantage
les idées particulières de beauté que l'examen de la
nature, dans son état actuel, offrira à sa vue; & en
découvrant ces beautés de la nature actuelle, il

saura leur donner une beauté idéale, & deviendra, par la réminiscence de ces formes *sur-humaines*, un modèle digne de servir de règle.

C'est alors que l'artiste, & particulièrement le peintre, peut s'abandonner à l'imitation de la nature, toutes les fois que l'art lui permet de quitter l'étude des statues antiques, pour ne suivre que son génie, comme pour les draperies, par exemple, ainsi que l'a fait le Poussin. Michel-Ange avoit coutume de dire qu'un artiste ne pouvoit jamais réussir, s'il s'attachoit à suivre avec une précision servile ses maîtres & ses modèles ; & qu'il étoit impossible d'employer heureusement les idées ou les compositions des autres, si l'on n'étoit doué jusqu'à un certain point de leur talent & de leur génie. Ceux donc à qui, dès leur naissance, les muses ont souri, & en qui la nature a soufflé cette flamme céleste qu'on nomme génie, trouveront dans l'imitation des anciens une belle & vaste carrière à parcourir ; & par un généreux & libre usage de ces grands modèles, deviendront eux-mêmes des originaux, & formeront des imitateurs.

> . . . . . , . . . Quibus arte benignâ
> Et meliore luto finxit præcordia Titan.

C'est dans ce sens qu'il faut entendre de Piles, quand il nous dit que Raphaël, lorsqu'il fut emporté par la mort, à la fleur de ses ans, venoit de quitter le marbre, & s'appliquoit entièrement à l'imitation de la nature. On ne sauroit trop regretter la mort prématurée de ce grand artiste, dont les productions, par le changement qu'il avoit apporté dans sa méthode, nous auroient fait voir l'heureux effet de l'étude de la nature, dirigée par une étude antérieure des sublimes productions du génie Grec. En imitant la nature dans ses formes les plus simples, il auroit conservé ce goût sublime qu'il avoit acquis par l'étude de l'antique; & par une espèce de transmutation chymique, les réflexions que l'étude de la nature lui auroit suggérées, auroient pris la forme qui constituoit son être & son ame élevée. Il auroit pu, en conséquence de sa nouvelle méthode, apprendre à mettre plus de variété dans ses tableaux, plus de grandiosité dans ses draperies, ainsi qu'à acquérir un meilleur coloris, & sur-tout à saisir des effets plus frappans de clair-obscur; mais le grand mérite de ses ouvrages auroit toujours été dans cette pureté & cette noblesse de dessin, dans cette force & cette vérité d'expression qu'il avoit empruntées des modèles antiques.

Rien ne sauroit mieux prouver l'avantage qui résulte de l'étude des anciens ouvrages, que l'exemple de deux jeunes peintres égaux en talens, qui s'attachent l'un à imiter la nature, & l'autre à suivre les anciens. Vous verrez que le premier exprimera la nature avec vérité, mais en mêlant les formes agréables avec les communes; s'il est Italien, il pourra s'élever à la classe d'un Caravage; si c'est un Flamand, on le verra égaler le Jordans, & un François parviendra au mérite d'un Stella. Le second préfentera la nature dans fes plus beaux afpects, fous les formes les plus fublimes, telle qu'elle s'offre fous le pinceau divin de Raphaël.

Et quand l'artifte pourroit puifer dans la nature toutes les autres parties, elle ne pourra jamais lui donner ce contour pur, gracieux & correct, qui forme la véritable ligne de beauté, & qu'on ne trouve que dans les ftatues Grecques. Eupharnor, qui vint après Zeuxis, fut le premier qui fut donner de la nobleffe à ce contour, qui comprend toutes les perfections de la belle nature & de la beauté idéale. Plufieurs artiftes modernes ont fait tous leurs efforts pour imiter ce contour, & très-peu y ont réuffi. Rubens lui-même l'a tenté en vain ; mais il faut remarquer que les tableaux où il en eft le plus éloigné font ceux qu'il a faits avant fon arrivée en Italie, où il s'appliqua à l'étude de l'antique.

La ligne qui, dans la nature, fépare le *moins* du *trop*, eft extrêmement déliée ; & les plus grands maîtres modernes ont donné prefque tous dans un des extrêmes. Les uns, pour éviter l'aridité dans les contours, les ont faits lourds & épais ; d'autres, pour éviter cette exagération, font tombés dans le défaut oppofé.

Michel-Ange eft peut-être le feul de qui l'on puiffe dire avec vérité qu'il a égalé à cet égard les anciens ; mais il ne mérite cet éloge que dans ceux

de ses ouvrages où il a représenté des figures mâles
& robustes, en qui les nerfs & le jeu des muscles
sont fortement prononcés ; car on sait que ce célèbre artiste n'étoit pas heureux à rendre la fleur
de la jeunesse & les teintes délicates de la beauté;
il donnoit à ses femmes plutôt l'air des Amazones
que celui des Graces.

Les Grecs n'ont jamais perdu de vue ce point
important, qu'ils regardoient comme une circons-
tance essentielle de leur art, même dans les ouvrages du travail le plus difficile, tel que celui des
pierres gravées. Qu'on examine le Diomède & le
Persée de Dioscoride (1), l'Hercule avec Iole de
la main de Teucer (2), & l'on pourra se former
une idée du talent inimitable des Grecs dans cette
partie.

Parrhasius est, en général regardé comme l'artiste Grec qui a donné à ses figures le contour
le plus vigoureux.

Les draperies des statues Grecques paroissent,
pour ainsi dire, transparentes, & le contour élégant
du corps y est exprimé à travers le marbre, comme
s'il n'étoit en effet couvert que d'une gaze légère.

L'*Agrippine* & les *trois Vestales* qui sont dans
le cabinet des antiques à Dresde, méritent place
parmi les modèles les plus parfaits du grand style.
Il est très-probable que cette Agrippine n'est pas la

---

(1) *Voyez* Stosch, Pierres gravées, Pl. XXIX, XXX.
(2) *Voyez* Mus. Flor. T. II. tab. 5.

mère de Néron , mais la femme de Germanicus ; car elle reſſemble beaucoup à une ſtatue de cette dernière Agrippine qu'on voit encore dans le ſallon qui conduit à la bibliothèque de Saint Marc à Veniſe. L'Agrippine de Dreſde eſt une figure plus grande que nature, aſſiſe, ayant la tête penchée & appuyée ſur ſa main droite. Sa belle phyſionomie exprime avec la plus grande force une femme abîmée dans la réflexion, & qu'une triſteſſe profonde rend inattentive aux objets & aux impreſſions du dehors. L'artiſte a eu vraiſemblablement en vue de repréſenter cette héroïne dans le moment où elle reçut la nouvelle de ſon exil dans l'île de Pandataire.

Les trois Veſtales méritent une attention particulière, par la grande manière dont les draperies ſont exécutées. Elles égalent à cet égard, ſurtout celle qui eſt plus grande que nature, la Flore du palais Farnèſe, & d'autres ouvrages Grecs du premier rang. Les deux autres, qui ſont de grandeur naturelle, ont une reſſemblance ſi parfaite, qu'il y a tout lieu de croire qu'elles ſont ſorties du même ciſeau ; elles ne diffèrent que par les têtes, dont l'une eſt d'une plus belle exécution que l'autre. Les cheveux bouclés de la plus belle de ces têtes ſont diſpoſés en forme de ſillons, depuis le front juſque dans la nuque du col, où ils ſont liés enſemble. Les cheveux de l'autre ſont liſſes ſur le ſommet de la tête, & le reſte des cheveux, qui ſont bouclés, eſt raſſemblé par un ruban. Il eſt probable que cette dernière tête eſt d'un habile artiſte moderne, & qu'elle y a été ajoutée après coup, pour reſtaurer cette ſtatue. Ces deux figures n'ont point de voile ſur la tête ; mais il ne faut cependant pas en conclure qu'elles ne repréſentent pas des Veſtales, car on connoît pluſieurs autres ſtatues de Veſtales ſans voiles ; & il paroît, par les plis épais de la draperie jetée ſur le col, que le voile, qui ne compoſoit pas une partie ſéparée & particulière du vêtement des Veſtales, eſt repréſenté à ces ſtatues comme replié dans la nuque du col.

Ces trois morceaux peuvent être regardés comme le premier fruit de l'importante découverte d'Herculanum ; ils furent portés en Allemagne, lorſque le deſtin de cette ville n'étoit encore connu que par une lettre de Pline le jeune, où il raconte la mort de ſon oncle qui périt dans la même cataſtrophe qui enſevelit Herculanum dans les entrailles de la terre. Ils furent découverts à Portici en 1706, dans une fouille qu'on y fit à la maiſon de campagne du prince d'Elbeuf, & furent envoyés à Vienne, avec d'autres ſtatues de marbre & de bronze, pour le prince Eugène, qui fit conſtruire un magnifique ſallon pour les y placer. L'électeur de Saxe les acheta enſuite ; & ils ſont encore un des principaux ornemens du cabinet de Dreſde. Cependant avant que ces ſtatues quittaſſent Vienne, le célèbre Matielli, à qui, ſuivant Algarotti, » Policlète donna la règle, & Phidias le

» ciſeau », copia ces trois veſtales en plâtre, avec tout le ſoin poſſible, pour ſe conſoler ainſi de la perte de ces chefs-d'œuvres.

Par le mot *draperie* on entend tout ce qui dans l'art ſert de vêtement au nud des figures, & les étoffes volantes. Cette partie eſt, après la belle nature, & la nobleſſe du contour, la troiſième qu'il faut étudier dans les productions des anciens artiſtes.

Les vêtemens des trois Veſtales dont nous venons de parler, ſont deſſinés avec une grace inexprimable. Les petits plis ſortent, par la douce gradation d'une courbe inſenſible, des grandes parties de la draperie, & vont ſe perdre de nouveau dans ces mêmes parties, avec une noble liberté, ſans violer l'harmonie de la compoſition, & ſans cacher le beau contour du corps, qui ſe laiſſe voir dans toute ſa perfection à travers cette élégante draperie.

Il faut cependant rendre juſtice à différens grands artiſtes modernes, particulièrement à quelques peintres, en obſervant que, s'ils ſe ſont écartés de la manière Grecque dans l'habillement de leurs figures, ils l'ont fait ſans violer les règles du vrai & du beau. Les Grecs prenoient pour modèles, des étoffes légères, qu'ils appliquoient toutes mouillées ſur le corps, dont les contours ſe marquoient très-diſtinctement à travers ce vêtement tranſparent. Le col & la gorge d'une belle Grecque déployoient tous leurs charmes à travers un voile très-léger, qui, à cauſe de cela, étoit appelé

Peplon; & le refte de leur habillement étoit dans le même goût.

On voit néanmoins par les bas-reliefs, que les anciens n'ont pas toujours fait ufage de ces draperies légères. Les anciens tableaux, les buftes antiques, & furtout le beau Caracalla de la galerie de Drefde viennent auffi à l'appui de ce fentiment.

Dans les tems poftérieurs, la forme des habillemens a été abfolument changée, & l'on femble avoir donné dans une extrémité oppofée, en chargeant plufieurs épaiffes draperies l'une fur l'autre. Cette circonftance a obligé les artiftes modernes à s'écarter de la manière des Grecs, & à former de grandes maffes, dans lefquelles ces maîtres n'ont pas moins développé de génie que les anciens dans leur manière.

Carle Maratte & Solimène ont porté ce dernier genre de draperie au plus haut degré de perfection ; mais la nouvelle école Vénitienne, en voulant aller au-delà, eft tombée dans une manière roide & défagréable, & n'a fait que charger en cherchant de grandes maffes.

Parmi les traits de perfection les plus frappans qui diftinguent les productions des artiftes Grecs, il y en a un qui mérite une attention particulière, parce qu'on le remarque dans toutes les meilleures ftatues, & qu'il feroit difficile de le rencontrer ailleurs : je veux parler de cette noble fimplicité, de cette grandeur tranquille, qu'on admire dans les attitudes & dans l'expreffion. Comme le fond de l'océan reste calme & immobile pendant que la tempête trouble sa surface, de même l'expression qui règne dans une belle figure Grecque, peint une ame toujours grande & tranquille au milieu des secousses les plus violentes & des passions les plus terribles.

Ce caractère sublime de grandeur se fait remarquer dans toute sa beauté à travers les expressions touchantes de douleur qui se peignent sur le visage du fameux Laocoon, & dans les mouvemens convulsifs de ses membres. La violence de ses tourmens est imprimée sur chaque muscle, & semble enfler tous ses nerfs ; on la voit surtout exprimée avec une énergie singulière par la contraction de l'abdomen & des parties inférieures du corps ; cette expression est si vive, que le spectateur attentif partage une partie des souffrances dont elle est l'image : il n'y a cependant dans l'attitude & la physionomie de cette figure admirable aucun symptôme d'égarement ou de désespoir. On n'y apperçoit pas la moindre apparence de ce cri épouvantable que Virgile fait pousser à Laocoon dans ce moment terrible : l'ouverture de la bouche, trop petite pour exprimer un semblable cri, indique plutôt un soupir arraché par les angoisses de la douleur, mais à demi étouffé, ainsi que Sadolet l'a décrit. Les souffrances du corps & l'élévation de l'ame se peignent dans tous les membres avec une égale énergie, & forment le caractère le plus grand, & le plus sublime contraste qu'on puisse imaginer.

Laocoon souffre, mais comme le Philoctète de Sophocle : son horrible situation déchire le cœur, mais nous inspire en même tems le desir d'être en état d'imiter sa constance & sa magnanimité dans les malheurs qui peuvent nous arriver.

L'expression d'une ame forte & grande surpasse infiniment l'imitation de ce qu'on appelle la nature choisie. Pour donner au marbre ce caractère de grandeur, l'artiste doit l'avoir dans son ame, & ne peut le tirer que de là. La Grèce présenta souvent dans la même personne l'artiste & le sage, & Métrodore n'est pas le seul modèle de cette heureuse union. La philosophie prêtoit une main secourable aux beaux-arts, animoit leurs productions des sentimens les plus nobles, & y souffloit, pour ainsi dire, une ame supérieure à celle des mortels ordinaires.

On peut objecter que l'artiste auroit dû couvrir son Laocoon d'une draperie, afin d'observer la décence que sembloit exiger son caractère de prêtre ; mais par là il auroit caché un grand nombre de beautés, & rendu moins frappante l'expression de la douleur. Bernin nous dit qu'en examinant attentivement cette fameuse statue, il avoit observé dans la roideur de la cuisse l'effet que le venin du serpent commençoit à produire.

Les attitudes & les mouvemens dont la violence, le feu & l'impétuosité sont incompatibles avec cette grandeur calme dont je parle, étoient regardés par les Grecs comme défectueux, & ce défaut s'appelloit *Parenthyrsis*.

Plus nous fuppofons de tranquillité dans l'état du corps, plus il fera propre à exprimer le véritable caractère de l'ame. Au contraire, toutes les attitudes qui s'éloignent trop de cet état de férénité & de repos, repréfentent une ame dans un état forcé, violent & hors de nature. Il eft vrai que l'ame fe peint d'une manière plus frappante & plus vive lorfqu'elle eft agitée de paffions fortes & impétueufes; mais elle ne montre jamais tant de grandeur & de dignité que lorfqu'elle eft calme & tranquille. La véritable grandeur a un certain degré de permanence & de confiftance, qu'on ne peut pas trouver dans les émotions paffagères & momentanées des paffions violentes : le grand artifte, ainfi que l'obfervateur judicieux, doit bien diftinguer la paffion du caractère. Si l'on ne trouvoit dans le Laocoon que l'expreffion de la fouffrance & de la douleur, l'artifte feroit tombé dans le défaut dont j'ai parlé ; mais pour l'éviter & pour repréfenter la fermeté & la conftance de ce héros mourant, l'habile ftatuaire a choifi l'attitude & les mouvemens les plus voifins de l'état de repos, qui puffent convenir à la fituation épouvantable de cet infortuné. Cependant au milieu même de ce repos, l'ame eft caractérifée par des traits qui la diftinguent d'une manière particulière : quoique calme elle eft active, & fa tranquillité ne reffemble ni à l'infenfibilité ni à l'indifférence.

Le goût & la manière des artiftes modernes les plus célèbres font directement oppofés à cette
admirable

admirable méthode. Ils choisissent sur-tout les attitudes les plus hardies, & veulent toujours exprimer les efforts les plus extraordinaires du sentiment & de l'action; & c'est ce qu'ils appellent travailler avec génie, avec feu, avec hardiesse. Ils font surtout un grand usage du contraste, qu'ils regardent comme la perfection de l'art. L'ame qui anime leurs figures ressemble à une comète qui s'élance au-delà des bornes prescrites aux autres corps célestes. Si nos artistes pouvoient se livrer sans contrainte à ce goût-mal-entendu, ils ne représenteroient dans leurs statues & dans leurs tableaux que des Ajax ou des Capanées.

Les beaux arts ont, comme l'espèce humaine, leur période d'enfance; & il est probable que, dans l'enfance de la peinture & de la sculpture, ainsi que dans celle de la poésie, le merveilleux a été reçu avec plus d'empressement que le vrai beau, & que les imitations exagérées & les images étonnantes étoient les plus sûres du succès. C'est dans cette disposition sans doute que nous devons chercher l'origine de ces expressions hyperboliques qui rendirent les tragédies d'Eschyle, & son *Aga-memnon* sur-tout, plus obscures & plus embrouillées que les énigmes d'Héraclite. Il est très-vraisemblable que les premiers peintres Grecs n'eurent pas un meilleur goût que les premiers poëtes tragiques.

Tout ceci est conforme à la marche de la nature humaine. Les premiers mouvemens de l'homme sont vifs, véhémens, impétueux; ce n'est que par

degrés qu'il parvient à mettre dans ses actions
plus de sang-froid, de calme & de régularité,
& qu'il apprend à approuver dans les autres cette
même retenue.

Il n'y a que les grands maîtres qui savent combien la représentation des mouvemens tranquilles
de l'ame est difficile :

> . . . . Ut sibi quivis
> Speret idem, sudet multùm, frustràque laboret
> Ausus idem.   HORAT.

Les hommes médiocres réuffiffent mieux à exprimer les paffions violentes. La Fage, ce fameux
deffinateur, est resté, malgré toute sa réputation,
fort au deffous des anciens. Dans ses ouvrages tout
est en mouvement ; il est impoffible de les regarder sans éprouver une sorte de perplexité & de
confufion. On croit voir une compagnie nom-
breufe, où tout le monde parleroit à la fois.

J'ose affurer que les grands traits de cette noble
fimplicité, de cette grandeur tranquille qui ca-
ractérifent les statues Grecques, s'obfervent plus
ou moins fenfiblement dans les ouvrages des hommes de génie qui ont écrit pendant le siècle d'or
des lettres en Grèce, & particulièrement dans
les productions des difciples de Socrate. Ce même
caractère diftingue le génie de Raphaël, & conftitue
ce degré fupérieur de mérite qui l'a élevé si fort au
deffus des artiftes modernes ; & l'on sait que cette
fupériorité est entièrement due à l'étude conftante
qu'il a faite de l'antiquité. La nature l'avoit doué

de cette élévation d'ame extraordinaire qui le rendoit capable de saisir l'esprit des artistes anciens,
& de goûter les beautés de leurs productions im-
mortelles, dans un âge où les ames ordinaires
sont plus frappées du faux brillant du merveilleux,
que de l'éclat pur & vrai du grand & du sublime.

Il faut avoir les yeux accoutumés à contempler
des beautés de ce genre, & un goût formé par
l'étude des anciens, pour appercevoir toutes les
beautés qui abondent dans les ouvrages de Raphaël.
Le spectateur, qui sera ainsi préparé, démêlera les
traits les plus nobles de grandeur & d'énergie dans
la tranquillité même & le repos qui distinguent les
principales figures de son *Attila*, & qui les font paroître inanimées aux yeux des observateurs ordinaires.
L'évêque de Rome, qui, dans ce fameux tableau,
engage le roi des Huns à se désister de son en-
treprise de saccager la ville, n'est pas représenté
avec le geste animé & l'attitude d'un orateur; non:
il n'y paroît qu'avec l'air serein & imposant d'un
vieillard vénérable, dont la présence suffit pour
calmer la tempête. Il nous rappelle cette belle
peinture de Virgile:

> Tum pietate *gravem* ac meritis si forte virum quem
> Conspexere... silent, arrectisque auribus adstant. *Æn.*

Même sous l'œil farouche du prince barbare, la
physionomie du pontife Romain exprime cette sé-
rénité d'ame qui naît d'une confiance entière en
Dieu. Les deux Apôtres qui sont représentés dans
les nuages n'ont point l'air d'anges destructeurs :

mais, s'il eſt permis d'employer une image pro-fane pour un ſujet ſacré, ils reſſemblent plutôt au Jupiter d'Homère, qui, par un ſeul mouvement de ſes ſourcils, fait trembler l'Olympe juſque dans ſes fondemens.

L'Algarde, en repréſentant ce même ſujet en relief ſur un autel de l'égliſe de Saint-Pierre à Rome, a été bien loin de pouvoir donner à ſes deux apôtres la tranquillité expreſſive des figures du grand Raphaël, qui ont cet air vénérable & impoſant qui convient aux miniſtres de Dieu; tandis que l'Algarde les a armés de pied en cap, & en a fait deux ſoldats communs.

Je vois avec peine combien de beautés ont échappé aux obſervateurs ordinaires dans le fameux *Saint Michel* du Guide, qui eſt dans l'égliſe des Capucins de Rome; & je ſuis fâché de remarquer que parmi ceux même qu'on appelle *connoiſſeurs*, il y en ait ſi peu qui aient ſenti toute la ſublimité de l'expreſſion que le peintre a donnée à ſon archange dans ce beau tableau. On préfère généralement le *Saint Michel* de Concha à celui du Guide (1), parce que les traits les plus frappans de la colère & de la vengeance ſont exprimés dans la tête du premier; mais quelle ſupériorité de grandeur dans le dernier! L'archange, après avoir vaincu l'en-nemi de Dieu & de l'homme, remonte au ciel avec un air ſerein & tranquille, ſemblable à l'ange de vengeance que M. Addiſon a peint dans trois

______

(1) *Voyez* Wright's Travels.

beaux vers de son poëme de la Campagne :
CALME & SEREIN, il conduit l'impétueux ou-
ragan ; & SATISFAIT d'exécuter les ordres du
Tout-Puissant, il vole sur le tourbillon, & dirige la
tempête (1).

Le style & la manière de Raphaël se montrent
au plus haut degré de perfection dans un fameux
tableau de ce grand maître, qu'on voit encore à la
galerie de Dresde, & que Vasari dit être du meilleur tems de ce peintre. Il contient six figures : la
Vierge & l'Enfant Jesus, saint Sixte & sainte Barbe
à genoux aux deux côtés de l'enfant, & deux
anges sur le devant. C'étoit autrefois un tableau
d'autel du couvent de saint Sixte à Plaisance ; les
connoisseurs y venoient en foule pour en admirer
les beautés, comme ils alloient anciennement à
Thespies admirer le célèbre Cupidon de Praxitèle.

On remarque dans l'ouvrage de Raphaël un
mélange merveilleux d'une douce innocence &
d'une majesté céleste exprimées sur la physionomie
de la Vierge. Toute son attitude annonce une sa-
tisfaction calme, une félicité infinie, & cette tranquillité sublime, qui, dans les statues Grecques,
donnent tant de dignité aux visages des divinités.
Il est impossible de concevoir rien de plus grand,
de plus noble que le contour de cette figure admi-
mirable. L'enfant Jesus, que la Vierge tient sur

---

(1) *Calme* and *serene* he drives the furious blast ;
And *pleas' d* th'almighty's orders to perform,
Rides in the whirl-wind, and directs the Storm.

fon bras, eft caractérifé par certains rayons d'une majefté divine, qui percent à travers l'air naïf & gai de l'enfance. Sainte Barbe eft à genoux aux pieds de la Vierge, dans une adoration tranquille, mais d'une expreffion bien au deffous de celle de la figure principale ; cependant le peintre a fu y fuppléer en quelque forte, par la douce-harmonie qui règne dans les traits de fa belle phyfionomie. L'air du faint annonce un vénérable vieillard, qui, dès fa jeuneffe, a été pénétré de l'amour de Dieu. Le refpect que fainte Barbe porte à la Vierge eft exprimé par fon attitude : fes deux belles mains font collées contre fa poitrine ; tandis que le faint avance une main pour faire connoître le fentiment qui remplit fon ame ; & par ce con-trafte, Raphaël, en mettant plus de variété dans les mouvemens de fes figures, a rendu fagement le caractère actif de l'homme, & la fenfibilité con-centrée de la femme.

Il eft vrai que le tems a fenfiblement diminué l'effet de ce fameux tableau : la force & la vivacité du coloris en font affoiblies ; mais l'ame & l'énergie que la main créatrice de Raphaël a imprimées à ce chef-d'œuvre, le rendent encore aujourd'hui un des plus beaux & des plus intéreffans qu'ait laiffés ce grand homme.

Qu'on ne cherche pas dans les ouvrages de cet artifte immortel ces beautés de détail & ce fini recherché qui rendent les productions des peintres Flamands fi précieufes aux yeux de quelques connoiſſeurs: on n'y trouvera ni les efforts induſtrieux d'un Netſcher ou d'un Douw, ni les carnations d'ivoire d'un Van-der-Werff, ni la manière froide, léchée & inanimée de quelques Italiers modernes.

Après avoir étudié dans les ſtatues Grecques le choix & l'expreſſion de la belle nature, le trait ſublime & élégant des contours, la nobleſſe des draperies, un artiſte fera bien d'étudier auſſi la partie manuelle & méchanique des opérations des ſtatuaires Grecs.

Il eſt conſtant que les anciens faiſoient preſque toujours leurs premiers modèles en cire; les artiſtes modernes y ont ſubſtitué la glaiſe ou quelqu'autre ſubſtance molle; ils trouvèrent qu'elle étoit bien plus propre, ſurtout pour rendre la chair, que la cire, qui leur parut trop tenace & trop dure.

Il ne faut cependant pas croire que cette méthode étoit inconnue aux Grecs; c'eſt même en Grèce qu'on imagina les premiers modèles de terre graſſe (1). L'inventeur eſt Dibutade de Sicyone;

____

(1) Le *Plaſtique* ou l'art de modeler des figures en glaiſe, en ſtuc, & en plâtre, a ſans doute précédé l'art de la ſculpture. Les premières ſtatues des Dieux ont été faites d'argile. Pline, (*Nat. Hiſt. L. XXXIV. c. 7. parag. 16.*) dit : *Plaſtice prior quam ſtatuaria fuit.* Ce même écrivain, (L. XXXV. c. 12. parag. 43) nous apprend auſſi à la vérité que Dibutade a été le premier inventeur du Plaſtique; mais il ajoute cependant que d'autres attribuent l'invention de cet art à Rhecus & Théodore de l'Ile de Samos, long-tems avant que les Bacchiades euſſent été chaſſés de Corinthe, & que Démarate, ayant été exilé de cette ville, conduiſit avec lui Euchir & Eugrammos, qui portèrent en Italie l'art de faire des ſtatues d'argile.

Quoi qu'il en ſoit, il paroît certain que l'invention du Plaſtique doit

& l'on fait qu'Arcéfilas, l'ami de Lucullus, fe fit une plus grande réputation par fes modèles de terre que par toutes fes autres compofitions. Cet artifte modela ainfi pour Lucullus une figure repréfentant le *Bonheur*, pour laquelle il reçut feize mille fefterces. Octave lui donna un talent pour le modèle d'une coupe qui fut enfuite travaillée en or. Ces récompenfes magnifiques montrent jufqu'à quel degré d'enthoufiafme la nobleffe Romaine portoit fon amour pour les beaux arts.

être attribuée aux Grecs ; mais nous ne favons néanmoins pas bien exactement à quel tems on peut la faire remonter ; car quand même nous adopterions avec M. le Comte de Caylus, (*Traités, tom. II. p. 253*), le dernier fentiment, & quand nous fixerions l'expulfion des Bacchiades à la trentième olympiade, & par conféquent à l'an du monde 3320, nous ne pouvons cependant pas diffimuler que Pline affure que le Plaftique a été inventé bien long-tems auparavant. Par ces mots : *multo ante*, il a fans doute voulu dire plufieurs fiècles ; car le bouclier d'Achille, dont le Comte de Caylus a donné le deffin, *Traités, tom. II. p. 231.*), qui lui avoit été communiqué par Boivin ; car ce bouclier, dis-je, eft décrit par Homère, dans le dix-huitième livre de fon Iliade, comme un travail admirable en fculpture.

Cet art étoit donc déja connu chez les Grecs, avant la deftruction de Troie, c'eft-à-dire avant l'an 2792. Or, fi nous plaçons Euchir & Eugrammos à cette époque, il eft très-poffible que ce foient ces artiftes qui aient poré le Plaftique en Italie. Mais fuivant le premier fentiment rapporté par Pline, cela ne peut pas être ; car alors l'invention de la fculpture devroit être placée dans la cinquantième olympiade, c'eft-à-dire à-peu-près vers l'an 3400, tems où les Etrufques avoient déja porté cet art à un certain degré de perfection. Suivant Diodore de Sicile. (*Biblioth. Hift. L. 50. c. 98.*), les ftatuaires Telecle & Théodore, fils de Rechus, (ou, pour mieux dire, Rechus fils de Philas, & Théodore, fils de Télecle), fe font arrêtés pendant quelque tems en Egypte, & ont enfuite paffé à Samos, où ils ont fait, dans le ftyle Grec, la fameufe ftatue d'Apollon Pythien.

Cette note eft tirée d'un livre Allemand intitulé *Hiftoire & Principes des Beaux Arts*, de M. Bufching, connu par fon excellente *Géographie*.

Si la glaife pouvoit conferver quelque tems fon humidité, elle feroit la fubftance la plus convenable pour les modèles des fculpteurs; mais dès qu'on l'expofe au feu, ou qu'on la laiffe fécher à l'air, les parties folides deviennent plus compactes, & la figure fe réduit à un plus petit volume. Cette diminution feroit indifférente fi elle affectoit également toutes les parties de la figure; mais il arrive que les plus petites parties fe fèchent plus tôt que les grandes; & il en réfulte néceffairement une altération fenfible dans la fymmétrie & les proportions de la figure.

Cet inconvénient n'a pas lieu dans les modèles qu'on fait de cire. Il eft, à la vérité, très-difficile de manier la cire fuivant la méthode ordinaire, de façon à lui donner tout le poli néceffaire pour exprimer la molleffe des chairs; mais on peut rémédier à cet inconvénient, en formant d'abord un modèle en terre, qu'on moule enfuite en plâtre, & qu'on jette enfin en cire.

Après avoir ainfi préparé le modèle, il refte à confidérer la manière de travailler le marbre. La méthode que fuivoient les Grecs paroît avoir été très-différente de celle que les artiftes modernes ont préférée. Dans les ftatues anciennes, nous remarquons les preuves les plus frappantes de la liberté & de la hardieffe qui dirigeoient chaque coup de cifeau; l'artifte, fûr de la jufteffe de fon idée & de la fermeté de fa main, portoit ce caractère de précifion & d'affurance dans les plus petites parties de son travail. Nous n'y appercevons aucune marque de défiance ou de timidité, ni rien qui puisse nous laisser imaginer que l'artiste ait eu besoin de corriger son premier trait : il seroit difficile de trouver, même dans les productions Grecques du second rang, la marque d'un trait donné à faux, ou d'une touche hasardée. Cette sûreté & cette précision du ciseau tenoient sans doute à des règles plus parfaites que celles qu'observent aujourd'hui nos artistes.

Voici la méthode généralement observée par nos sculpteurs modernes. Après avoir étudié leur modèle avec toute l'attention possible, ils tirent sur ce modèle des lignes horizontales & perpendiculaires, qui se coupent à angle droit, après quoi ils copient ces lignes sur le marbre, comme le peintre les transporte sur la toile, lorsqu'il veut copier un tableau, ou le réduire à une proportion plus petite.

Ces lignes transversales forment des quarrés en nombre égal sur le marbre & sur le modèle, & présentent bien les mesures exactes des surfaces sur lesquelles l'artiste doit travailler ; mais elles ne peuvent marquer avec une égale précision les profondeurs proportionnées à ces surfaces. Il est vrai que le statuaire peut déterminer ces profondeurs, en les comparant à celles du modèle ; mais comme l'œil est son unique guide, il est toujours plus ou moins exposé à se tromper : il craint toujours d'emporter trop ou trop peu de marbre, & son incertitude se laisse appercevoir dans chaque coup de ciseau.

Il est également difficile de déterminer par ces lignes transversales les contours extérieurs & intérieurs de la figure, ou de les transporter du modèle sur le marbre. Par contour intérieur j'entends celui qui est décrit par les parties qui s'approchent du centre, & qui ne sont pas marquées d'une manière frappante.

Il faut remarquer de plus que dans une composition laborieuse & compliquée qu'un artiste ne peut exécuter sans secours, il est souvent obligé d'employer des mains étrangères, qui ne sont ni assez exercées, ni assez habiles pour bien rendre ses idées. Un seul coup de ciseau trop profond produit un défaut irréparable; & cet accident peut arriver aisément, lorsque les profondeurs sont déterminées avec si peu de précision.

Il est impossible aussi que le statuaire qui, en commençant à travailler un bloc de marbre, y perce ses profondeurs avec le foret, aussi loin qu'elles doivent aller, & non à fur & à mesure que son ouvrage avance; il est impossible, dis-je, que de cette manière il ne tombe pas dans des défauts considérables, qu'il lui sera difficile de corriger ensuite.

La méthode dont je parle a encore un autre inconvénient; les lignes du modèle que l'on copie sur le marbre, sont en partie effacées par chaque coup de ciseau : on est donc obligé de les réparer fans ceffe, ou d'en fubftituer de nouvelles; ce qui doit fouvent occafionner des méprifes.

Les différens inconvéniens de cette méthode ont engagé plufieurs habiles artiftes à en chercher une autre qui fût moins fujette à l'incertitude & aux erreurs. L'Académie Françoife établie à Rome a donné l'idée d'une méthode de copier les ftatues antiques, que quelques Sculpteurs ont employée avec fuccès, même d'après des modèles de glaife ou de cire.

On fixe au deffus de la ftatue qu'on veut copier un châffis ou équerre, dont la grandeur eft en raifon de celle de la ftatue; & de ce châffis on fait defcendre des fils perpendiculaires, avec un plomb attaché au bout, fur chaque face du châffis. Par le moyen de ces fils on parvient à deffiner plus exactement les contours extérieurs de la ftatue, que par les lignes tranfverfales de la première méthode. Ils donnent auffi au ftatuaire une plus grande facilité de faifir la mefure exacte des plus fortes faillies & des plus grandes profondeurs, par le degré d'éloignement où ils fe trouvent des parties qu'ils couvrent; il peut par conféquent travailler avec plus de liberté & de hardieffe.

Cependant, comme il eft difficile de déterminer exactement une ligne courbe par une feule ligne droite, on ne peut nier que les contours de la ftatue ne font indiqués que d'une manière très-douteufe à l'artifte, & qu'il fe trouvera fans guide & fans fecours toutes les fois qu'il aura à imiter les parties fuyantes ou tournantes de la furface principale.

Il faut convenir auffi qu'il fera très - malaifé d'obtenir de cette façon la jufte proportion des deux ftatues : il faudra donc la chercher par des lignes horizontales qui coupent à angles droits les fils perpendiculaires. Mais il s'offrira alors une nouvelle difficulté, c'eft que les rayons de lumière des quarrés formés par les lignes placées à une certaine diftance de la ftatue, formeront dans l'œil de l'artifte un angle d'autant plus ouvert, & par conféquent lui paroîtront plus grands, à mefure qu'ils feront plus près ou plus éloignés de fon point de vue.

Il eft vrai que la méthode de ces fils perpendiculaires eft encore la meilleure qu'on ait trouvée pour copier les ftatues antiques, avec lefquelles on ne peut pas agir comme on le voudroit; mais elle n'eft pas affez fûre pour l'employer avec d'autres modèles, & cela pour les raifons que nous avons indiquées plus haut.

Michel-Ange avoit imaginé une nouvelle méthode de copier les ouvrages des anciens, & l'on ne peut qu'être furpris de ce qu'aucun ftatuaire n'ait encore imité en cela ce grand maître; quoique ce foit fans doute par ce moyen que ce Phidias moderne, & le plus habile artifte après les Grecs, eft parvenu à égaler de fi près fes grands modèles; & il eft certain qu'il n'y a pas de meilleure méthode connue pour rendre avec vérité toutes les beautés fenfibles des anciens ouvrages de l'art.

Vafari (1) nous a donné de cette méthode de Michel-Ange une defcription affez embrouillée & affez imparfaite : en voici la fubftance.

Michel-Ange prenoit un vafe plein d'eau, dans lequel il plaçoit fon modèle de cire, ou de telle autre matière dure ; de manière que les parties les plus élevées du modèle failloient feules hors de l'eau, & que les autres en étoient couvertes. Il continuoit cette même opération, en faifant baif-fer la maffe de l'eau jufqu'à ce que le modèle entier fe trouvât à découvert. C'eft de cette même manière, dit Vafari, que Michel-Ange travailloit le marbre : il commençoit par indiquer les parties faillantes, & enfuite peu-à-peu les profondeurs & les parties fuyantes.

Il paroît que Vafari n'a pas bien compris la

____

(1) *Vafari, Vite de' Pittori, Scult. e Archit.* edit. 1568, part. III. p. 776...... Quatro prigioni bozzati, che poffano infegnare a cavare de' marmi le figure con un modo ficuro da non iftorpiare i faffi, che il modo é quefto, che s'é fi pligliaffi una figura di cera, ó d'altra mate-teria dura, e fi metteffi a giacere in una conca d'acqua, la quale acqua effendo per la fua natura nella fua fommità piana a pari, alzando la detta figura a poco a poco del pari cofi vengono a fcoprirfi prima le parti più relevate e a nafconderfi i fondi, cioè le parti più baffe della figura, tanto che nel fine ella cofi viene fcoperta tutta. Nel medefimo modo fi debbono cavare con lo fcarpello le figure de' marmi, prima fcoprendo le parti più rilevate, e di mano in mano le più baffe, il quale modo fi vede offervato da Michel-Anguelo ne' fopra detti pri-gioni, i quali Sua Eccellenza vuole che fervino per efempio de fuoi Accademici.

méthode de fon ami, ou qu'il n'a pas rendu d'une manière claire l'idée qu'il en avoit.

La forme du vafe pour contenir l'eau n'eft pas décrite avec affez d'exactitude. L'apparition infenfible du modèle hors de l'eau doit paroître difficile, & demande plus d'art que Vafari n'en a voulu faire connoître. Il eft d'ailleurs à préfumer que Michel-Ange aura bien étudié & combiné la méthode qu'il a voulu adopter. Voici fans doute la route qu'il aura fuivie :

L'artifte prenoit un vafe proportionné à la maffe de fa figure, que nous fuppoferons ici être un quarré long. La fuperficie des bords de ce vafe ou plutôt de cette caiffe, étoit divifée en certains degrés, qu'il tranfportoit enfuite avec un compas de proportion fur le marbre qu'il vouloit travailler. Les ais intérieurs étoient de même divifés en certaines lignes, depuis le bord jufqu'au fond. C'eft dans cette caiffe ainfi préparée qu'il mettoit fon modèle ; après quoi il la couvroit d'un treillis, dont les fils répondoient aux divifions des bords de la caiffe, pour porter ces mêmes lignes fur fon marbre ; & c'eft probablement alors qu'il commençoit à fe fervir du cifeau ; c'eft-à-dire après avoir couvert fon modèle d'eau, jufqu'à la partie la plus faillante, qu'il laiffoit à découvert. Après avoir confidéré & étudié la partie de la figure deffinée qui devoit être la plus faillante, il falloit écouler une certaine quantité d'eau, pour faire paroître une plus grande maffe de la partie faillante du modèle ;

& exécutoit enfuite cette partie, en fuivant avec exactitude les divifions tracées fur les ais de fa caiffe. Si une autre partie de fon modèle paroiffoit à découvert pendant ce travail, il l'exécutoit également; & en fuivant cette route, il en agiffoit de même par rapport à toutes les parties avancées ou faillantes.

Ce travail fini, Michel-Ange faifoit écouler une nouvelle quantité d'eau, jufqu'à ce que les profondeurs du modèle paruffent; tandis que les lignes tracées fûr l'intérieur de la caiffe lui indiquoient toujours de combien de degrés l'eau avoit diminué; & la fuperficie de cette eau fervoit en même tems à lui faire connoître combien de lignes il lui en reftoit de profondeur. Un pareil nombre de degrés tracés fur fon marbre lui marquoit exactement les proportions qu'il devoit obferver dans l'exécution de fon ouvrage.

L'eau ne lui indiquoit pas feulement les maffes faillantes & les profondeurs, mais auffi les contours de fon modèle; & l'efpace entre le côté intérieur de la caiffe & le contour de la ligne que décrivoit l'eau, dont les degrés des deux autres côtés marquoient la grandeur, lui fervoit de règle fûre pour favoir combien il pouvoit abattre de marbre de fon bloc.

Maintenant l'ouvrage n'eft encore qu'ébauché, quoiqu'il ait déja acquis une forme régulière : voyons ce qu'il reftoit à faire à l'artifte. La fuperficie de l'eau lui a tracé une ligne, dont les points

extrêmes

extrêmes des parties saillantes forment partie. Cette ligne s'est prolongée perpendiculairement, en raison de la diminution de l'eau ; & l'artiste a suivi ce mouvement avec son ciseau, jusqu'au moment où l'eau a laissé à nu le dernier trait des masses saillantes, qui va se perdre dans la surface plane de la statue. Il a donc enfin parcouru l'échelle entière des degrés tracés sur les ais intérieurs de la caisse de son modèle, dont il a suivi les divisions agrandies sur l'ouvrage qu'il exécute ; & la ligne d'eau l'a conduit jusqu'aux derniers contours de sa statue, de sorte que son modèle se trouve entièrement à découvert.

Mais comme il vouloit donner à sa statue une belle forme, il couvroit de nouveau son modèle d'eau, jusqu'à la hauteur qu'il jugeoit convenable, & comptoit ensuite les degrés de sa caisse jusqu'à la ligne d'eau qui avoit servi à lui indiquer la hauteur de la partie la plus saillante. C'est sur cette même partie saillante de sa statue qu'il posoit alors bien perpendiculairement son équerre, pour prendre la mesure depuis la dernière ligne d'en bas jusqu'à la profondeur. S'il trouvoit un nombre égal de divisions sur l'échelle de la caisse & sur sa statue, il regardoit cette exacte correspondance des divisions comme une preuve géométrique qu'il avoit obtenu la précision qu'il désiroit donner à son ouvrage.

En répétant ce travail, il cherchoit à exprimer la compression & l'action des muscles & des nerfs, & le jeu des autres parties délicates & déliées du corps. L'eau qui entouroit jusqu'aux parties les plus imperceptibles de son modèle, en dessinoit d'une manière marquée le contour le plus exact.

Cette méthode n'empêche point qu'on ne mette le modèle sous tous les aspects possibles. Posé de profil, l'artiste y découvrira tout ce qui aura pu lui échapper d'abord ; & dans cette attitude il verra non-seulement le contour extérieur des parties saillantes & des parties concaves de son modèle, mais en même tems son diamètre entier.

Il résulte donc de ce que nous venons de dire que rien n'est plus précieux pour un artiste qu'un modèle exécuté par un ciseau habile, dans le goût sublime des anciens ; & c'est par cette route que Michel-Ange est parvenu à l'immortalité.

Mais les artistes modernes, quand même ils seroient doués par la nature d'un talent supérieur, ne pourroient suivre cette méthode longue & pénible : le besoin de pourvoir à leur subsistance les force, en quelque sorte, de renoncer à la gloire, en les obligeant d'exécuter avec célérité des ouvrages médiocres.

Il y a lieu de croire que les éloges qu'on donne ici aux statues des artistes Grecs étoient également dus à leurs tableaux. Les règles de l'analogie, & la ressemblance qui se trouve naturellement entre ces deux arts, mènent à cette conclusion ; mais la main dévorante du tems, & la fureur des conquérans barbares, ont détruit les monumens précieux qui auroient pu nous mettre en état de juger avec certitude de la perfection de la peinture Grecque.

On suppose en général que les peintres Grecs avoient une connoissance profonde du dessin ; on convient aussi qu'ils possédoient au plus haut degré le talent de l'expression ; mais on borne leur mérite à ces deux points, & l'on juge qu'ils étoient très-médiocres dans les parties de la composition, de la perspective & du coloris. Ce jugement est fondé en partie sur les bas-reliefs, & en partie sur les peintures anciennes qui ont été découvertes ou à Rome ou dans son territoire, & qui ont été tirées des ruines souterraines du palais de Mécène, de Titus, de Trajan & des Antonins. Ces peintures, que l'on ne peut pas prouver être des productions Grecques, sont au nombre de trente, dont quelques unes sont en mosaïque.

Le docteur Anglois, George Turnbull, a donné, dans son *Traité sur la Peinture ancienne* (1), une collection des peintures anciennes les plus remarquables, dessinées par Camillo Paderni, & gravées par Van-Mynde ; c'est la partie la plus estimable de ce fastidieux ouvrage, qui, sans ces gravures, ne vaudroit pas le papier sur lequel il est imprimé. Parmi ces peintures, il y en a deux, dont les originaux se trouvoient dans le cabinet du célèbre médecin Richard Mead, à Londres.

On sait que Le Poussin étudia avec une attention & une assiduité particulières le tableau ancien de

____

(1) Turnbull's Treatise on antient Painting. 1740. fol.

la *Noce Aldobrandine*, qu'on voit encore à Rome, & qu'il y a dans quelques cabinets des deſſins du Carrache, faits d'après le prétendu *Coriolan* qui ſe trouve la dix - ſeptième figure de la collection de Turnbull. Il y a auſſi des connoiſſeurs qui trouvent une reſſemblance frappante entre les têtes du Guide & celles qui ſont repréſentées dans l'*Enlè- vement d'Europe* en moſaïque, planche huitième de la même collection. Mais ces remarques ſont trop vagues & trop communes pour mériter qu'on s'y arrête.

Nous obſerverons cependant que ſi des peintures à freſque, telles que celles qu'on cite ici, ſuffi- ſoient pour nous donner une idée exacte & fidèle des progrès de la peinture chez les anciens, nous ſerions en droit de regarder les peintres Grecs comme de très-médiocres artiſtes, même dans les parties du deſſin & de l'expreſſion. Les murs du fameux théâtre d'Herculanum nous confirmeroient dans cette opinion, car on y trouve peu d'élégance dans le deſſin, peu de nobleſſe dans l'expreſſion, & pluſieurs exemples du contraire. Le *Théſée* envi- ronné de jeunes Athéniens qui lui baiſent les mains & embraſſent les genoux, après la victoire qu'il a remportée ſur le Minotaure, eſt très-mé- diocrement deſſiné. On en peut dire autant de la *Flore*, avec *Hercule* & le *Faune*, tableau où l'on a cru reconnoître le jugement d'Appius Claudius. La plus grande partie des têtes qui ſont peintes dans ces différens tableaux ſont ſans expreſſion, &

celles du dernier fur-tout n'ont aucune efpèce de caractère.

Mais gardons-nous de juger les artiftes anciens d'après ce peu de monumens, dont la médiocrité femble prouver évidemment que ce n'étoient que des productions des peintres du fecond rang, & peut-être du dernier. Il paroît impoffible que ces belles proportions, ce contour gracieux, cette expreffion grande & forte que nous admirons dans les ouvrages des fculpteurs Grecs, aient été entièrement inconnus aux bons peintres de cette nation.

Mais en même tems je ne prétends pas nier que les peintres modernes n'aient furpaffé les anciens à plufieurs égards : leur fupériorité dans la perfpective eft inconteftable. Les anciens ne poffédoient qu'imparfaitement les règles de la compofition, & l'art de grouper avec harmonie & liberté un grand nombre de figures : c'eft ce qu'on voit par les bas-reliefs du temps où les artiftes Grecs fleuriffoient à Rome.

Il faut auffi convenir que les modernes ont furpaffé les anciens dans le coloris : cela eft prouvé non-feulement par les ouvrages des anciens fur la théorie de la peinture, mais encore par celles de leurs peintures qui ont échappé aux ravages du tems.

Il faut confidérer d'ailleurs qu'il y a certains genres de peinture qui ont été portés à un degré fingulier de perfection : telles font entre autres les peintures de payfages & d'animaux, dans lefquelles nos artiftes font fort au deffus de ceux de l'antiquité.

Les plus belles efpèces d'animaux paroiffent avoir été peu connues des artiftes anciens, comme on peut en juger par la ftatue équeftre de Marc-Aurèle, & par les deux chevaux qui font fur le mont Cavallo à Rome, ainfi que par les chevaux de Lyfippe, que l'on voit au deffus du portail de l'églife de Saint-Marc à Venife, par les bœufs du palais Farnèfe, & en général par tous les animaux qui compofent ce groupe.

Il eft remarquable que les anciens, dans leurs tableaux comme dans leurs bas-reliefs, n'aient jamais repréfenté la pofition diagonale que préfentent toujours les jambes d'un cheval en mouvement. Les chevaux de Lyfippe à Venife, & les médailles anciennes fourniffent des preuves de ce défaut fenfible, que des artiftes modernes ont imité par ignorance, & que de prétendus connoiffeurs ont cherché à juftifier par un ridicule fanatifme.

Les meilleurs payfages des peintres modernes, ceux des Flamands fur-tout, doivent en grande partie leur beauté à l'effet frappant des couleurs à l'huile, plus brillantes que les couleurs dont fe fervoient les anciens; & la nature même, fous une atmofphère plus humide & plus épaiffe, a beaucoup contribué à rendre l'art plus parfait dans cette partie. Je ne faurois cependant m'empêcher de croire que pour bien établir la fupériorité qu'on accorde aux modernes fur les anciens, il faudroit des preuves plus folides & plus détaillées que celles qu'on apporte communément.

Pour porter l'art de la peinture à fon plus haut

degré de perfection, il faut faire encore un pas ;
mais ce pas est difficile, & l'artiste qui veut abandonner le sentier battu de la composition, doit naturellement le faire : aussi plusieurs génies hardis
l'ont-ils tenté ; mais la vue des difficultés qu'ils ont
trouvées sur leur chemin les a presque toujours
fait revenir à la route ordinaire. La mythologie
payenne, les légendes & les métamorphoses d'O-
vide ont fourni pendant plusieurs siècles presque
tous les principaux sujets qui ont exercé le pinceau
de nos plus habiles peintres. Ces sujets ont été si
souvent répétés avec différentes modifications,
qu'ils sont entièrement épuisés. Les solitaires en
prière, les martyrs, les saintes familles, les cruci-
fiemens, les enlèvemens d'Europe, les fuites de
Daphné, les chûtes de Phaéton sont des sujets si
rebattus, qu'il faut maintenant présenter aux amateurs d'autres objets pour réveiller leur goût
émoussé sur ces lieux communs.

Il est donc nécessaire d'agrandir la sphère de
cet art sublime, en l'étendant jusqu'aux objets qui
ne tombent pas sous les sens extérieurs. Cette idée
paroîtra au premier coup-d'œil extraordinaire, &
même romanesque ; mais en y réfléchissant de plus
près, on trouvera que la peinture peut non-seulement s'étendre aux objets métaphysiques, mais
que sa plus grande perfection consiste encore dans
cette méthode de l'employer. Plusieurs exemples
prouvent évidemment qu'on l'appliquoit anciennement à ces mêmes objets. Parrhasius, qui, comme

Ariftide, avoit le talent de peindre les affections de l'ame, exprima, dit-on, le caractère de tout un peuple; repréfenta dans un tableau ce mélange fingulier de douceur & de cruauté, de légèreté & d'obftination, de bravoure & de molleffe, qui diftinguoit les Athéniens. Si l'on a pu exécuter une femblable compofition, ce n'eft que par le fecours de l'allégorie, par le moyen des emblêmes & des figures qui exprimoient les idées univerfelles.

Parmi nous, il eft vrai, un artifte dont les idées font bornées par les productions de fes prédéceffeurs ou de fes contemporains, doit fe trouver tout à-coup dans un défert ftérile. La peinture moderne fournit peu de ces images & de ces figures artificielles qui repréfentent des qualités morales, telles que l'humanité, le courage, la molleffe, le patriotifme, &c. La langue de ces peuples fauvages qui n'ont que très-peu d'idées abftraites, & aucun terme pour exprimer la reconnoiffance, la durée, l'efpace, &c. n'eft pas plus ftérile à cet égard que la langue allégorique des peintres modernes. Un peintre qui regarde au-delà de fa palette, & qui veut franchir les limites du cercle étroit où fon art eft circonfcrit aujourd'hui, doit naturellement défirer un répertoire où il puiffe trouver des images fenfibles, qui repréfentent avec fidélité & précifion les qualités & les objets que la vue ne peut faifir. Il n'a paru jufqu'ici aucune collection complète de ce genre (1) : les efforts qu'on a faits

______

(1) M. Winckelmann a depuis fuppléé lui-même à ce défaut, par fon

pour former une semblable collection, sont en petit nombre, & n'ont pas été fort heureux. Les artistes savent assez quel secours on peut attendre de l'*Iconologie* de César Ripa, & des *Monumens des nations anciennes* par Romain de Hoogh.

C'est sans doute cette stérilité qui a engagé les plus habiles peintres à employer sur des sujets communs tout le feu de leur génie, & toute la puissance de leur art. Annibal Carrache, au lieu de représenter dans la galerie du palais Farnèse les grandes victoires des héros de cette illustre maison, par des symboles allégoriques, s'est borné à tirer de la mythologie des sujets rebattus, sur lesquels il a épuisé toutes les ressources de son talent.

La galerie royale de peinture qui est à Dresde renferme une des plus belles collections qu'il y ait en Europe: on y a recueilli une suite des meilleurs tableaux des plus grands maîtres, choisis avec le goût le plus exquis & le plus sévère; cependant combien peu y voit-on de tableaux historiques! Et dans le petit nombre on y trouve bien rarement les embellissemens d'une imagination poétique, ou les traits expressifs d'une représentation allégorique.

Le célèbre Rubens, dont le génie hardi ne pouvoit pas se renfermer dans le cercle étroit des fables payennes & des légendes du christianisme, osa s'élever jusqu'à la région sublime de l'allégorie, & fit

---

Essai sur l'Allégorie, principalement à l'usage des artistes, dont nous donnerons dans peu la traduction.

de plus grands progrès vers ce genre de perfection, que les autres peintres modernes. La galerie du Luxembourg, principal ouvrage de ce grand artiste, est une preuve du courage & du génie avec lesquels il osa s'écarter des sentiers battus, & entrer dans les routes inconnues jusqu'à lui : *Avia Pieridum loca.*

Nous n'avons rien eu, depuis Rubens, de meilleur en ce genre que la coupole de la bibliothèque impériale à Vienne, peinte par Gran, & gravée par Sedelmeyer. L'apothéose d'Hercule, peinte par Le Moine dans un sallon de Versailles, est regardée en France comme une des plus belles compositions qui existent ; mais ce n'est dans le fait qu'une allégorie froide & inanimée, en comparaison de la belle & judicieuse composition du peintre Allemand que nous venons de citer. C'est un panégyrique insipide, dont les pensées les plus brillantes consisteroient en allusions aux noms du calendrier & aux signes du zodiaque.

Les artistes dont le génie seroit tourné à la peinture allégorique, auroient besoin, comme nous l'avons dit, d'un ouvrage dans lequel on recueillît avec soin toutes les figures sensibles, tous les symboles sous lesquels, chez les différentes nations, & dans les tems divers, on a représenté poétiquement les idées & les qualités abstraites. La mythologie, la poésie, la philosophie occulte, les pierres gravées, les médailles & les autres monumens de l'antiquité, sont les sources où l'on pourroit puiser

les matériaux d'une semblable collection, qui seroit
divisée en différentes classes. L'artiste tireroit de ce
magasin les représentations & les symboles, qu'il
appliqueroit ensuite, avec les modifications convenables, aux sujets qu'il auroit à traiter. Ce seroit
une nouvelle route ouverte à ceux qui voudroient
imiter les anciens.

Vitruve se plaignoit de ce que, de son tems, le
goût regnant dans les ornemens d'architecture s'é-
toit corrompu, & étoit devenu tout-à-fait extra-
vagant & insipide : ce mauvais goût s'est perpétué
& s'est accru par le genre de peintures grotesques
que Morto, Peintre né à Feltro, a inventées, &
par les groupes & les figures bizarres dont nous
ornons nos appartemens, & qui ne font, pour la
plupart, que des hors-d'œuvres absolument dénués
de sens & d'intention. Une étude assidue de l'allégorie remédieroit à ce mal, & serviroit à donner du
sens & de l'expression à chaque ornement : l'artiste
apprendroit à approprier ses décorations aux lieux
qu'il se propose d'embellir, & aux différentes cir-
constances relatives à l'appartement & à celui qui
l'habite. Il est vrai qu'il faudroit bien se garder, dans
des allusions de cette espece, de tomber dans une
affectation pédantesque. Nos ouvrages à spirales &
à coquilles, par exemple, sans lesquels il semble
qu'il ne peut plus y avoir d'ornemens parfaits, sont
le plus souvent aussi peu analogues à la chose, que
l'étoient les petits châteaux & les petits palais dont
Vitruve se plaignoit qu'on ornoit les candélabres. Je

le répète, l'allégorie donneroit des idées convenables à l'artiste, qui doit ressembler, dans ce cas, au portrait qu'Horace fait du poëte qui sait

Reddere personæ scit convenientia cuique.

Les peintures qu'on place au dessus des portes, ou qui ornent les plafonds dans les maisons des grands, semblent n'avoir d'autre objet que de remplir un espace vuide où la dorure seroit déplacée ; & c'est pour éviter ce vuide, que l'on couvre les murs de peintures & d'ornemens absolument dépourvus de sens. C'est ainsi que la perfection d'un art sublime & élégant est prostituée aux objets les plus frivoles & les plus ridicules.

Voilà ce qui fait que les artistes à qui on laisse le choix de ces sortes de tableaux, prennent souvent des sujets & des allégories, qui servent plutôt à faire la satyre que la louange des Mécènes ignorans, à qui le besoin les oblige de consacrer leurs talens ; & c'est peut-être la crainte fondée de cette petite vengeance des artistes, qui engage les grands & les riches à vouloir qu'ils fassent des tableaux qui n'aient aucun sens, ni même aucune allusion. Mais il est bien difficile, ou pour mieux dire, impossible que le génie du peintre satisfasse à ce goût bizarre ; & il arrive enfin que

. . . . Velut ægri somnia, vanæ
Fingentur species.   HORAT.

C'est de cette manière qu'on prive l'art de sa partie la plus sublime, qui est de présenter à l'es-

prit des chofes que la vue ne peut faifir, & celles
mêmes qui n'ont pas encore exifté dans l'imagination de l'homme.

Les tableaux même qui dans un endroit font un
grand effet, tant par leur fujet que par leur forme,
perdent fouvent tout le mérite qu'on leur connoif-
foit, en étant tranfpofés dans des lieux qui ne leur
conviennent point. Il arrive que le propriétaire
d'une maifon nouvelle

Dives agris, dives pofitis in fœnere nummis,   Hor.

fait placer au deffus des hautes portes de fes appartemens de petits tableaux, fans prendre garde
qu'ils ne s'y trouvent plus dans le point de vue &
de perfpective qui leur eft néceffaire pour plaire &
pour faire leur effet. Ce même mauvais goût fe remarque auffi dans nos ornemens d'architecture ;
on charge d'armes & de trophées une maifon de
chaffe, ce qui fans doute n'eft pas moins ridicule
que fi l'on avoit repréfenté Ganymède & l'Aigle,
ou Jupiter & Léda, fur les portes de bronze de
l'églife de St. Pierre à Rome.

Tous les beaux arts ont un double but ; ils doivent plaire & inftruire : cette confidération a engagé plufieurs habiles artiftes à introduire, même
dans leurs payfages, des repréfentations hiftoriques
ou morales.

Le pinceau du peintre, comme la plume du
philofophe, doit toujours être dirigé par la raifon & le bon fens. Il doit préfenter à l'efprit des

ſpeɛtateurs quelque choſe de plus que ce qui s'offre à leurs yeux ; & il atteindra ce but, s'il connoît bien l'uſage de l'allégorie, & s'il ſait l'employer comme un voile tranſparent qui couvre ſes idées ſans les cacher. A-t-il choiſi un ſujet ſuſceptible d'imagina-tion poétique ? s'il a du génie, ſon art l'inſpirera, & allumera dans ſon ame ce feu divin que Promé-thée alla, dit-on, dérober aux régions céleſtes. Alors le connoiſſeur trouvera dans les ouvrages d'un pareil artiſte de quoi exercer ſon eſprit ; & le ſimple amateur y apprendra à réfléchir.

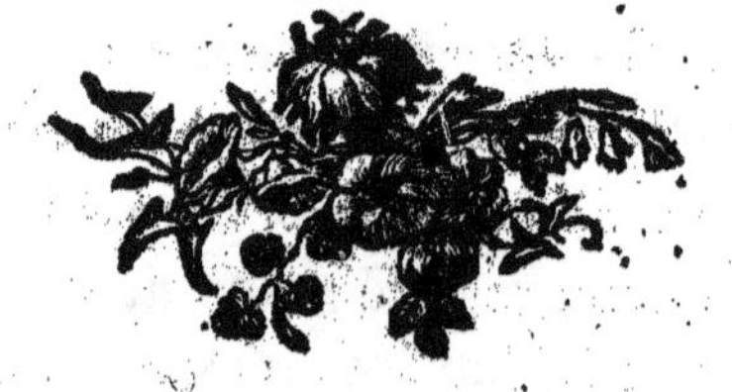

LETTRE

A M. WINCKELMANN,

AU SUJET

De ses Réflexions sur l'Imitation des Artistes Grecs dans la Peinture et la Sculpture.

LETTRE

LETTRE

A M. WINCKELMANN,

AU SUJET

DE SES RÉFLEXIONS SUR L'IMITATION DES ARTISTES GRECS DANS LA PEINTURE ET LA SCULPTURE.

MON AMI,

J'AUROIS defiré qu'avant de publier vos réflexions fur les artiftes Grecs & fur leurs productions, vous euffiez imité leur exemple. Vous favez que ces grands maîtres de l'art ne laiffoient jamais fortir aucun ouvrage de leur atelier, qu'après l'avoir foumis à la critique du public & fur-tout des connoiffeurs. La Grèce entière jugeoit de leurs chefs - d'œuvres, lorfqu'elle fe raffembloit pour affifter aux jeux publics, particulièrement aux jeux olympiques ; & ce fut là qu'Aëtion expofa fon tableau des Noces d'Alexandre & de Roxane au jugement de tout un peuple. Vous auriez eu befoin, croyez-moi, de plus d'un Proxenide pour vous juger. Si vous ne m'aviez pas fait un myftère

E

de votre ouvrage, j'aurois pu, sans en nommer l'auteur, communiquer votre manuscrit à quelques connoisseurs & à quelques savans dont je cultive ici l'amitié, pour en savoir leur opinion.

L'un de ces connoisseurs a fait deux fois le voyage d'Italie, & a passé des mois entiers à admirer chaque chef-d'œuvre de l'art sur le lieu même où il a été fait. Vous savez mieux que personne que ce n'est qu'en suivant cette route qu'on parvient à acquérir des connoissances réelles des productions des grands maîtres. Il sait, par exemple, quels tableaux du Guide sont peints sur panneau, & quels autres ne sont que sur toile; de quel bois s'est servi Raphaël pour peindre son fameux tableau de la Transfiguration, &c.; & un tel homme doit être regardé, je crois, comme un juge compétent en matière de l'art.

Un autre de ces savans a poussé si loin l'étude de l'antiquité, qu'il distingue à l'odorat seul si un morceau est ancien ou moderne.

Callet & artificem solo deprendere odore.
SECTANI Satir.

Il vous dira combien de nœuds il y avoit à la massue d'Hercule; quelle mesure moderne de liqueur contenoit la coupe de Nestor; on prétend même que sa science est assez grande pour pouvoir répondre à toutes les questions que l'empereur Tibère proposa aux grammairiens de son temps.

Un troisième qui, depuis longues années, ne s'est occupé que de l'étude des médailles anciennes, a fait plusieurs découvertes importantes concernant l'histoire des anciens préfets des monnoies; & l'on dit qu'il doit commencer par publier un programme sur ceux de la ville de Cyzique, qui fixera l'attention de tous les savans.

Quel nouveau degré de mérite n'auroit donc pas acquis votre travail, si vous l'aviez soumis au tribunal de pareils juges? Ces Messieurs ont bien voulu me communiquer leurs réflexions sur votre ouvrage : quel ne seroit point mon chagrin de voir votre réputation littéraire ternie par la publication de cette critique?

Le premier de ces savans entr'autres, est surpris de ce que vous n'ayez point donné la description des deux anges du tableau de Raphaël qui se trouve à la galerie de Dresde. On lui a conté, dit-il, qu'un peintre de Bologne, qui avoit vu à Plaisance le tableau de S. Sixte, avoit été transporté d'admiration & s'étoit écrié, dans une lettre (1) : *O quels divins anges du Paradis!* Notre connoisseur assure que c'est des anges de ce tableau que le peintre a voulu parler, & que ce sont les deux plus belles figures de ce chef-d'œuvre de Raphaël.

Il pourroit aussi vous faire un reproche de ce que vous ne nous avez pas donné une description

____

(1) Lettere d'alcuni Bolognesi. Vol. I. page 159.

de l'ouvrage de Raphaël, dans le goût dont Raguenet (1) nous a parlé d'un saint Sebastien de Bec-
cafumi, d'un Hercule avec Antée de Lanfranc,
&c.

Le second de nos connoisseurs pense que la
barbe de Laocoön mérite au moins autant l'attention d'un observateur exact, que l'abdomen con-
tracté de cette statue, dont vous nous avez parlé
dans votre ouvrage. Un amateur de l'antiquité,
dit-il, doit regarder la barbe de Laocoön avec les
mêmes yeux, que le Père Labat a regardé la barbe
du fameux Moïse de Michel-Ange. Ce savant
Dominicain,

Qui mores hominum multorum vidit & urbes,

nous a prouvé, après plusieurs siècles, par la
barbe de cette statue, que Moïse en portoit une
exactement semblable, & que les Juifs doivent
nécessairement avoir de la barbe, s'ils ne veulent
pas renoncer à la qualité d'Israëlites (2).

Vous avez aussi, suivant l'opinion de notre savant, donné une preuve de votre ignorance, en par-

____

(1) Raguenet, *Monumens de Rome. Paris*, in-12.

(2) Labat, *Voyage en Espagne & en Italie, tom. III, pag.* 213.
Michel-Ange étoit aussi savant dans l'antiquité que dans l'anatomie,
la sculpture, la peinture & l'architecture; & puisqu'il nous a représenté Moyse avec une belle & si longue barbe, il est sûr, & doit
passer pour constant que ce prophète la portoit ainsi; & par une
conséquence nécessaire, les Juifs, qui prétendent le copier avec la
plus grande exactitude, & qui font la plus grande partie de leur religion de l'observance des usages qu'il a laissés, doivent avoir de la
barbe comme lui, ou renoncer à la qualité de Juifs.

lant du *peplon* des Veſtales ; & peut-être pourroit-il
vous dire, au ſujet du pli que forme ſur le front
le voile de la grande Veſtale de Dreſde, des choſes
auſſi curieuſes & auſſi importantes qu'en a dit
Cuper (1) du voile élevé en pointe ſur le front
de la Tragédie de la célebre Apothéoſe d'Homère.

Nous n'avons pas non plus de preuve que ces Veſtales ſoient réellement les productions d'un ciſeau
Grec ; & il faut convenir que ſi l'on peut vous convaincre que le marbre dont ces Veſtales ſont faites
n'eſt pas un véritable marbre *Lychnite* (2), ces
ſtatues, ainſi que votre ouvrage, perdent beaucoup de leur prix. Il auroit ſuffi que vous euſſiez
oſé avancer que le grain du marbre de ces Veſtales eſt gros, pour nous convaincre que ces morceaux ſont d'un artiſte Grec. Et qui eſt-ce qui
auroit pu vous prouver quel grain doit avoir le
marbre pour diſtinguer celui de la Grèce d'avec
celui de Lunes, dont les ſtatuaires Romains ſe
ſervoient pour leurs ouvrages ? Mais ce n'eſt pas
encore là tout : on eſt loin de vouloir convenir
que ces trois ſtatues ſoient des Veſtales.

Quant à notre ſavant verſé dans la connoiſſance
des médailles, il m'a aſſuré qu'il y a des têtes
de Livie & d'Agrippine qui n'ont point le profil
que vous leur donnez. Il penſe que vous avez

---

(1) Apothéoſ. Homeri. Pages 81, 82.

(2) C'eſt le nom qu'on donna d'abord au marbre blanc de Paros,
parce qu'on le tailloit, ſelon Varron, dans ſes carrières, à la lueur
des lampes. *Note du Traducteur.*

laiffé échapper une belle occafion pour parler du nez carré des anciens, qui appartient aux idées que vous vous êtes formées de la beauté. Je crois en attendant devoir vous prévenir que le nez de quelques-unes des plus célebres ftatues Grecques, tel, par exemple, que celui de la Vénus de Médicis, du beau Méléagre de Picchini, paroît trop gros & trop fourni à notre antiquaire, pour fervir de modèle de la belle nature.

Mais je ne veux point vous chagriner davantage en répétant ici toutes les objections & tous les doutes que votre écrit a fait naître, & qui ont été débattus jufqu'à la fatiété ; je puis d'autant mieux m'exempter de ce foin affligeant, qu'un favant académicien, qui cherche à prendre le caractère du Margites d'Homère, y a déja fuppléé d'avance. Lorfqu'on lui préfenta votre ouvrage, il le prit, y donna un coup-d'œil méprifant, & le jeta dans un coin. Il fe trouva révolté dès la lecture de la première page ; mais comme nous le preffâmes d'en dire fon fentiment, il fe détermina enfin à nous fatisfaire. Il paroît, dit-il, que l'auteur n'a pas voulu s'engager dans un travail laborieux ou pénible ; je ne trouve dans tout fon ouvrage que quatre ou cinq citations, qui même encore nous prouvent fa pareffe & fa négligence ; & je fuis fûr qu'il les a tirées de quelques livres qu'il n'ofe citer, puifqu'il n'en indique ni les pages, ni les chapitres.

Je ne puis néanmoins me paffer de vous avertir

qu'un autre favant a trouvé dans votre ouvrage une chofe qui m'étoit échappée ; favoir, que vous y avancez que ce font les Grecs qui ont été les inventeurs de la peinture & de la fculpture ; ce qui, fuivant lui, eft exactement faux. Il a entendu dire, ajoute-t-il, que cet honneur doit être attribué aux Égyptiens, ou à quelque autre peuple plus ancien encore, qu'il ne connoît pas.

C'eft ainfi qu'on peut tirer quelque utilité des idées les plus communes. Il me paroît cependant que ce n'eft que du goût de ces arts que vous avez voulu parler ; & la première invention d'un art a, ce me femble, le même rapport avec le bon goût dans cet art, que le germe a avec le fruit qu'il produit. Un feul exemple fuffira pour nous former une idée de comparaifon entre l'art encore au berceau chez les Égyptiens, dans des temps poftérieurs, & l'art parvenu à fon degré de perfection chez les Grecs : qu'on examine le Ptolémée Philopator fur une pierre gravée par Aulus ; qu'on prenne enfuite la peine de comparer à cette tête les deux figures (1) qu'un artifte Égyptien a gravées fur la même pierre, & l'on découvrira bientôt l'impéritie de notre favant & le peu d'aptitude que les Égyptiens avoient pour l'art.

Middleton (2) & quelques autres écrivain avoient déja parlé de la forme & du mérite des

---

(1) Stofch, Pierres gravées. No. XIX.
(2) Monum. antiquit. page 255.

tableaux dont vous faites mention. La repréfentation des figures de grandeur naturelle qu'on voit fur deux momies du cabinet électoral d'antiques de Drefde, nous fourniffent des preuves convaincantes du peu de progrès que la peinture avoit fait en Egypte. Ces deux momies méritent néanmoins, à plus d'un égard, notre attention; & je me propofe de vous en donner une courte defcription à la fuite de cette lettre.

Je dois vous avouer, mon ami, que le défaut de citations dans votre ouvrage, femble autorifer, en quelque forte, la critique de nos favans. L'art de changer les yeux bleus en yeux noirs que, fuivant vous, les Grecs ont cherché, méritoit bien que vous nommaffiez quelque écrivain qui pût vous fervir d'autorité. Mais il paroît que vous voulez en agir à peu près comme Démocrite : qu'eft-ce que l'homme ? lui demanda-t-on ; c'eft quelque chofe que tout le monde connoît, répondit le philofophe. Quel eft cependant l'homme fenfé qui entreprenne de lire tous les fcholiaftes Grecs pour vérifier un paffage !

> Ibit eò, quò vis, qui zonam perdidit.   Horat.

Ces obfervations m'ont enfin déterminé à lire votre ouvrage avec plus de réflexion que la première fois. En général, l'amitié ou la prévention pour ou contre un auteur nous porte à en juger d'une manière favorable ou défavantageufe, fuivant la paffion qui nous détermine.

Je veux bien vous faire grace des premières pages; quoique j'eusse pu vous dire quelque chose sur votre comparaison de la Diane de Virgile avec la Nausicaë d'Homère. Je crois aussi que ce que vous y dites au sujet des tableaux du Corrège, qui ont servi de contrevents aux fenêtres des écuries du roi de Suède, fait que vous avez sans doute tiré des lettres du comte de Tessin, auroit pu être appuyé par le récit de l'usage qu'on fit, dans ce même temps, de quelques autres tableaux des meilleurs maîtres.

On sait que lorsque le comte de Koningsmark prit la ville de Prague, le 15 juillet de l'année 1648, on y enleva les meilleurs tableaux de la précieuse collection de l'empereur Rodolphe II, qu'on transporta en Suède (1). Parmi ces tableaux il s'en trouva quelques-uns du Corrège, que ce peintre avoit faits pour Fréderic duc de Mantoue, qui en fit présent à cet empereur. La fameuse *Léda* & l'*Amour qui prépare son arc* étoient les principaux morceaux de cette collection (2). La reine Christine qui, dans ce temps-là, avoit plus de science scholastique que de goût pour les arts, en usa avec ces chefs-d'œuvres d'une manière aussi barbare que l'empereur Claude en agit avec le portrait d'Alexandre peint par Apelles, dont il

---

(1) Puffendorf. Rer. Suec. L. XX. §. 50, page 796.

(2) Sandrart, Acad. Pict. P. II. L. 2. c. 6. p. 118. Conf. St. Gelais. Descript. des tableaux du Palais royal, page 52, seq. Voyez aussi les œuvres de Mengs, qui viennent de paroître en deux volumes in-4°.

fit découper la tête pour y placer celle d'Auguste (1).
A Stockolm on découpa pareillement les têtes,
les mains & les pieds des meilleurs tableaux, qu'on
appliqua sur une tapisserie sur laquelle on peignit
ensuite le reste des figures. Les tableaux qui échap-
pèrent à cette mutilation, particulièrement ceux
du Corrège, avec un tableau que la reine de
Suède avoit acheté à Rome, passèrent dans le
cabinet du duc d'Orléans, qui en obtint deux
cents cinquante pour la somme de quatre-vingt-
dix mille écus : parmi ces tableaux il y en avoit
onze du Corrège.

Je dois me plaindre aussi du reproche que vous
faites aux contrées septentrionales de l'Europe,
de ce que le bon goût y a pénétré si tard ; &
que vous fondiez ce reproche sur le peu d'estime
qu'on y a témoigné pour les chefs-d'œuvres de
la peinture. Si le fait que vous alléguez est véritablement une preuve du peu de goût d'une nation, j'ignore ce qu'il faudra penser de nos voisins. Vous savez que, lorsqu'après la mort de
l'électeur Maximilien Henri, la ville de Bonne fut
prise par les François, on fit arracher, sans distinction, tous les grands tableaux hors de leurs
cadres, pour en couvrir les chariots sur lesquels
on transporta en France les trésors de l'électeur.
Ne croyez cependant pas que je me borne à
vous citer de pareils faits historiques ; mais avant

____

(1) Pline, Hist. nat. Liv. XXXV, Chap. 10.

que de vous objecter mes doutes, je dois vous mettre encore devant les yeux deux points généraux & essentiels.

Le premier regarde votre style, dont le laconisme devient souvent obscur pour le lecteur. Vous avez craint, sans doute, qu'on ne vous infligeât, comme on fit autrefois aux Spartiates, quelque châtiment pour vous être expliqué en plus de trois mots, & que cette punition ne consistât à vous faire lire la *Guerre de Pise* de Guicciardin. Je crois néanmoins que le premier soin d'un écrivain qui a l'instruction pour but, doit être de se faire un style correct & intelligible. Les mets d'un festin doivent être apprêtés suivant le goût des convives, & non suivant le caprice du cuisinier.

Cœnæ fercula nostræ
Malim convivis, quam placuisse coquis.

Le second reproche qui me reste à vous faire, c'est qu'à chaque page de votre écrit vous faites paroître une prévention trop marquée en faveur des anciens. J'espère que vous vous laisserez convaincre de ces vérités par les preuves que je vais tâcher de vous en donner.

La première difficulté qui se présente se trouve à la page quatre de votre ouvrage. Rappelez-vous cependant que c'est avec modération que j'en agis à votre égard ; puisque j'ai passé les deux premières pages sans faire la moindre observation critique :

Quivis ferret idem. Non temere à me

Je vais donc maintenant prendre le ton critique que demande l'examen que je veux faire de vos réflexions sur l'imitation des artistes Grecs.

Vous dites, en parlant de quelques négligences qui se trouvent dans les productions des artistes Grecs, qu'il faut les considérer comme Lucien vouloit que l'on considérât le Jupiter de Phidias à Pise (1) ; c'est-à-dire, « qu'on admirât le dieu, » sans faire attention au piédestal »; tandis qu'on ne pouvoit peut-être faire aucun reproche à Phidias sur l'exécution de ce piédestal, & qu'il se trouvoit de grands défauts dans la statue même de Jupiter.

N'est-ce pas d'abord un grand défaut de convenance où Phidias est tombé, en donnant à son Jupiter assis une grandeur si démesurée, qu'il atteignoit, pour ainsi dire, avec sa tête aux voûtes du temple ; de sorte qu'on devoit naturellement craindre que ce dieu n'en enlevât le toît s'il lui prenoit jamais envie de vouloir se lever (2) ? L'architecte en auroit sans doute agi plus sagement s'il avoit construit ce temple sans toît, tel qu'étoit celui de Jupiter Olympien à Athènes (3).

---

(1) Lucian. de Conscrib. Hist.
(2) Strab. Geograph. L. VIII. pag. 542.
(3) Vitruv. Liv. III. Chap. 1.

Ne pourroit-on pas d'ailleurs exiger que vous donnaſſiez une explication exacte de ce que vous entendez par *négligences*? Il ſemble que ſous ce nom vous veuilliez faire paſſer auſſi les défauts des anciens, pour qui vous êtes ſi prévenu, de même que le poëte Alcée vouloit faire paſſer pour une beauté la tache que ſon cher Lyſis avoit au doigt. Il arrive ſouvent qu'on regarde les défauts des anciens avec cet œil complaiſant dont un père voit les vices de ſes enfans:

Straboñem

Appellat pætum pater, & pulhim, male parvus
Si cui filius eſt. Horat.

Si ces défauts des anciens euſſent été de l'eſpèce qu'ils déſignoient eux-mêmes ſous le nom de *Parerga* (1), c'eſt-à-dire, d'embelliſſemens inutiles & ſuperflus, ou de ces défauts qu'on eût deſiré de trouver dans le tableau du Jalyſe de Protogène, où une perdrix fixoit toute l'attention des connoiſſeurs, & privoit par conſéquent la figure principale de ſon effet (2); ſi les défauts des anciens,

---

(1) Pline, Hiſt. nat. L. XXXV. Chap. 10.

(2) L'auteur ſe trompe ici: ce n'étoit point dans ſon tableau de *Jalyſe* que Protogène avoit repréſenté une *perdrix*, mais dans celui de ſon *ſatyre*, appelé *anapavomenos* (qui ſe repoſe). Voici ce que Strabon dit de ce tableau, liv. XIV. « Le ſatyre étoit près d'une colonne, » ſur laquelle étoit poſée une perdrix. Cette perdrix, quand le tableau » fut expoſé, frappa tellement d'abord les ſpectateurs, que l'admi- » ration qu'elle excitoit fit négliger le ſatyre; & ce qui augmenta » encore beaucoup cette admiration, fut que les oiſeleurs ayant ap- » porté auprès des perdrix privées, & les ayant préſentées à celle

dis-je, euffent été de ce genre, on pourroit les comparer à ces petites négligences que les femmes favent mettre en ufage avec tant d'art, & qui fervent à les embellir. Il auroit mieux valu que vous n'euffiez point cité pour preuve de votre affertion, le Diomède de Diofcoride; mais vous avez cherché, fans doute, à prévenir par là les exemples qu'on pouvoit vous mettre devant les yeux des défauts des meilleurs & des plus célèbres ouvrages Grecs, & entr'autres ceux de la pierre gravée en queftion; défauts que vous avez efpéré de pouvoir faire excufer & même admirer, en ne les faifant envifager que comme des négligences.

Me pardonnerez-vous, fi je vous prouve que Diofcoride n'a pas eu la moindre connoiffance de la perfpective, ni des mouvemens du corps humain; qu'il a même donné à fon Diomède une attitude forcée, &, pour ainfi dire, impoffible à l'homme? Je vais effayer de remplir cette tâche, mais

Incedo per ignes

Suppofitos cineri dolofo. —————HORAT.

Je ne fuis fans doute pas le premier qui ait découvert des défauts dans cette pierre gravée,

---

» du tableau, elles l'appeloient par leur chant, ce qui faifoit beau-
» coup de plaifir aux fpectateurs. Protogène voyant par là que ce qui
» n'étoit qu'un acceffoire faifoit négliger le fujet principal du tableau,
» obtint des gardiens du temple la permiffion de le retoucher, & en
» effaça l'oifeau», *Note du Traducteur.*

mais je ne crois pas qu'on ait jamais rien écrit
fur ce fujet.

Le Diomède de Diofcoride n'eft point affis ;
fon attitude n'indique pas non plus qu'il foit
occupé à fe lever, & fon action paroît double &
indécife : il n'eft pas affis, comme cela eft vifible ;
cependant l'attitude dans laquelle il fe trouve ne
permet pas de croire non plus qu'il veuille ou
même qu'il puiffe fe lever.

Le mouvement que fait notre corps quand nous
voulons nous lever d'un fiége, eft déterminé par
les loix de la méchanique, c'eft-à-dire, que nous
cherchons un centre de gravité ; & c'eft cette pofition que le corps tâche de conferver, quand il tire
à lui les jambes qui fe trouvoient étendues en avant,
pendant qu'il étoit affis (1) ; tandis que le Diomède
de Diofcoride a la jambe droite étendue. Quand
nous cherchons à nous mettre fur nos pieds, notre
premier mouvement eft de lever les talons de terre,
& dans ce moment tout le poids de notre corps
porte fur les doigts des pieds, ainfi que Félix (2) l'a
très-bien obfervé dans fa pierre gravée de Diomède ;
au lieu que le Diomède de Diofcoride porte fur
toute la plante des pieds.

Dans l'attitude où Diomède eft affis, avec la
jambe gauche repliée deffous la cuiffe droite, il eft
impoffible que fon corps trouve, en retirant à lui

---

(1) Borell. de motu animal. P. 1. C. 18. prop. 142. Edit. Bernoul.
(2) Stofch, Pierres gravées, N°. XXXV.

ſes jambes, dans la poſition où elles ſont, le centre
de gravité qui lui eſt néceſſaire pour ſe lever. De la
main gauche qui repoſe ſur la jambe gauche, laquelle, comme nous l'avons dit, eſt repliée deſſous
la cuiſſe droite, Diomède tient le palladium qu'il
vient d'enlever; & ſa main droite eſt armée du
Parazonium ou de l'épée, dont la pointe porte,
ſans effort, ſur la baſe carrée qui lui ſert de ſiége. Les
pieds ſe trouvent donc dans une ſituation contraire à celle qui eſt néceſſaire pour que la figure
puiſſe ſe lever. De plus, le bras gauche eſt de
même dans une poſition qui n'eſt pas du tout naturelle, ni favorable au mouvement qu'on ſuppoſe
que veut faire Diomède, qui par conséquent eſt
dans l'impuiſſance de pouvoir l'achever.

En conſidérant la figure ſous cet aſpect, on y
trouve auſſi un défaut contre la perſpective : le
pied de la jambe gauche, qui eſt repliée deſſous la
cuiſſe droite, touche à la corniche de la baſe
carrée, qui fait ſaillie par-deſſus le plan ſur lequel
porte cette baſe même, ainſi que le pied droit de
la figure. Il s'enſuit donc que la ligne que devoit
décrire le pied de derrière, eſt ſur le plan où ſe
trouve le pied de devant, & que la ligne que devoit tracer le pied de devant, eſt ſur le plan ſur
lequel poſe le pied de derrière.

Mais en ſuppoſant même qu'il fût poſſible que
la figure achevât, dans cette poſition, le mouvement qu'elle ſemble vouloir faire, cette attitude
ne ſeroit pas moins contraire au caractère qu'on

remarque

remarque dans la plupart des productions des artistes Grecs, qui paroissent avoir cherché à donner
à toutes leurs figures l'attitude la plus naturelle &
la plus aisée qui fût possible, & qu'on ne trouve
point dans la situation forcée & pénible de Diomède.

Félix, qui probablement est venu après Dioscoride, a donné, il est vrai, la même attitude forcée
à son Diomède (1); mais il a du moins tâché de
rendre cette attitude moins choquante, en plaçant
vis-à-vis de la figure de Diomède celle d'Ulysse,
qui, comme on sait, chercha à lui enlever par ruse
le Palladium. Diomède, que cette idée irrite, en
témoigne sa colère par un mouvement prompt &
violent, qui rend son attitude plus vraisemblable.

On ne peut pas dire non plus que la figure de
Diomède soit assise, puisque ses cuisses sont loin
de porter sur la base carrée, qui paroît devoir lui
servir de siége, & que, s'il étoit réellement assis,
on ne pourroit pas voir le pied gauche, qui se
trouve posé dessous la cuisse droite; pour ne rien
dire de la jambe gauche, qui, dans ce cas, devroit
être plus tournée en dehors.

Le Diomède de Mariette (2) est dans une attitude plus forcée encore, & plus contre nature; sa
jambe gauche est repliée, & collée contre la cuisse
d'une manière inconcevable; & le pied, qui n'est

---

(1) *Voyez* Stosch, Pierres gravées, No. XXXV.
(2) Mariette, Pierres gravées, tome II, No. 94.

F

pas visible, s'élève si haut, qu'il est absolument suspendu en l'air, sans porter sur aucun plan.

Est-il possible qu'on puisse prétendre faire regarder de pareils défauts comme de simples négligences; & les passeroit-on avec la même indulgence dans les ouvrages de nos artistes modernes?

On peut donc supposer avec assurance que Dioscoride n'a fait dans cette pierre que copier Polyclète (1), qui, à ce qu'on croit, est le même qui a fait la statue de Doryphore, dans laquelle il rassembla si heureusement les plus justes proportions du corps humain, qu'elle devint la *règle* de tous les artistes Grecs ; & c'est probablement son Diomède qui a servi de modèle à Dioscoride, qui, en l'imitant, auroit dû en éviter les défauts. La base au dessus de laquelle le Diomède de Polyclète est comme suspendu, est d'une forme qui blesse les règles les plus connues de la perspective : la corniche d'en-haut & celle d'en-bas forment chacune une ligne isolée & particulière, tandis qu'elles devroient sembler partir d'un même point commun.

Je m'étonne de ce que Perrault n'ait pas choisi dans les pierres gravées des preuves pour constater la supériorité des artistes modernes sur les artistes anciens. J'espère que vous ne m'en voudrez point, si, d'après ma mémoire, je cite ici les sources où vous avez puisé quelques faits particuliers ; & je ne pense pas que de pareilles citations puissent nuire au mérite de votre ouvrage.

______

(1) Stosch, Pierres gravées, No. LIV.

Commençons par la nourriture preſcrite aux jeunes athlètes Grecs, dans les plus anciens tems. Si c'eſt Pauſanias (1) que vous avez eu dans ce moment ſous les yeux, d'où vient que vous vous êtes ſervi du terme général de *laitage*, tandis que le texte grec dit expreſſément qu'ils étoient nourris de fromages mous, qu'on faiſoit égoutter dans des clayons; & que ce fut Droméus, de la ville de Stymphale, qui fut le premier qui commença à ſe nourrir de viandes ?

Quant à l'art de changer les yeux bleus en yeux noirs, je n'ai pas été aſſez heureux pour me rappeler quel eſt l'écrivain qui parle de cette invention que vous attribuez aux Grecs. Je ne trouve qu'un paſſage dans Dioſcoride (2), où il en eſt dit quelque choſe, mais ſeulement en paſſant, & d'une manière fort vague. C'eût été ſans contredit ici une occaſion de donner à votre ouvrage un bien plus grand intérêt, que par ce que vous dites d'une nouvelle manière de travailler le marbre, inventée par Michel-Ange. Newton auroit pu, à cette occaſion, propoſer aux ſavans des problêmes plus abſtraits; & Algarotti n'auroit pas manqué de donner plus de beauté au ſexe. Cet art de changer la couleur des yeux eût été ſans doute plus eſtimé des Germains que des Grecs, chez qui les grands

____

(1) Pauſan. L. VI. c. 7.

(2) Dioſcor. de re medicâ. L. V. c. 179. Conf. Salmaſ. Exercit. Plin. c. 15. p. 134. b.

& les beaux yeux bleus paroiſſent avoir été plus rares que les yeux noirs. Il y eut un temps où les yeux verts étoient auſſi à la mode.

Et ſi bel œil *vert*, & riant & clair. (1)

Je pourrois dire auſſi quelque choſe, d'après Hippocrate, des marques de la petite vérole, ſi je voulois m'engager dans une diſpute de mots. Je ne crois pas d'ailleurs que les marques de la petite vérole, dont les traits de la phyſionomie ſe trouvent preſque toujours altérés, puiſſent nuire aux belles formes du corps, & y cauſent une imperfection auſſi grand'e que celle qu'on prétend avoir remarquée aux Athéniens. Auſſi belle qu'étoit leur phyſionomie (2) ; auſſi mal-faite étoit la partie poſtérieure de leur corps (3). La nature paroît avoir mis autant d'économie, chez les Athéniens, dans la conſtruction de cette partie charnue du corps, qu'elle montroit de prodigalité dans les parties auditives des Enotocètes, peuple de l'Inde, dont les oreilles étoient d'un volume ſi conſidérable, à ce qu'on prétend, qu'elles pouvoient leur ſervir de couſſin pour dormir.

Je penſe donc que, généralement parlant, nos artiſtes trouveront, parmi notre jeuneſſe, des modèles auſſi parfaits pour étudier le nud, que les

---

(1) *Le Sire de Coucy*, chanſon.
(2) Ariſtoph. Nub. v. 1178.
(3) Id. Ibid. v. 1365. Et ſcholiaſt. ad h. l.

Grecs peuvent en avoir eu dans leurs athlètes. D'où vient qu'ils ne mettent pas en ufage le moyen propofé aux artiftes de Paris (1), favoir de parcourir les bords de la Seine pendant les chaleurs de l'été, où ils trouveront des modèles à choifir, depuis l'âge de fix ans jufqu'à celui de cinquante ? C'eft fans doute d'après de pareils modèles que Michel-Ange a deffiné, pour fes cartons de *la Guerre de Pife* (2), les foldats qui fe baignent, & qui, au fon de la trompette, s'élancent hors de l'eau, pour reprendre leurs habits.

Un des paffages de votre écrit, qui doit naturellement révolter le plus, eft celui de la page dix-fept où vous abaiffez fi fort les fculpteurs modernes au deffous des anciens. Ces derniers temps ont produit plus d'un Glycon, dont les ouvrages nous préfentent toute l'expreffion d'une nature mâle & vigoureufe, & plus d'un Praxitèle, qui nous charme par l'imitation des formes heureufes de la beauté. Michel-Ange, Algardi & Schluter, dont les chef-d'œuvres embelliffent Berlin, ont fait fortir de leur cifeau de ces corps mufculeux &

Invicti membra Glyconis. HORAT.

d'un contour auffi vigoureux & auffi fublime que Glycon lui-même en a jamais produit. Quant aux belles formes, & aux contours gracieux de la jeu-

____

(1) Obfervations fur les Arts, & fur quelques morceaux de Peinture & de Sculpture, &c. page 18.

(2) Ripofo di Rafaello Borghini, L. I, p. 46.

neſſe & du beau ſexe, on peut dire que le Bernin, le Flamand, le Gros, Rauchmuller & Donner ont ſurpaſſé les Grecs mêmes dans cette partie.

Tous les connoiſſeurs conviennent que les anciens ſtatuaires ne poſſédoient pas le talent de rendre les grâces touchantes de l'enfance ; & je ſuis perſuadé que vous préférez vous-même un enfant ou un amour du Flamand à ceux de Praxitèle. Le conte qu'on fait du Cupidon de Michel-Ange, qu'il plaça à côté d'un Amour d'un ancien ciſeau, pour montrer par-là la prééminence que les anciens artiſtes doivent avoir ſur les modernes, ne prouve rien : jamais les enfans de Michel-Ange ne nous conduiront par une route auſſi courte & auſſi ſûre à la connoiſſance des beautés enfantines, que le fera l'étude de la nature même.

Je ne crains pas d'avancer rien de trop, en diſant que le Flamand, ſemblable à un nouveau Prométhée, a créé des êtres tels que l'art n'en avoit jamais produit avant lui. A en juger par la plupart des figures d'enfans qu'on voit ſur les pierres gravées (1) & ſur les bas-reliefs (2) des anciens, il ſeroit à ſouhaiter qu'ils leur euſſent donné un air

____

(1) *Voyez* le *Cupidon* gravé par Solon, dans le *Recueil des Pierres gravées* de Stoſch, No. LXIV; *l'Amour domptant les lionnes*, gravé par Soſtrate, No. LXVI du même livre ; & *l'Enfant avec un Faune*, de la main d'Axéochus, dont le deſſin ſe trouve auſſi dans ce recueil de Stoſch, No. XX.

(2) *Voyez* Bartholi Admiranda Rom. Fol. 50, 51, 61. Zanetti Statue antiche. Part. II. Fol. 33.

plus enfantin ; que les formes en fuſſent moins développées, & qu'au lieu des os trop fortement indiqués, ils euſſent plus de cette *morbideſſe* qui indique une chair qui n'a pas encore acquis toute ſa conſiſtance. On trouve ces mêmes défauts dans les enfans de Raphaël, & dans tous ceux des artiſtes, depuis ce grand maître juſqu'au tems de François Duquenoy, connu ſous le nom de Fiammingo ou du Flamand, dont les enfans pleins d'innocence & de grâces, ont ſervi de modèle aux artiſtes qui ſont venus après lui ; de même que l'Apollon & l'Antinoüs ont toujours guidé ceux qui ont cherché à rendre la belle nature dans l'âge d'adoleſcence. Algardi, qui fleurit dans le même tems que le Flamand, fut ſon émule dans l'art de rendre les grâces touchantes de l'enfance ; & les modèles en terre cuite de ces deux maîtres ſont encore plus précieux aux artiſtes, que les enfans exécutés en marbre des anciens. Un artiſte, dont je ne rougirois pas de citer le nom, s'il le falloit, m'a aſſuré même que, pendant ſept ans qu'il a fréquenté l'académie de Vienne, il n'y a vu perſonne qui ſe ſoit occupé à copier le Cupidon antique qui s'y trouve.

J'ignore auſſi quelle idée de beauté les artiſtes Grecs ont pu attacher aux cheveux rabattus ſur le front des enfans & des adoleſcens, dont ils déroboient par là toute la forme. Un Cupidon (1) de

____

(1) *Voyez* Calliſtrate, page 903.

Praxitèle, un Patrocle (1) d'un tableau décrit par
Philostrate étoient ainsi représentés ; & jamais on
ne voit les cheveux de l'Antinoüs disposés d'une
autre manière, tant dans les statues & les bustes,
que sur les pierres gravées & les médailles : peut-
être est ce à cette espèce de coëffure qu'il faut
attribuer l'air pensif & mélancolique qu'on remarque à toutes les têtes de ce favori de l'empereur
Adrien.

Ne faut-il pas convenir qu'un front ouvert &
dégagé donne un air plus grand & plus noble au
visage, qu'un front caché sous une touffe de cheveux ? & il semble que le Bernin a mieux senti que
les anciens la beauté que la forme de l'os coronal
ajoute à la physionomie. Un jour que ce célèbre
artiste étoit occupé à faire en marbre le buste de
Louis XIV, il lui fit rejeter en arrière plusieurs
boucles qui couvroient le front du jeune monarque.
» Vous êtes Roi, dit le Bernin, & V. M. peut
» montrer le front à tout l'univers (2). » Depuis
ce moment le roi & toute la cour se firent coiffer de
la manière que l'artiste Napolitain le leur avoit en-
seigné.

Le jugement que ce même artiste porte sur les
ouvrages en bas-relief du tombeau d'Alexandre
VI (3), nous fournit l'occasion de faire quelques
remarques sur les bas-reliefs des anciens. « Tout

---

(1) *Voyez* Philostrat. Heroic.

(2) Baldinucci vita del caval. Bernino, p. 47.

(3) Ibid. p. 72.

» l'art des bas-reliefs, dit le Bernin, confiste à faire
» paroître en boffe & en relief ce qui n'a point de
» relief. Les figures tout-à-fait faillantes, avoit-il
» coutume de dire, paroiffent ce qu'elles font en
» effet, & ne paroiffent point ce qu'elles ne font
» point ».

L'intention des premiers inventeurs du bas-relief a été de l'employer dans les endroits qu'ils
vouloient orner de figures hiftoriques ou allégoriques ; mais où les groupes de figures libres & détachées du fond auroient fait un mauvais effet,
tant par rapport à la corniche, qu'à caufe des règles
de la fymétrie de l'enfemble. L'ornement feul
n'eft pas le premier but qu'il faut fe propofer dans
la corniche, qu'on doit plutôt faire fervir à rendre
plus folide la partie de l'édifice auquel on l'emploie.
On fait auffi que le larmier, qui fait partie de la
corniche, eft deftiné à empêcher que l'eau ne
coule le long de la frife, & des autres parties principales de l'édifice : il s'enfuit donc que les bas-reliefs qu'on veut placer pour ornement dans cette
partie du bâtiment, ne doivent pas être compofés
de figures trop faillantes ; puifque cela feroit non-
feulement contraire au caractère de la corniche, &
à l'utilité qu'on en attend, mais que cela expofe-
roit auffi trop ces figures aux injures de l'air.

La plupart des anciens bas-reliefs que nous connoiffons ont des figures fort faillantes, & dont le
contour eft, pour ainfi dire, entièrement détaché
du fond. Cependant le bas-relief n'eft qu'une

espèce de sculpture factice, ou une imitation de la sculpture ; par conséquent les figures des bas-reliefs ne sont pas, suivant l'intention de cet art, des figures réelles ou en ronde bosse, mais seulement la représentation de figures. Tout ce qui dans le bas-relief est représenté d'une manière aussi sailllante & aussi marquée, proportion gardée, que l'est l'objet même par sa nature, est donc contraire aux regles de cet art : le bas-relief doit faire paroître saillant ce qui ne l'est pas, & plat ce qui est en effet saillant.

C'est par cette raison que les figures en ronde bosse, & entièrement détachées du fond d'un bas-relief, y font un aussi mauvais effet que le feroient dans une décoration de théâtre des colonnes solides, & véritablement massives, qui, pour plaire, ne doivent paroître à nos yeux qu'une agréable illusion de l'art. Par ce moyen l'art obtient alors ici, ainsi que quelqu'un l'a dit de la tragédie, plus de vraisemblance par l'imposture, & plus d'invraisemblance par la vérité. C'est encore par un heureux effet de l'art qu'une copie nous fait souvent plus de plaisir à voir que la nature même : jamais un jardin de fleurs naturelles, ou des bosquets d'arbres véritables, n'offrirent un coup-d'œil aussi agréable & aussi attachant, que le fera la représentation de ces objets par un pinceau habile. Une rose de Van Huysum, & un peuplier de Veerendaal fixent plus notre attention que ceux que le jardinier le plus habile auroit cultivés ; & je ne crois pas que le payſage le plus riche, le plus varié, le plus riant de la nature, la vallée même de Tempé en Theſſalie, faſſe ſur nous cette forte impreſſion, qui ſuſpend en quelque ſorte la faculté de tous nos ſens, à la vue de ces mêmes ſites peints par le célèbre Dieterich.

C'eſt d'après ces obſervations que nous pouvons fixer notre jugement ſur les bas-reliefs des anciens. Il y a deux ouvrages admirables de ce genre dans le riche cabinet d'antiques à Dreſde : l'un eſt une Bacchanale repréſentée ſur un tombeau, l'autre une Offrande à Priape, ſur un grand vaſe de marbre.

Le bas-relief demande un talent particulier, dans lequel les meilleurs ſculpteurs n'ont pas toujours réuſſi. Matielli peut nous en ſervir d'exemple. L'empereur Charles VI ayant demandé aux principaux artiſtes des modèles pour des bas-reliefs qu'il vouloit faire exécuter ſur deux colonnes torſes de l'égliſe de St. Charles Boromée, Matielli, qui depuis long-temps jouiſſoit d'une grande réputation, fut un des premiers qu'on choiſit ; cependant ſon travail ne mérita point le choix. Le grand relief qu'il avoit donné aux figures de ſon modèle fut la cauſe de cette excluſion, parce que la maſſe des colonnes ſe ſeroit trouvée trop affoiblie par la quantité de marbre qu'il auroit fallu en enlever. Mader eſt l'artiſte à qui ce travail fut confié, & qui l'a véritablement exécuté d'une manière admirable.

Nous remarquerons encore au ſujet des bas-reliefs, que toutes les attitudes & toutes les actions ne conviennent pas aux figures de cette efpèce de travail : il faut fur-tout y éviter les trop grands raccourcis. L'artifte doit auffi avoir foin, après qu'il aura modelé chaque figure féparément, & qu'il les aura enfuite groupées, de prendre exactement avec une échelle le diamètre de profondeur de chaque figure, & de réduire cette mefure à proportion de la grandeur que doivent avoir les figures du bas-relief qu'on veut exécuter; de manière, par exemple, que lorfque le diamètre eft d'un pied, cette mefure du profil de la figure foit réduite à trois pouces, plus ou moins, fuivant que cette figure aura plus ou moins de ronde boffe, ou fera plus ou moins détachée du fond; en obfervant bien cette même réduction des parties, fuivant les loix de la dégradation que demande la perfpective. Plus le diamètre applati des figures offre de relief, plus l'art eft grand. C'eft en général par la perfpective que péchent les ouvrages en bas-relief; & c'eft ce défaut ordinaire qui fait qu'ils obtiennent fi rarement notre approbation.

Mais je m'apperçois que je m'engage dans des difcuffions que je m'étois propofé d'éviter; & que, femblable à un ancien orateur, j'aurois befoin qu'on me remît fur mon texte. Quoique je n'aie pas perdu de vue que ce n'eft qu'une lettre, & non pas un livre que je me propofe d'écrire; je ne puis néanmoins m'empêher de me laiffer aller à l'idée que je pourrai moi-même tirer quelque fruit,

Ut vineta egomet cædam mea,   HORAT.

de la mauvaise humeur que montreront contre l'auteur quelques gens qui se croient seuls autorisés à écrire sur certaines matières.

Les Romains avoient leur dieu Terme, qui présidoit aux bornes & aux limites, à qui ces messieurs donnent aussi, quand il leur plaît, l'inspection sur les limites des sciences & des arts. Il y a probablement eu des Grecs & des Romains, qui, sans être artistes, s'ingéroient néanmoins à juger des ouvrages de l'art ; & il semble même que leur jugement est favorable à nos artistes. Je ne trouve non plus nulle part marqué que le garde du temple de la Paix à Rome, qui sans doute étoit chargé de veiller aux tableaux des meilleurs maîtres Grecs, qui en décoroient l'intérieur, se soit jamais arrogé un droit de monopole sur la critique qu'on pouvoit faire de ces chefs - d'œuvre de l'art; d'autant plus que Pline décrit ces tableaux comme

> Publica materies privati juris sit. HORAT.

Il seroit à souhaiter qu'à l'exemple de Pamphile & d'Apelles, les artistes prissent eux-mêmes la plume pour découvrir les secrets de leur art à ceux qui pourroient retirer quelque utilité de leurs leçons.

> Ma di costor, che a lavorar s'accingono
> Quatro quinti, per dio, non sanno leggere.
> SALVATOR ROSA. Sat. III.

Il y en a cependant deux ou trois qui méritent quelque éloge à cet égard; les autres qui ont voulu écrire fur leur art, ne nous ont donné que des catalogues hiftoriques des ouvrages de leurs compétiteurs : tel eft, entre autres, le Traité fur la Peinture & la Sculpture que Pierre de Cortone & Ottonelli (1) ont compofé de concert, dans lequel on chercheroit vainement la moindre inftruction, & qui n'eft qu'une répétition de ce qu'on trouve beaucoup mieux dit dans cent autres ouvrages ; de manière que toute l'utilité de ce livre fe borne à

Ne fcombris tunicæ defint piperique cuculli.

SECTANI Sat.

De quelle foibleffe, de quelle ineptie même ne font point les Réflexions fur la Peinture du grand Pouffin, que Bellori (2) a tirées d'un manufcrit de ce peintre, & qu'il a jointes à fa vie comme quelque chofe d'admirable !

A la page dix-huit de votre ouvrage, vous avez cherché à combattre une idée du Bernin, de cet artifte célèbre, dont le nom feul fuffit pour rendre refpectable le livre où il fe trouve cité ; du Bernin qui, au même âge où Michel-Ange fit la fameufe copie de la tête de Pan, généralement connue fous le nom de *Studiolo* (3), c'eft-à-dire à dix-huit ans, exécuta une ftatue de Daphné, par laquelle

---

(1) Trattato della pittura e fcultura, ufo e abufo loro, compofto da un theologo, e da un pittore. Fiorenza, 1652. 4°.

(2) Bellori Vite de' pittori, &c. p. 300.

(3) Richardfon, Tom. III, p. 94.

il prouva qu'il avoit étudié toutes les beautés de l'antique, & cela à un âge où les yeux de Raphaël étoient encore couverts du voile de l'ignorance & du doute.

Le Bernin a été un de ces heureux génies qui produifent à la fois & les fleurs de la faifon nouvelle, & les fruits de l'automne ; & je ne penfe pas qu'on puiffe prouver que l'étude de la nature, à laquelle il fe confacra uniquement quand il fut parvenu à un âge mûr, l'ait écarté du chemin de la perfection. C'eft à cette étude qu'il dut cette *morbideffe* de la chair, & ce degré de vie & de beauté qu'il fut imprimer au marbre. C'eft cette imitation de la nature qui donne de l'expreffion aux ouvrages des artiftes, & qui anime les formes, ainfi que l'a dit Socrate (1), & comme le ftatuaire Cliton en eft convenu auffi. « C'eft la nature qu'il » faut étudier, & non les productions des ar- » tiftes », fut la réponfe du célèbre fculpteur Lyfippe à celui qui lui demandoit lequel de fes prédéceffeurs il avoit pris pour modèle. On ne peut nier qu'une étude trop fuivie de l'antique ne conduife fouvent à une féchereffe & à une aridité dans lefquelles l'imitation de la nature ne nous fera jamais tomber. La nature toujours variée dans fes formes de beauté, préfente fans ceffe des idées nouvelles à l'artifte qui fait l'étudier ; & jamais les ouvrages d'un pareil artifte n'offriront de ces froides

---

(1) Xénophon, Mémorab. L. III, c. 6. 7.

répétitions, & de ces reſſemblances marquées qu'on trouve dans les productions de ceux qui ſe ſont bornés à l'imitation des anciens, tels, par exemple, que le Guide & le Brun, à qui une certaine idée de la beauté étoit devenue ſi particulière, qu'ils la donnoient, ſans le vouloir, à toutes leurs figures, de manière que toutes leurs têtes en particulier, ont un certain air de famille qui les diſtingue & les fait reconnoître.

Je ſuis néanmoins de votre avis ſur la néceſſité de joindre l'étude de l'antique à celle de la nature; mais j'aurois choiſi d'autres exemples que ceux que vous citez, pour prouver que l'étude de la nature ſeule ne ſuffit pas pour former un grand maître; & vous avez ſans contredit trop abaiſſé le mérite de Jordans. Je ne m'en tiendrai pas ici à ma ſeule opinion; j'en appelle à la déciſion d'un juge compétent en cette matière. « Le Jordans, dit » d'Argenville (1), a plus d'expreſſion & de vérité » que Rubens. »

La vérité eſt le principe & la cauſe de la perfection & de la beauté; une choſe, de quelque nature qu'elle ſoit, ne peut être ni belle, ni parfaite, ſi elle n'eſt pas véritablement ce qu'elle doit être, & ſi elle n'a pas tout ce qu'elle doit avoir. »

En avouant que cette penſée eſt juſte & vraie, il faudra convenir auſſi, ſuivant l'idée qu'un auteur

____

(1) Abrégé des vies des peintres, tom. III. p. 334, édit. de Paris 1762.

célèbre

célèbre (1) a donné de la vérité, que le Jordans doit plutôt être placé parmi les grands maîtres originaux, que parmi les singes de la nature commune, ainsi que vous le faites. Selon moi, vous auriez dû mettre ici Rembrant au lieu de Jordans, & Raoux ou Watteau à la place de Stella. Mais après tout, qu'ont fait ces Peintres ? Ce qu'a fait Euripide : ils ont représenté la nature telle qu'elle s'est montrée à leurs yeux. Rien n'est petit, rien n'est mauvais dans l'art ; & peut-être même pourroit-on tirer quelque instruction des formes & des bambochades Flamandes, ainsi que le Bernin sut en trouver dans certaines carricatures ou charges, auxquelles il dut, dit-on, une des principales parties de l'art, savoir, la franchise de l'exécution, *Franchezza del tocco* (2). Aussi ai-je changé d'idée au sujet des carricatures, depuis que j'ai lu cette anecdote du Bernin ; & je suis maintenant persuadé que l'artiste qui est parvenu à manier le pinceau ou le ciseau avec une certaine liberté ou hardiesse, a fait un très-grand pas dans son art. Vous citez comme une preuve de la prééminence que méritent les anciens artistes, les formes *sur-humaines* qu'ils ont su donner à leurs figures ; mais nos maîtres modernes ne franchissent-ils pas de même les limites de la nature actuelle dans leurs carricatures ? Cependant personne ne les admire pour

______

(1) Pensées de la Rochefoucault.
(2) *Voyez* Baldinucci, Vita del cav. Bernino. p. 66.

cela. Il a même paru, depuis quelque tems, des volumes entiers fur cette efpèce de productions, que le plus grand nombre des artiftes dédaignent de lire.

Pour relever un paffage de votre écrit qui fe trouve à la page 19, je ne ferai que vous citer le fentiment de notre académie. Vous y dites, d'un ton doctoral, « que l'artifte ne pourra jamais » trouver dans la nature ce contour pur, gra- » cieux & correct qui forme la véritable ligne » de beauté, & qu'on ne trouve que dans les » ftatues Grecques «. Cependant on enfeigne dans notre académie, que les anciens fe font écartés de la correction & de la vérité dans le contour de quelques parties du corps humain; qu'ils n'ont fait que tirer la peau fur les clavicules, fur le tibia, ainfi que fur la rotule, fur l'olécrane, & en un mot, fur tous les endroits où il y a de gros cartilages, fans y indiquer diftinctement les creux que forment les apophyfes & les cartilages des articulations. On y enfeigne aux jeunes artiftes à donner des angles plus fentis à ces parties où la peau ne couvre que peu de chair, & à donner, au contraire, plus de rondeur & de *morbideffe* à celles qui font naturellement charnues. On corrige même, comme un défaut, les contours qui fe fentent trop de l'étude de l'antique; & je ne penfe pas qu'on veuille fuppofer que des académies en corps, qui enfeignent ces principes, puiffent être dans l'erreur.

Parrhaſius même, qui « en général eſt regardé » comme l'artiſte Grec qui a donné à ſes figures » le contour le plus vigoureux «, n'a pas ſu trouver la ligne qui dans la nature ſépare le moins du trop. En voulant éviter d'être maſſif, il eſt tombé dans l'aridité des contours, ainſi que Pline l'a remarqué (1) ; & Zeuxis a ſans doute donné dans le défaut contraire, qu'on a reproché auſſi à Rubens ; s'il eſt vrai, comme on le dit, qu'il ait deſſiné le *plein* de ſes figures, pour leur donner plus de relief & de beauté. C'eſt d'après l'idée d'Homère, chez qui le ſexe eſt d'une nature vigoureuſe, que cet artiſte a formé ſes figures de femmes (2). Le tendre & ſenſible Théocrite même nous a repréſenté ſon Hélène (3) comme une beauté charnue & épaiſſe ; & la Vénus de Raphaël dans le palais dit le Petit-Farnèſe, à Rome, eſt conçue d'après les mêmes idées de beauté. Rubens a donc peint d'après les conceptions d'Homère & de Théocrite : que faut-il de plus pour juſtifier la manière de ce grand maître ?

Le caractère que vous tracez de Raphaël eſt juſte & vrai ; mais ne pourroit-on pas appliquer ici ce que le Spartiate Antalcidas dit à un ſophiſte qui vouloit prononcer un éloge d'Hercule : « Qui » eſt-ce qui le blâme ? « demanda-t-il. Quant aux

______

(1) Hiſt. Nat. liv. XXXV. chap. 10.

(2) Quintil. Inſtit. Orat. lib. XII. cap. 10.

(3) Idyll. 18. v. 29.

beautés que vous admirez dans le tableau de Raphaël qui eſt dans la galerie électorale de Dreſde, & particulièrement celles que vous trouvez dans l'Enfant que la Vierge tient ſur ſes bras, on en juge d'une manière fort différente.

Ὃ σὺ θαυμάζεις, τοῦθ' ἑτέροισι γέλως.

LUCIAN. Epigr. I.

Vous auriez fait plus ſagement d'afficher le caractère d'un bon patriote contre ceux qui, au-delà des Alpes, affectent de mépriſer tout ce qui tient de l'école Flamande :

Turpis Romano Belgicus ore color.

PROPERT. L. II. Eleg. 8.

Ne faut-il pas convenir que l'effet enchanteur du coloris eſt ſi puiſſant, qu'il ſert à cacher ou du moins à faire pardonner pluſieurs défauts, & qu'un tableau ne peut généralement plaire, s'il n'eſt bien colorié ? Cependant c'eſt le coloris qui, avec l'entente admirable du clair-obſcur, fait le plus grand mérite de l'école Flamande. Le coloris eſt dans la peinture, ce que ſont le mètre & l'harmonie dans la poéſie. C'eſt par ce preſtige des couleurs poétiques qu'on fait diſparoître les négligences, & qu'on captive l'eſprit qui, entraîné par les charmes du ſtyle, n'a pas le tems de s'arrêter à une diſcuſſion critique.

L'examen d'un tableau doit être précédé du

plaifir des yeux, dit de Piles (1); & ce plaifir confifte dans le premier effet ; au lieu que ce qui touche l'efprit n'eft que le réfultat de la réflexion. D'ailleurs, le coloris eft une qualité qui n'eft propre qu'aux tableaux ; tandis que le deffin fe trouve dans toutes les productions de l'art, jufques dans les gravures mêmes : ce qui le rend auffi plus généralement néceffaire aux artiftes que le coloris. Un auteur célèbre (2) prétend avoir obfervé que les peintres coloriftes ont joui beaucoup plus tard d'une certaine réputation que les peintres à compofitions poétiques. Les connoiffeurs favent quel a été le fuccès du Pouffin dans le coloris ; & tous ceux,

Qui rem Romanam Latiumque augefcere ftudent,
ENNIUS.

feront obligés de reconnoître ici les peintres Flamands pour leurs maîtres. Les peintres ne font, en effet, que les finges de la nature, & leur art eft d'autant plus parfait, qu'ils favent mieux l'imiter.

Aft heic, quem nunc tu tam turpiter increpuifti,
ENNIUS.

le délicat Van der Werff, dont les ouvrages fe vendent au poids de l'or, & qui ne fe trouvent que dans les cabinets des gens riches, ne peut

____

(1) Converfat. fur la peinture.
(2) Du Bos, Réflexions fur la Poéfie & fur la Peinture.

être imité par aucun peintre Italien ; ſes tableaux fixent également les yeux des ignorans , des amateurs & des connoiſſeurs. » Aucun poète qui » plaît n'a mal écrit «, dit un critique Anglois : dans ce cas , le mérite du coloris du peintre Hollandois, eſt plus grand que celui du deſſin correct du Pouſſin.

Peut-on ſe flatter de trouver pluſieurs tableaux dont le mérite égale quelques-uns de ceux du grand Laireſſe dans l'invention , la compoſition & le coloris ? Tous les vrais connoiſſeurs de Paris , qui ont vu le tableau admirable de ce peintre, repréſentant l'hiſtoire de Stratonice , qui ſans contredit tenoit le premier rang dans le cabinet de M. de la Boiſſière , ſeront de mon ſentiment ſur le mérite de ce célèbre artiſte, s'ils veulent être impartiaux.

Laireſſe à peint deux fois cette hiſtoire de Stratonice (1) que tout le monde connoît ; le tableau qu'en poſſède M. de la Boiſſière eſt le plus petit des deux : les figures ont un pied & demi de haut ; le fond eſt différent de celui de l'autre.

Stratonice qui eſt l'héroïne de ce tableau , eſt de la figure la plus noble , & qui feroit honneur à l'école de Raphaël même. Cette belle reine ,

Colle ſub Idæo vincere digna Deas.   OVID. Art.

_____

(1) On trouvera dans le *Grand Livre des Peintres de Laireſſe*, qu'on doit publier dans peu, l'hiſtoire de ces deux tableaux, faite par Laireſſe lui-même.

Elle approche à pas lents & indécis du lit de son
nouvel époux ; mais avec toute la dignité d'une
mère ou plutôt d'une sainte vestale. On remarque
sur sa physionomie qui présente le plus beau profil, une noble modestie & une soumission volon-
taire à l'ordre du roi. Elle joint la douceur de
son sexe & la majesté d'une reine, au recueille-
ment & à la sagesse que demande une circons-
tance aussi auguste & aussi extraordinaire. Sa draperie est d'un jet admirablement beau & heureux ;
& les artistes peuvent y apprendre de quelle manière ils doivent peindre la pourpre des anciens.
Il n'est peut-être pas généralement connu que la
pourpre des anciens avoit la couleur de la feuille
de vigne, quand elle commence à se faner & à
devenir rougeâtre (1).

Derrière Stratonice on voit le roi Séleucus,
vêtu d'une sombre draperie, qui sert à faire sortir
davantage la figure principale ; & cette place
convient d'autant mieux à ce roi, qu'il évite
par-là à Stratonice & au prince son fils, l'embarras & la confusion où ils doivent naturellement se trouver. L'impatience de voir l'heureux
effet de cette entrevue & la joie de faire le bonheur de son fils, se lisent également sur le visage
de Séleucus, que le peintre a copié d'après les
meilleures têtes que nous avons sur les médailles
de ce roi.

---

(1) *Voyez* Lettre de M. Huet sur la Pourpre, dans les Disser-
tations de Tilladet, tome III. p. 169.

Le prince, représenté assis, à moitié nu, sur son lit, est un beau jeune homme qui a une parfaite ressemblance avec son père, & avec son portrait qu'on voit sur ses médailles. Son visage pâle donne à connoître la fièvre qui circule avec violence dans ses veines ; il semble cependant qu'on commence déja à appercevoir les symptômes de sa prochaine guérison, par la foible teinte qui anime son teint, & qu'il ne faut point attribuer à la honte.

Erasistrate, tout à-la-fois prêtre & médecin, a l'air vénérable & imposant du Calchas d'Homère : c'est lui qui déclare au jeune prince la volonté du roi ; & tandis que d'une main il conduit la reine vers le prince, il lui présente de l'autre le diadême. La joie & la surprise se peignent sur le visage de ce dernier, en voyant avancer Stratonice,

Dont le regard touchant vole au devant du sien (1),

mais il semble néanmoins retenu par le respect ; de manière que sa tête penchée sur sa poitrine paroît indiquer qu'il réfléchit à son bonheur.

Les caractères que le peintre a su imprimer aux différentes figures de ce tableau, sont ménagés avec tant de sagesse, que chacune de ces figures en particulier donne de la noblesse & de l'expression aux autres.

____

(1) Und jedem blick von ihr wallt dessen herz entgegen.
HALLER.

C'eft fur Stratonice, comme figure principale du tableau, que tombe la plus grande maffe de lumière qui attire d'abord les yeux fur elle. Erafiftrate eft placé dans un endroit moins éclairé ; mais l'attitude dans laquelle il eft repréfenté, le fait affez remarquer : lui feul porte la parole, tandis que toutes les autres figures font dans un filence qui marque l'impatience & la crainte de favoir quelle fera l'iffue de cette entrevue. Le prince qui, après Stratonice, doit principalement fixer l'attention, eft frappé d'une plus forte lumière qu'Erafiftrate ; & comme le peintre a fagement choifi pour figure principale de fon groupe une jeune & belle reine, au lieu d'un prince malade, mais qui, par la nature du fujet, auroit dû occuper la première place du tableau, il a fu donner une fi grande expreffion à la figure de ce dernier, qu'on peut dire qu'elle mérite par-là d'attacher particulièrement la vue. Toute la puiffance de l'art brille auffi dans le mélange des différentes paffions qui agitent à-la-fois les mufcles du vifage de ce prince,

Quales nequeo monftrare & fentio tantùm ;

JUVENAL. Sat. VII.

mais qui néanmoins femblent fe concentrer dans une paifible attention. La prochaine guérifon du malade fe fait connoître dans les traits altérés de fon vifage, comme les premiers rayons de l'aurore qui s'échappent de deffous le voile obfcur de la nuit, annoncent un nouveau jour, un jour ſerein & tranquille.

Le génie & le goût de l'artiſte ſont répandus ſur tout l'ouvrage ; on les reconnoît même dans la forme élégante des vaſes, qu'il a peints d'après les meilleurs modèles de l'antiquité : c'eſt d'Homère qu'il a pris l'idée de donner un pied d'ivoire à la table qui eſt devant le lit du prince.

Le fond du tableau repréſente un magnifique édifice d'une architecture Grecque, dont les ornemens mêmes paroiſſent être allégoriques au ſujet. L'entablement d'un portail eſt ſupporté par des cariatides qui ſe tiennent embraſſées, comme voulant indiquer la tendre amitié qui règne entre Séleucus & ſon fils, & en même tems le prochain hymen qui doit en être la ſuite.

Le peintre a obſervé rigoureuſement la vérité hiſtorique de ſon ſujet ; ce n'eſt que dans les acceſſoires qu'il a employé l'allégorie, pour faire mieux connoître quelques circonſtances particulières par des emblêmes. Le ſphinx qui ſert d'ornement au lit du prince, indique le moyen dont Eraſiſtrate s'eſt ſervi pour découvrir la cauſe de ſa maladie , & la découverte même de cette maladie.

On m'a dit que de jeunes artiſtes Italiens qui ont vu ce chef-d'œuvre, mais dont les yeux ont ſans doute tombé d'abord ſur le bras du prince qui ſemble trop épais d'une ligne, ont paſſé devant ce tableau ſans s'y arrêter. Il eſt de certains efprits qu'il eft impoffible d'éclairer, quand même Minerve voudroit leur rendre, comme à Diomède , le fervice de diffiper le brouillard qui offufque leurs yeux.

> Pauci dignofcere poffunt
> Vera bona, atque illis multùm diverfa, remota
> Erroris nebula. JUVENAL. Sat.

Voilà fans doute un long épifode que je viens de faire ; mais j'ai cru qu'il étoit néceffaire & jufte de faire connoître un ouvrage qui doit tenir le premier rang parmi les chefs-d'œuvre de l'art, & qui jufqu'à préfent femble avoir trouvé fi peu d'admirateurs. Je vais néanmoins reprendre la critique de votre écrit.

Je ne fais fi » cette noble fimplicité & cette » grandeur tranquille « que vous cherchez dans les figures de Raphaël , ne fe trouvent pas mieux défignées par deux célèbres écrivains (1) fous le nom de *Nature tranquille?* Il eft vrai que le grand principe que vous enfeignez peut fervir à faire connoître le mérite des plus beaux ouvrages Grecs ; mais il feroit peut-être auffi dangereux de l'enfeigner indiftinctement à tous les jeunes artiftes, que l'eft aux jeunes littérateurs l'enfeignement d'un ftyle haché & laconique, qui le rend dur, raboteux, & par conféquent dé-

______

(1) Saint-Réal, Céfarion, Œuvres, tome II. Le Blanc, Lettre fur l'expofition des Ouvrages de Peinture de l'année 1747. Conf. M. de Hagedorn, Eclairciffemens hiftor. fur fon Cabinet, p. 37.

ſagréable. » Dans les ouvrages des jeunes gens ,
dit Cicéron, » (1) il doit toujours y avoir une
» certaine redondance, dont on puiſſe retran-
» cher une partie ; car tout ce qui parvient trop
» tôt à ſa maturité, ne peut conſerver long-
» tems ſa ſaveur. Il eſt plus facile d'émonder la
» vigne de ſes trop jeunes rejetons, que d'en
» avoir de nouveaux ſarmens, quand la tige ne
» vaut rien «. D'ailleurs les figures d'un ſtyle
trop tranquille ſeroient placées par la plupart des
ſpectateurs, au rang de ces diſcours prononcés
autrefois devant l'Aréopage, dans leſquels il étoit
rigoureuſement défendu à l'orateur d'employer
aucune figure de rhétorique qui pût réveiller les
paſſions ou ſtimuler les mouvemens de l'ame (2);
& de pareilles figures reſſembleroient exactement
à ces jeunes Spartiates qui , les mains enveloppées dans leur manteau & les yeux fixés vers la
terre, traverſoient dans un morne ſilence les rues
de Lacédémone (3).

Je ne ſuis pas non plus entièrement de votre
opinion ſur l'emploi de l'allégorie dans la peinture. En l'introduiſant, comme vous le voulez,
dans les tableaux & dans tous les endroits poſſibles , on verroit arriver à la peinture ce qui
eſt arrivé à la géométrie par l'application de l'al-

---

(1) De Oratore. Lib. II. Cap. 21.
(2) Ariſtot. Rhet. Lib. I. Cap. 1. §. 4.
(3) Xenophon, Reſpubl. Cap. 3. §. 5.

gèbre à cette fcience : le chemin qui conduiroit à l'art feroit trop long, l'art même deviendroit difficile; & par cet ufage de l'allégorie, tous les tableaux ne feroient bientôt plus que des hiéro-glyphes.

Les Grecs eux-mêmes n'ont pas eu générale-ment ce goût Egyptien des allégories, ainfi que vous femblez vouloir l'infinuer. Le plafond du temple de Junon, à Samos, n'étoit pas peint avec plus de fcience hiéroglyphique que la ga-lerie de Farnèfe. On y voyoit repréfenté (1) les amours de Jupiter & de Junon ; & fur le tympan du fronton d'un temple de Cérès Eleufine, il n'y avoit que la repréfentation d'une cérémonie du culte de cette déeffe (2) : c'étoient deux groffes pierres pofées l'une fur l'autre, entre lef-quelles le grand - prêtre alloit prendre tous les ans un écrit qui contenoit les cérémonies qui devoient être obfervées dans les facrifices pen-dant l'année, parce que ces facrifices n'étoient jamais les mêmes deux ans de fuite.

Pour ce qui eft des objets qui ne tombent pas fous les fens extérieurs, je vous avoue que j'aurois defiré une explication plus exacte de votre idée fur ce fujet ; d'autant plus que je me fou-viens d'avoir entendu dire, qu'il en eft de la re-préfentation de pareils objets comme du point

---

(1) Origen. contra Celf. Liv. IV. p. 196. edit. Cantabr.
(2) Perrault, explication de la Planche IX fur Vitruve, p. 62.

mathématique, dont on ne peut se former une idée que par l'imagination ; & la personne qui me fit faire cette remarque, étoit aussi de l'avis de celui (1) qui semble vouloir borner la peinture à la représentation des choses visibles. Car, pour ce qui est des hiéroglyphes, ajouta-t-elle, qui servent à représenter les idées les plus abstraites, telles, par exemple, que celle de la jeunesse par le nombre seize (2), celle d'une chose impossible par deux pieds qui marchent sur l'eau, il faudroit les regarder plutôt comme des monogrammes que comme des tableaux. Une pareille iconologie donneroit bientôt naissance à de nouvelles chimères ; elle seroit plus difficile à apprendre que la langue Chinoise, & des tableaux de cette espèce ne ressembleroient pas mal à ceux de cette nation.

Suivant ce même antagoniste de l'allégorie, Parrhasius a su représenter le mélange singulier des différentes passions qui distinguoient les Athéniens, sans employer des figures allégoriques ; peut-être même, ajouta-t-il, que ce peintre a fait servir plusieurs tableaux pour rendre son sujet. Si notre homme le considère de cette manière,

> Et sapit, & mecum facit, & Jove indicat æquo,
> HOR.

----

(1) Théodoret. Dial. Inconfuf. p. 76.
(2) Horapoll. Hierogl. L. c. 33. Conf. Blakwall, Enquiry of Homer. p. 170.

la condamnation de mort que les Athéniens prononcèrent contre les chefs de leur flotte qui venoient de remporter la victoire fur les Lacédémoniens près des îles nommées *Arginuffæ*, fournit fans doute au peintre le moyen de repréfenter d'une manière grande & fenfible le caractère tout à-la-fois bon & cruel de ce peuple.

Le célèbre Théramène, l'un des chefs de la flotte, accufa fes collègues, de ce qu'après la bataille ils avoient négligé de raffembler les corps de ceux qui avoient perdu la vie en combattant, & de leur rendre les devoirs de la fépulture. Cette accufation anima une partie du peuple contre les vainqueurs, dont fix étoient retournés à Athènes, les autres avoient évité l'orage. Théramène prononça à cette occafion un difcours pathétique, qu'il interrompit fouvent pour faire entendre les plaintes de ceux qui avoient perdu leurs parens ou leurs amis dans cette action. Il fit avancer auffi un homme qui prétendoit avoir entendu les dernières clameurs de ceux qui étoient péris dans les flots, & qui, en mourant, avoient demandé qu'on les vengeât de leurs chefs. Socrate, le fage Socrate, qui alors étoit affis dans le confeil, fe déclara, avec quelques autres, contre cette accufation ; mais ce fut en vain : les braves vainqueurs des Lacédémoniens, au lieu de recevoir les couronnes triomphales qu'ils avoient méritées, fe virent condamnés à la mort. L'un d'entre eux étoit le fils unique de Périclès & de la fameuse Aspasie.

Parrhasius qui vécut du tems que se passa cet événement, pouvoit par conséquent donner à son tableau une expression bien plus forte que celle qu'offre, en général, la représentation d'un simple fait historique quelconque, en rendant seulement le vrai caractère des personnages qu'il avoit à mettre sur la toile, sans le secours d'aucune figure allégorique.

Ce même amateur pense aussi qu'il en est de la science de l'allégorie que vous voulez que possèdent les artistes, & particulièrement les peintres, comme des qualités que Columelle exigeoit dans les cultivateurs : il vouloit (1) qu'ils fussent tous philosophes comme Démocrite, Pythagore & Eudoxe.

Mais peut-on se flatter d'employer plus heureusement l'allégorie dans les arabesques & les autres ornemens que dans les tableaux ? Il me semble qu'il vous seroit plus difficile encore de faire servir vos figures scientifiques à ces objets, que ne le fut à Virgile de faire entrer dans ses vers héroïques les noms de Vibius Caudex, de Tanaquil Lucumo, & de Decius Mus.

A vous entendre, on croiroit que les ornemens insipides & de mauvais goût que quelques artistes ont introduits dans l'architecture, soient généra-

---

(1) De Re rust. præf. ad. L. I. §. 32. p. 392. edit. Gesn.

lement

lement reçus. Au reste peut-on dire que ces ornemens s'écartent plus de la nature que les chapiteaux Corinthiens, si l'on remonte à leur origine,
qui est connue, & qu'on trouve détaillée chez
Vitruve (1) ?

Ces chapiteaux sont composés, comme on
sait, d'un panier entouré de feuilles d'acanthe,
& couvert d'une brique carrée, en forme de
tailloir; & ce panier, exposé sur une colonne,
est chargé de tout l'entablement. Il paroît que
du tems de Périclès cette espèce de chapiteaux
n'étoit pas encore regardée comme assez analogue
à la nature de la chose & à la raison, puisqu'un
célèbre écrivain de nos jours (2) semble surpris
de ce qu'au lieu de colonnes Corinthiennes on
en ait employé de Doriques au temple de Minerve, à Athène. Dans la suite des tems on se
familiarisa avec ces incohérences, & l'on n'est
plus étonné aujourd'hui de voir que tout un
édifice porte sur des paniers :

> Quodque fuit vitium, desinit esse mora.
>
> OVID. Art.

Nos artistes ne péchent donc point contre les
lois de l'art, quand ils imaginent de nouveaux
ornemens, qui ont toujours été arbitraires ; &
l'invention n'est plus punie aujourd'hui par les

---

(1) Vitruve, L. IV c. 1.
(2) Pocock's Travels, Tom. II.

H

lois, comme elle l'étoit anciennement chez les Egyptiens. La naissance & la forme des coquilles, dont vous vous déclarez si fort l'ennemi, ont de tous tems eu quelque chose de si agréable aux yeux des poëtes & des artistes, qu'ils ont imaginé de donner une grande coquille pour char à la mère de l'Amour. On sait aussi que le bouclier *Ancile*, qui chez les Romains étoit la même chose que le *Palladium* chez les Troyens, avoit un bord festonné en forme de coquilles (1); & il y a des lampes fort antiques qui font ornées de coquilles & de conques (2).

La ligne aisée & élégante des ornemens en forme spirale semble indiquée aux artistes par la nature même, si l'on considère les révolutions singulières & prodigieusement variées des conques marines.

Ne croyez pas cependant que je veuille m'ériger en défenseur de tous ces ornemens barroques & bizarres qu'on a inventés de nos jours; mon seul but est de faire connoître sur quel principe les artistes cherchent à établir ce mauvais goût.

On assure que les peintres & les sculpteurs de Paris ont voulu disputer le nom d'artistes à ceux qui ne s'occupent qu'à faire des ornemens, parce que cette espèce d'ouvrages n'offre rien qui puisse

___

(1) Plutarch. Num. p. 149. l. 14. edit. Bryant.
(2) Passerii Lucern.

attacher l'efprit de l'ouvrier ou celui de l'amateur ; que d'ailleurs ce ne font que des productions d'un art purement méchanique, & qui ne demandent aucun génie. Voici fans doute la manière dont ces artiftes ainfi léfés auront défendu leur caufe.

C'eft la nature qui eft notre guide ; & nos ornemens, prenent différentes formes fuivant nos idées, de même que l'écorce d'un arbre dans laquelle on aura fait plufieurs incifions prend différentes figures, à mefure que l'arbre croît & groffit.

L'art imite donc les jeux de la nature, qu'il aide, qu'il corrige, qu'il embellit même. Voilà la route que nous fuivons dans l'invention de nos ornemens, & que les anciens ont fans doute auffi tenue, en prenant pour modèles les arbres, les fruits & les fleurs.

La première règle & la feule qui foit générale, c'eft d'être varié & nouveau ; c'eft même la feule que fuit la nature qui n'en connoît point d'autre ; & c'eft auffi le principe que nos artiftes actuels ont adopté pour l'exécution de leurs ornemens : ils ont remarqué que la nature fans ceffe nouvelle, ne fe reffemble jamais dans fes productions ; ils fe font par conféquent écartés de la forme timide & roide des parallèles, & ont ceffé de lier enfemble les différentes parties de leurs ornemens. C'eft à un peuple qui, dans les tems modernes, a été le premier à s'affranchir de toutes les étiquettes gênantes de la fociété, que nous devons auffi le premier exemple de hardieffe & de liberté dans cette partie de l'art. On a donné à cette efpèce de travail le nom de *goût barroque* ; dénomination (1) qui vient fans doute d'un mot dont on a fait ufage, dans l'origine, pour défigner des perles & des dents d'une grandeur difparate.

Enfin, il me femble qu'une coquille & une conque font d'une forme auffi belle & auffi élégante, pour le moins, qu'une tête de bœuf ou de mouton : l'on fait néanmoins que les anciens ont employé les têtes écorchées de ces animaux pour en orner les frifes , particulièrement de l'ordre Dorique, où elles étoient placées entre les triglyphes, ou dans les métopes. On en voit même à la frife d'un ancien temple de Vefta, de l'ordre Corinthien, à Tivoli (2) ; il y en a auffi à des tombeaux, dont nous citerons celui de la famille de Metellus, proche de Rome, & celui de Munatius Plancus, proche de Gaëte (3); & enfin, à des vafes, tels, par exemple, que les deux qui font dans le cabinet électoral d'antiques à Drefde. Des architectes modernes qui, fans doute, ont regardé ces têtes écorchées d'animaux comme peu propres à embellir un édifice, ont imaginé de mettre à leur place aux frifes de

---

(1) Ménag. Dict. Etymol. au mot *Barroque.*

(2) *Voyez* Defgodetz, Edifices antiques de Rome, p. 91.

(3) Bartoli, fepolcri antichi, p. 67. ibid. fig. 91.

l'ordre Dorique, ou des carreaux de foudre tels qu'on suppose que Jupiter en a lancés (1), ainsi que Vignole l'enseigne, ou des rosettes, comme Palladio & Scamozzi en ont donné l'exemple.

Si donc les ornemens sont une imitation des jeux de la nature, ainsi qu'on peut le conclure par ce que nous venons de dire, la science allégorique ne peut servir à leur donner plus de beauté & de convenance, mais contribuera plutôt à les dénaturer. Il seroit difficile aussi de prouver par des exemples, que les anciens aient employé l'allégorie dans leurs ornemens. Je ne puis, entre autres, pas concevoir quelle idée de beauté ou quelle signification le célèbre graveur Mentor a pu attacher au lézard qu'il a gravé sur une coupe (2) ; car

> Picti squallentia terga lacerti,
>
> Virg. Georg. IV. 13.

sont des objets qui peuvent paroître agréables dans un tableau de fleurs de Rachel Ruysch, mais qui ne conviennent pas sur une coupe qui sert à boire. Quelle allégorie peuvent offrir des oiseaux qui mangent les raisins d'une vigne, qu'on voit représentés sur une urne cinéraire (3)? Il y a lieu de croire que ces figures ne sont pas

---

(1) Perrault, notes sur Vitruve. Liv. IV. Chap. 2. n. 21. p. 118.
(2) Martial. Liv. III. Épigr. 41. 1.
(3) Bellori, Sepolcri antichi. Fig. 99.

moins arbitraires ni moins vuides de fens, que l'eft la fable de Ganymède travaillée fur le manteau dont Énée fit préfent à Cloanthe, pour avoir remporté le prix aux jeux nautiques (1).

Et pourquoi eft-il ridicule, je vous prie, de placer des trophées fur la maifon de chaffe d'un prince? Penfez-vous, comme défenfeur du goût des anciens Grecs, qu'il faille s'y conformer affez rigoureufement pour imiter le roi Philippe & tous les Macédoniens en général, qui, fuivant ce que nous apprend Paufanias (2), ne fe font jamais élevé aucuns trophées? J'avoue cependant qu'une Diane accompagnée de fes Nymphes & de fes attributs de chaffe,

> Quales exercet Diana choros, quam mille fecutæ
> Hinc atque hinc glomerantur Oreades,   Virg.

conviennent beaucoup mieux à un pareil édifice. Les anciens Romains fufpendoient au dehors de la porte de leurs maifons les armes des ennemis qu'ils avoient vaincus ; & il étoit expreffément défendu à ceux qui venoient enfuite à acheter ces maifons, d'en enlever ces trophées, afin de conferver par ce moyen la mémoire de ceux qui en avoient été les propriétaires. Si anciennement on a eu cette idée en fufpendant des trophées aux maifons des particuliers, je crois qu'on peut

---

(1) Virgil. Æn. Lib. V. v. 250. & feq.

(2) Liv. IX. Chap. 40. pag. 794. Conf. Spanheim. Not. fur les Céfars de l'empereur Julien, pag. 240.

avec raison employer de pareils ornemens aux palais des princes.

Je me flatte que vous ne tarderez pas à répondre à cette lettre. Vous ne devez pas être surpris de ce que je la communique au public : il en est, depuis quelque tems, des lettres entre les auteurs, comme de celles des pièces de théâtre qu'un amant lit à haute voix, en prenant tout le parterre pour confident. Mais d'un autre côté, je ne trouverai pas moins juste que vous y fassiez réponse.

Quod legeret tereretque viritim publicus usus. Hor.

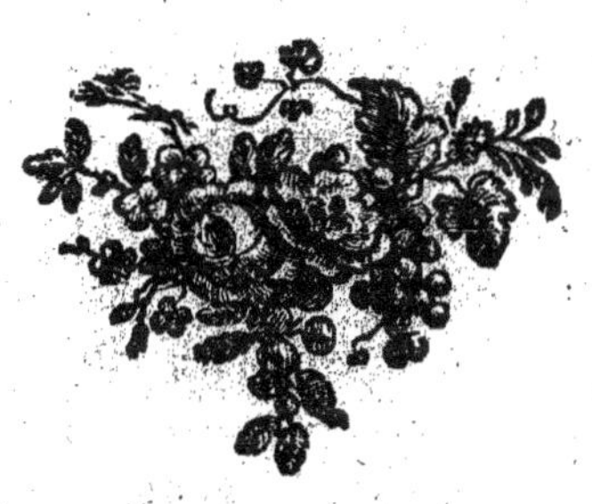

DESCRIPTION

DE DEUX MOMIES

Du Cabinet Electoral d'Antiques,

A Dresde.

DESCRIPTION

DE DEUX MOMIES

Du Cabinet Electoral d'Antiques,
A DRESDE.

Parmi les Momies qui font au cabinet électoral d'antiques, à Drefde, il y en a deux qui
font parfaitement bien confervées : l'une eft le
corps d'un homme, l'autre celui d'une femme.
La première eft peut-être la feule Momie de cette
efpèce qui foit paffée en Europe ; & cette particularité confifte dans l'infcription qu'on y voit.
Della Valle eft jufqu'à préfent le feul écrivain
qui ait parlé d'une pareille infcription fur des
corps Egyptiens ; & parmi les différentes Momies
dont Kircher a donné le deffin dans fon Œdipe
Egyptien, il n'y en a qu'une feule qui porte une
infcription , & c'eft celle que Della Valle a pof-
fédée ; mais la gravure en bois qui s'en trouve
dans fon ouvrage (1) eft fort incorrecte, ainfi
que le font toutes les copies (2) qu'on en a pu-
bliées dans la fuite. On voit fur cette Momie de
Kircher les caractères que voici : ET+TXI.

---

(1) Kircherl Œdip. Ægypt. Tom. III. pag. 405 & 433.
(2) Bianchini. Ift. Univ. p. 412.

Cette même inscription se trouve aussi sur la Momie du cabinet de Dresde, dont je me propose de donner ici la description. J'ai d'abord pris tous les soins imaginables pour m'assurer si ces caractères ne seroient pas l'ouvrage de quelque imposteur moderne, qui les auroit copiés d'après l'inscription de Della Valle; car on sait que ce sont les Juifs qui font le commerce des Momies. Mais on ne peut pas douter que ces caractères ne soient tracés avec la même peinture noire dont sont peints le visage, les mains & les pieds. La première lettre de notre Momie a la forme d'un grand Є grec rond, quoique chez Della Valle cette lettre soit marquée par un E angulaire, sans doute à cause que l'imprimeur n'avoit point d'Є rond.

Les quatre Momies du cabinet de Dresde ont toutes été achetées à Rome, comme on le sait; ce qui m'engagea à m'informer si la Momie qui porte l'inscription, ne seroit pas celle qui a appartenu à Della Valle; & j'ai trouvé que la description détaillée des deux Momies de ce voyageur s'accorde parfaitement, jusques dans les moindres particularités, avec celle des deux Momies entières du cabinet de Dresde.

Outre les ligamens ordinaires qui font, comme on sait, un si prodigieux nombre de révolutions autour des corps Egyptiens, & qui semblent être une espèce de bouracan, les deux Momies dont il est ici question, sont encore enveloppées dans plusieurs espèces de toile grossière, dont un écrivain Anglois prétend (1) en avoir remarqué trois différentes espèces à une Momie. Cette toile est tellement serrée par des bandes particulières, en forme de sangles, mais moins larges, qu'on n'apperçoit pas la moindre saillie des parties du visage. La dernière enveloppe est d'une toile très-fine, avec un certain fond fort délicat, fortement doré, & orné de diverses figures : c'est sur cette toile qu'est peinte la figure du mort.

Sur la Momie qui porte l'inscription, est représentée la figure d'un homme dans la vigueur de l'âge, avec une barbe crépue & claire, & non celle d'un vieillard avec une longue barbe pointue, comme Kircher nous l'a donnée. La couleur du visage & des mains est brune ; la tête est enveloppée de ligamens dorés, sur lesquels sont représentées des pierres précieuses. Autour du col est peinte une chaîne d'or, à laquelle pend une espèce de médaille avec différens caractères, des demi-lunes, &c. ; & au dessus de cette médaille passe le col d'un oiseau, qui sans doute est celui d'un épervier ou d'un faucon, oiseau qu'on a trouvé représenté aussi sur la poitrine d'autres Momies (2). De la main gauche la figure tient une petite coupe ou pa-

(1) Nehem. Græv. Musæum Societ. Reg. Lond. 1681. fol. p. 1.
(2) *Voyez* Gabr. Bremond Viaggi nell'Egitto. Roma 1679. Liv. I. Cap. 15. p. 77.

tère d'or, remplie d'une liqueur rouge ; ce qui feroit croire que le mort a été de l'ordre facerdotal, car on fait que les prêtres fe fervoient d'une pareille coupe aux facrifices (1). L'index & l'auriculaire de la main gauche font ornés de bagues, & dans cette même main on voit une efpèce de boule d'un brun foncé, que Della Valle prétend être un certain fruit. Les pieds de même que les jambes font nuds. Cependant les pieds font garnis par deffous d'une efpèce de fandales dont les liens paffent entre le gros orteil & le doigt qui le fuit, & qui font attachés avec un nœud fur le pied même. C'eft fur la poitrine qu'eft l'infcription en queftion.

Sur la feconde Momie on voit la figure d'une jeune femme, plus chargée encore d'ornemens que la première. Outre la médaille d'or qui reffemble beaucoup à celle de la première Momie, & les autres figures & caractères dont nous venons de parler, il y a fur celle-ci des oifeaux & des quadrupèdes dont la figure a beaucoup d'analogie avec celle du lion ; plus bas, vers l'extrémité du corps, eft la figure d'un bœuf, qui vraifemblablement repréfente un Apis. A l'une des chaînes dont eft chargé le col de la figure pend un foleil d'or ; le peintre lui a donné auffi des pendans d'oreille, & de doubles bracelets aux bras. Les deux mains font garnies de bagues.

____

(1) Clem. Alex. Strom. Liv. VI. p. 456.

Chacun des doigts de la main gauche en eſt orné;
l'index de cette main porte même une ſeconde
bague immédiatement au deſſous de la naiſſance
de l'ongle; mais il n'y a en tout que deux bagues à la main droite, dont la figure tient, de
la même manière que cela eſt particulier à Iſis (1),
une petite coupe d'or, qui reſſemble au *ſpon-
deion* des Grecs, & qui à la figure de la déeſſe
de la fertilité étoit, comme on ſait, le ſymbole du Nil. Dans la main gauche on voit une
eſpèce de fruit qui reſſemble à un épi de bled,
& dont la couleur eſt verdâtre.

A la première de ces Momies pendent encore
les ſceaux de plomb, dont parle Della Valle.

Si l'on prend la peine de comparer la deſcription que je viens de donner des deux Momies du cabinet de Dreſde, avec celle que
Della Valle a faite, dans ſes voyages (2), des
deux Momies qu'il acheta en Egypte, on verra
qu'il y a tout lieu de croire que ce ſont les
mêmes qui ſont aujourd'hui au cabinet électoral de Dreſde, & qui probablement ont été
achetées à Rome des héritiers de ce célèbre
voyageur; quoique dans le catalogue manuſcrit
de ce cabinet d'antiques, il ne ſoit fait aucune
mention de la manière dont on en a fait l'ac-
quiſition.

____

(1) Shaw, Voyage, Tom. II, p. 123.
(2) Della Valle, Viaggi, Lett. II. §. 9. p. 325. ſeq.

Je n'entreprendrai point de donner une explication des ornemens & des figures hiéroglyphiques de ces deux Momies ; on peut en trouver une description assez détaillée dans Della Valle : je me bornerai à faire ici quelques remarques sur l'inscription de la première.

On sait que les Egyptiens avoient deux espèces de lettres (1), l'une sacrée & l'autre vulgaire. Les caractères de la première espèce sont ce que nous appellons des hiéroglyphes ; ceux de la seconde étoient les lettres ordinaires, dont ils se servoient pour exprimer leurs pensées ; mais l'on croit qu'il ne nous est parvenu aucun caractère de ce dernier alphabet. Nous savons seulement que l'alphabet Egyptien étoit composé de vingt-cinq lettres (2) ; cependant Della Valle croit pouvoir prouver le contraire par l'inscription de sa Momie ; Kircher porte même ses conjectures plus loin, & cherche à former à cet égard un nouveau système, qu'il tâche d'appuyer par deux autres monumens de cette même nature. Il soutient (3) que ce n'est que par le dialecte que l'ancienne langue Egyptienne a différé de la langue Grecque. Suivant le talent que cet écrivain s'étoit arrogé, de trouver des choses auxquelles personne ne pouvoit penser que lui

____

(1) Herodot. Liv. II. Chap. 36. Diod. Sic.

(2) Plutarch. de Isid. & Osir. p. 374.

(3) Kircheri Œdip. I. e. Ejusdem Prodrom. Copt. C. 7.

seul,

feul, il ne craint point d'expliquer ici des paffages de l'hiftoire ancienne à fa guife, & d'y
donner un fens forcé, pour les faire fervir de
preuves à fes affertions.

Il prétend que, fuivant Hérodote, le roi
Pfammeticus fit venir de Grèce en Egypte des
gens qui poffédoient parfaitement leur langue,
& qui devoient l'enfeigner dans toute fa pureté
aux Egyptiens : d'où il conclud qu'on parloit la
même langue dans les deux pays. Cependant
l'hiftorien Grec nous apprend exactement le contraire : il dit (1) expreffément que » Pfamme-
» ticus remit entre les mains des Ioniens & des
» Cariens, qui avoient obtenu la permiffion de
» s'établir en Egypte, des enfans Egyptiens pour
» leur apprendre la langue Grecque, fi bien que
» ceux qui en font aujourd'hui dans l'Egypte les
» truchemens & les interprètes, font fortis de
» ces enfans que les Ioniens avoient inftruits «.

Les autres preuves que Kircher a voulu tirer
des fréquens voyages des fages de la Grèce en
Egypte, & du commerce des deux nations, ne
méritent feulement pas le nom de conjectures ;
ces preuves paroiffent même d'autant plus hafar-
dées, que nous favons, par ce qui eft dit de
la connoiffance que Démocrite avoit acquife dans
la langue facrée des Babyloniens & des Egyptiens (2), que les fages de la Grèce fe font

____

(1) Herodot. Liv. II. Chap. 153.
(2) Diogen. Laert. vit. Democr.

toujours appliqués à apprendre la langue des pays qu'ils viſitoient.

Je ne penſe pas non plus que le témoignage de Diodore de Sicile, qui dit que les premiers habitans de l'Attique (1) étoient une colonie Egyptienne, puiſſe ſervir à appuyer l'aſſertion du père Kircher.

L'inſcription de notre Momie pourroit, à la vérité, donner quelque poids aux conjectures de Kircher, ou à d'autres de cette nature, ſi cette Momie datoit en effet d'un tems auſſi reculé que le prétend ce jéſuite. Cambyſe qui ſoumit l'E-gypte, fit maſſacrer une partie des prêtres, & en chaſſa le reſte hors de l'Egypte ; & c'eſt ſur la foi de cette tranſaction que Kircher prétend que ce monarque abolit le culte des dieux dans tout le royaume , & que par conſéquent on ceſſa , depuis cette époque , d'y embaumer les morts. C'eſt, encore, au témoignage d'Hérodote qu'il en appelle (2) ; & pluſieurs autres écri-vains ont enſuite, ſur ſa parole , copié fidelle-ment ces paſſages de l'hiſtorien Grec. Il y en a même un, entre autres, qui eſt allé plus loin : il aſſure poſitivement que ce n'eſt que juſqu'au temps de Cambyſe que les Egyptiens & les Ethiopiens ont conſervé l'uſage de peindre leurs

____

(1) Diodor. Sic. Lib. I. Cap. 29. edit. Weſſel.

(2) Kircher. Œdip. loco cit. — Ejuſd. China illuſtrata. Part. III. Cap. 4. p. 151.

morts fur les toiles enduites des Momies (1).

Cependant on ne trouve pas un mot dans Hérodote de cette abolition du culte des dieux en Egypte, & moins encore que les Egyptiens aient ceffé, lors de la conquête de ce royaume par Cambyfe, de préferver les cadavres de la corruption. Il n'en eft pas non plus queftion dans Diodore de Sicile; il faudroit, au contraire, conclure de ce que dit cet écrivain, que l'ufage d'embaumer les morts fubfiftoit encore de fon tems, c'eft-à-dire, lorfque l'Egypte fe trouvoit déja réduite en province de l'empire Romain.

Il n'eft guère poffible non plus de prouver que la Momie du cabinet de Drefde foit d'un tems antérieur à la conquête de l'Egypte par les Perfes; mais quand même cela feroit, il ne s'enfuit pas, je penfe, que l'infcription qui fe trouve fur un corps embaumé à la manière des Egyptiens, & qui même, fi on le veut, a paffé par la main de leurs prêtres, foit pour cela écrite en langue Egyptienne.

Ne fe pourroit-il pas que ce fût le corps d'un Ionien ou d'un Carien qui eût été, en quelque façon, naturalifé en Egypte? On fait, par exemple, que Pythagore embraffa la religion des Egyptiens, & qu'il fe fit même circoncire, afin de pouvoir mieux s'inftruire dans les fciences fecrettes

____

(1) Alberti, Englifche Briefe.

des prêtres (1). Il eſt connu auſſi que les Cariens célébroient le culte d'Iſis à la manière des Egyptiens, & qu'ils pouſſoient même plus loin encore que ces derniers le fanatiſme, puiſqu'ils ſe défiguroient le viſage en l'honneur de cette déeſſe (2).

L'inſcription de la Momie ſera grecque, ſi au lieu de l'ι on y met la diphtongue ει. Il ſe pourroit auſſi que, par négligence, on ait mis ici une lettre pour l'autre, changement ou mépriſe de caractère qu'on a remarqué (3) ſur pluſieurs marbres, & qu'on rencontre plus ſouvent encore dans les manuſcrits Grecs. On trouve ce mot avec la même finale (4), ſur une pierre gravée, où il veut dire : *Vivez heureux*. C'étoit là auſſi le dernier cri que les vivans adreſſoient aux morts. Ce même mot ſe lit dans d'anciennes épitaphes (5), dans des ordonnances publiques (6) ; & c'étoit ordinairement par cette phraſe qu'on terminoit les lettres (7).

On trouve dans une ancienne épitaphe le mot ΕΥΨΥΧΙ (8); la forme du Ψ des anciennes inſ-

---

(1) Clement. Alex. Strom. Liv. I. p. 354. edit. Pott.

(2) Herod. Liv. II. Chap. 61.

(3) Montfaucon, Paleogr. Græca. L. III. C. 5. p. 230. Kuhn. Not. ad Pauſan. L. II. p. 128.

(4) Auguſtin. Gemm. Pl. II. Tab. 32.

(5) Gruter. Corp. Inſcr. Pl. DCCCLXI. ευτυχειτε χαιρετε.

(6) Prideaux Marm. Oxon. 4. & 179.

(7) Demoſth. Orat. pro Corona, p. 485 & 499. edit. Francof. 1604.

(8) Gruter. Corp. Inſcr. Pl. DCXLI. 8.

criptions & des anciens manuscrits (1), a tant d'a-
nalogie avec la troisième lettre du mot ΕΥ+ΥΧΙ,
qu'on peut, je crois, le prendre, sans craindre
de se tromper, pour un seul & même caractère.

Mais si la Momie est d'un tems moins reculé, il y a alors tout lieu de croire que l'inscription en question est grecque. La forme ronde
de l'Є pourroit néanmoins, à cause de l'ancienneté prétendue de ce caractère, jeter quelque
doute sur ce sujet. On ne voit point (2) de caractère de cette forme ni sur les marbres, ni sur
les pierres gravées, ni sur les médailles avant le
siècle d'Auguste. Mais cette difficulté se trouvera
levée, si l'on admet que les Egyptiens ont con-
tinué jusqu'au tems d'Auguste, ou même plus
tard encore, à embaumer leurs morts.

Quoi qu'il en soit, le mot qui nous occupe
ici ne peut pas être Egyptien ; cela se trouve
contredit par ce qui nous reste de cette ancienne
langue dans la langue Copthe actuelle ; secon-
dement, ce mot est écrit de la gauche à la droite ;
tandis qu'on a remarqué par le trait (3) de certains caractères Egyptiens, que ce peuple écrivoit
en sens contraire, de la même manière que cela
se pratiquoit chez les Etrusques (4). Mais jusqu'à
présent, personne n'a pu expliquer l'écriture que

____

(1) Montfaucon Paleographia. L. IV. C. 10. p. 336. 338.
(2) Montfaucon, loco cit. L. II. C. 6. p. 152.
(3) Description de l'Egypte par Mascrier. Lett. VII. p. 23.
(4) Herod. L. II.

Maillet (1) a découverte. Les Grecs, au contraire, pratiquoient déja, six cents ans avant l'ère chrétienne, la manière d'écrire en usage dans tout l'Occident, ainsi que cela est prouvé par l'inscription de Sigée, à laquelle on donne une pareille antiquité (2).

On peut en dire autant des caractères tracés sur un fragment de pierre (3), dont Carlo Vintimiglia, Patrice de Palerme, fit présent au père Kircher. Ces caractères ΙΤΙΨΙΧΙ forment deux mots, & veulent dire : *que l'ame vienne.* Il est sans doute arrivé à cette pierre ce qui est arrivé à celle qui représente la tête de Ptolémée Philopator, à laquelle une main Egyptienne a ajouté deux figures informes (4) ; & il est à croire que quelque Grec aura tracé l'inscription sur la pierre dont il est question. Les savans verront qu'il n'y a que peu de chose à changer, pour en rendre l'orthographe parfaite.

____

(1) Descript. de l'Egypte, loco. cit.

(2) Chishul. Inscr. Sig. p. 12.

(3) Kircher. Obelisc. Pamph. C. 8. p. 147.

(4) *Voyez* des Pierres gravées de Stosch. nº. 19.

ÉCLAIRCISSEMENS

SUR UN ÉCRIT INTITULÉ:

RÉFLEXIONS

SUR

L'IMITATION DES ARTISTES GRECS

DANS LA PEINTURE ET LA SCULPTURE;

Pour servir de Réponse à une Lettre sur ces Réflexions.

ÉCLAIRCISSEMENS

SUR UN ÉCRIT INTITULÉ:

RÉFLEXIONS sur l'Imitation des Artistes Grecs dans la Peinture et la Sculpture ;

Pour servir de Réponse à une Lettre sur ces Réflexions.

LORSQUE j'écrivis mes *Réflexions sur l'Imitation des Artistes Grecs*, je ne m'imaginois pas que ce petit ouvrage auroit mérité quelque attention, & moins encore qu'on l'auroit jugé digne d'être critiqué. Comme je ne l'ai compofé que pour quelques amateurs de l'art, j'ai cru qu'il étoit inutile d'y donner un certain air fcientifique, en le chargeant de citations, ainfi qu'il m'auroit été facile de le faire. Les artiftes entendent à demi-mot ce qu'on leur dit fur l'art ; & comme la plupart d'entre eux penfent que c'eft une folie que d'employer plus de tems à la lecture qu'au travail, ainfi qu'un ancien l'avoit déja remarqué, & comme cela eft vrai en effet, il faut du moins, quand on n'a pas des chofes nouvelles à dire , tâcher de se rendre agréable par un sage laconisme. D'ailleurs je suis persuadé que , comme la beauté dans l'art dépend plus d'une perception fine & délicate , & d'un goût éclairé, que de réflexions profondes & savantes, il est nécessaire de suivre la maxime de Néoptolème (1) : » qu'il est bon de philosopher, » mais avec peu de gens « , particulièrement dans des écrits de cette nature.

Mon ouvrage avoit besoin, sans doute, de quelques éclaircissemens , sur-tout depuis la critique à laquelle l'a soumis un anonyme, à qui je dois une réponse ; cependant les embarras d'un prochain voyage ne me permettent pas de m'étendre sur ce sujet autant que je l'aurois desiré.

Il y a aussi dans la lettre anonyme quelques remarques qu'il est inutile de réfuter , & auxquelles l'auteur a bien prévu lui - même , sans doute , qu'il n'y a aucune réponse à faire. Je passerai également sous silence ce qu'on y dit des tableaux du Corrège, qu'on sait, de notoriété publique, non seulement avoir été transportés en Suède (a) , mais qui sont demeurés long-tems abandonnés dans les écuries du roi à

____

(1) Cicer. de Orat. Lib. II. Cap. 37.

(2) D'Argenville , Abrégé de la Vie des Peintres , Tome II, p. 287.

Stockholm (1). Si je ne prenois point ce parti, je craindrois que ma défense ne ressemblât à celle d'Æmilius Scaurus contre Varius de Sucro : » Il nie, & moi j'affirme. Romains ! à qui de » nous deux ajouterez-vous foi ? «

Au reste, le récit de ce fait ne peut être regardé comme un jugement défavorable à la nation Suédoise de la part du comte de Tessin, & moins encore de la mienne. J'ignore si le savant auteur de la vie de la reine Christine en a jugé autrement ; puisqu'il ne fait aucune mention de la précieuse collection de tableaux qui de Prague fut transportée à Stockolm, ni de la générosité mal entendue de cette princesse vis-à-vis du peintre Bourdon, ni de l'usage indigne qu'on fit des chefs-d'œuvre du Corrège. On trouve dans l'histoire d'un voyage fait en Suède (2), par un homme célèbre, au service de cette cou-

---

(1) On pourroit apprendre à ceux qui s'occupent à suivre l'histoire des tableaux, celle de quelques chefs-d'œuvre des maîtres Italiens, & leur indiquer une suite d'amateurs qui les ont possédés. La Destruction de Troie de F. Baroche, par exemple, passa des mains du duc d'Urbin dans celles de l'empereur Rodolphe II (*), & se trouve aujourd'hui dans la galerie du duc d'Orléans (**) ; on ne dit néanmoins pas, dans la description qu'on a donnée de cette galerie, d'où ce tableau y est venu. Ce même sujet, peint par le même Baroche, se voit dans le palais Borghèse, à Rome (***).

(2) Harlemann, Voyage en Suède, p. 21.

(*) Baldinucci, Notiz. de' Profess. del disegno, Fiorenz. 1702. fol. pag. 113, 114.

(**) Saint-Gelais, Description du Cabinet du Palais royal, pag. 159.

(***) Baldinucci, Notiz, &c. loco cit.

ronne, qu'il y a à Lincœping une académie avec
sept professeurs, tandis que dans toute la ville il
n'y a pas un seul artisan ni un seul médecin.
Cette observation pourroit sans doute être prise
de même en mauvaise part ; je ne crois cependant
pas qu'on ait jamais songé à en faire des
reproches à l'auteur.

Quant aux négligences qui se trouvent dans
les ouvrages des artistes Grecs, je m'étois proposé
d'entrer dans quelques détails sur ce sujet
à la première occasion qui s'en présenteroit. Les
Grecs connoissoient une savante négligence, ainsi
que le prouve ce que vous dites vous-même de
la perdrix de Protogène, que ce peintre effaça
ensuite tout-à-fait de son tableau (1). Mais le Jupiter
de Phidias étoit exécuté suivant les conceptions
les plus sublimes qu'on puisse se former
de la divinité, qui remplit tout l'espace de sa
présence : la statue de ce dieu ressembloit à la
Discorde, qui, selon Homère (2), porte sa
tête jusqu'aux cieux, pendant que ses pieds foulent
la terre. Elle étoit conçue aussi suivant l'esprit
de ce passage sublime & poétique de l'Ecriture-Sainte
: » Qui est-ce qui peut le contenir ? «
On a néanmoins été assez équitable pour pardonner
à Raphaël de pareilles libertés qu'il a prises,
en s'éloignant des convenances naturelles dans

____

(1) Strabo. Lib. XIV, p. 652. al. 965. l. 11.
(2) Il. 9. v. 443.

fon carton de la Pêche de Saint Pierre (1) ; on a même cherché à le juftifier de ces négligences & à les trouver néceffaires. La critique du Diomède de Diofcoride, me paroît fondée ; cependant je ne crois pas avoir mérité les reproches que vous me faites à cet egard : l'attitude de cette figure, confidérée en elle-même, ainfi que la nobleffe de fon contour, & la beauté de fon expreffion, offriront toujours un grand modèle à imiter pour nos artiftes ; & ce n'eft que fous ces points de vue que j'ai voulu confidérer le Diomède de Diofcoride.

Mes Réflexions fur l'imitation des artiftes Grecs dans la peinture & la fculpture ont principalement pour objet quatre points : I. De la belle nature des Grecs. II. De la prééminence que méritent les produ&ions des artiftes de cette nation. III. De l'imitation des ouvrages des Grecs. IV. De la manière de penfer des Grecs dans les ouvrages de l'art, & particulièrement de l'allégorie.

J'ai cherché à donner à la première queftion toute la probabilité dont elle eft fufceptible ; car, malgré les citations multipliées que j'aurois pu faire à ce fujet, il m'eut toujours été impoffible de fournir des preuves fatisfaifantes. D'ailleurs, ce beau privilège des Grecs paroît devoir être moins attribué à la nature même & à l'influence du ciel, qu'à une éducation particulière à ce peuple.

______

(1) Richardfon, Effai, &c. p. 38, 39.

Cependant la situation heureuse de la Grèce doit être regardée comme la cause première des belles formes qui distinguoient, en général, les Grecs des autres nations ; de même que l'influence du climat & la manière de se nourrir opéroient des nuances entre les différens peuples de la Grèce même, telle qu'étoit, par exemple, celle qu'on remarquoit entre les Athéniens (1) & leurs voisins au-delà des monts.

Il est donc constant que la nature a, de tous tems, marqué les habitans de chaque contrée de la terre, tant les indigènes mêmes de ces pays, que les nouvelles colonies qui ont pu s'y établir, par des formes particulières du corps, des traits caractéristiques de la physionomie, & une tournure d'esprit qui leur est propre. C'est ainsi que les anciens Gaulois formoient une nation particulière, telle que l'a été depuis, en Germanie, celle des Francs leurs descendans : la fougue impétueuse & la fureur aveugle que ces peuples montroient en attaquant l'ennemi, leur étoient déja aussi funestes du tems de César (2), qu'elles l'ont été à ces nations dans ces derniers siècles. Les Gaulois avoient encore d'autres qualités morales qui caractérisent de même aujourd'hui la nation Françoise ; & l'on sait que l'empereur Julien (3) a observé que, de son tems, il y

***

(1) Cicer. de Fato, Cap. 4.
(2) Strabo. Lib. IV. p. 196. al. 299. l. 22.
(3) Misopog. p. 342. l. 3.

avoit à Paris plus de danseurs que de citoyens.

Les Espagnols, au contraire, se sont toujours fait remarquer par leur prudence & par un certain phlegme qui rendirent aux Romains la conquête de leur pays si difficile (1).

Ne faut-il pas convenir que les Visigoths, les Maures & les autres peuples qui ont successivement accablé l'Espagne par leur multitude, ont tous pris le caractère des anciens Ibères? Pour se convaincre pleinement de la vérité de ces faits, on peut se servir de la comparaison qu'un écrivain célèbre (2) nous a donnée des qualités morales qui distinguoient anciennement quelques nations, avec celles qui les caractérisent aujourd'hui.

C'est avec la même puissance que le ciel & le climat de la Grèce doivent avoir influé sur les productions du peuple de ce pays; & cette influence doit avoir été en raison de la situation favorable de cette contrée. Une température (3) agréable avec un air pur & serein, y régnoient pendant toutes les saisons de l'année; & les vents doux de la mer venoient rafraîchir les îles heureuses de la mer Ionienne & les côtes maritimes du continent. C'étoit-là sans doute aussi la raison pourquoi toutes les villes du Péloponnèse étoient

______

(1) Strabo, Lib. III. p. 158. al. 238.

(2) Du Bos, Réflex. sur la Poësie & sur la Peinture, Tom. II. p. 144.

(3) Herodot, Lib. III. Cap. 106.

situées sur le bord de la mer, ainsi que Ciceron (1) le prouve par les écrits de Dicéarque.

Il étoit donc naturel que les hommes ressentissent les effets propices d'un climat si tempéré & si pur, sous lequel les fruits de la terre acquièrent encore une plus parfaite maturité, & où les animaux parviennent à une perfection plus grande & se multiplient davantage. C'est sous un ciel aussi bénigne, dit Hippocrate (2), que la nature produit les créatures & les plantes les plus belles & les plus parfaites, & dont les qualités répondent à ces formes heureuses. La Géorgie nous prouve ce fait : quel ciel plus pur, quel sol plus fertile que ceux de ce pays si renommé par la beauté de ses femmes (3) ? La qualité de l'eau seule a une telle influence sur la forme humaine, que les Indiens prétendent (4) qu'il ne peut pas y avoir de belles femmes dans un pays où il y a de mauvaises eaux ; & l'oracle même attribue aux eaux de la fontaine Aréthuse la qualité de rendre les hommes plus beaux (5).

Il me semble aussi qu'on pourroit juger des belles femmes des Grecs par la beauté de leur

____

(1) Cicer. ad Atticum, Lib. VI. ep. 2.

(2) Περὶ τόπων, p. 288. edit. Fœsii. Galenus ὅτι τὰ τῆς ψυχῆς ἤθη τοῖς τοῦ σώματος κράσεσιν ἕπεται. fol. 171. B. l. 43. edit. Aldin. Tom. I.

(3) Chardin, Voyage en Perse, Tom. II. p. 127. & suiv.

(4) Journal des Savans, année 1685. avril. p. 153.

(5) Ap. Euseb. Præpar. Evang. Lib. V. Cap. 29. p. 226. edit. Col.

langue.

langue. L'organe de la parole fe reffent chez tous les peuples de l'influence du climat : il y a, par exemple, des races, tels que les Troglo-dytes (1), qui paroiffent plutôt fiffler que parler. D'autres (2) parlent fans remuer les lèvres ; & les Phliafiens, peuple de la Grèce, avoient cet accent rauque que l'on reproche aujourd'hui aux Anglois (3).

Les peuples expofés aux influences d'un climat rude ont auffi la voix dure & forte ; & la na-ture y a fagement pourvu en leur donnant un organe en état de produire des fons fortement articulés.

Perfonne ne difputera, je crois, à la langue Grecque la prééminence fur toutes les autres langues connues : je ne parle pas ici de fa ri-cheffe, mais de fon harmonie. On fait que toutes les langues du Nord font chargées de confon-nes (4), qui leur donnent une certaine dureté; la langue Grecque, au contraire, eft fi riche en voyelles, que chaque confonne a pour ainfi dire la fienne, qui fert à en adoucir le fon ; mais il fe trouve rarement auffi deux voyelles à côté d'une confonne, afin d'éviter qu'on n'en

---

(1) Plin. Hift. Nat. Lib. V. Cap. 8.

(2) Lahontan. Mémoir. Tom. II. p. 127. Conf. Wœldike de Llingua Grœlland. p. 144 & feq. Act. Hafn. Tom. II.

(3) Clarmont de aëre, locis & aquis Angliæ. Lond. 1672.

(4) Wottom's, Refl. upon antient & modern Learning. pag. 4. Pope's, Lett. to M. Walsh, Pope's correfp. Tom. I. p. 74.

K

confonde enfemble le fon par leur conjonction. La douceur de la langue ne permet pas non plus qu'une fyllabe finiffe par l'une de ces trois lettres Θ, Φ, X, dont le fon eft rude; il étoit même permis de tranfporter les lettres quand on pouvoit par ce moyen adoucir le fon des mots. On ne peut pas m'objecter ici quelques mots dont le fon paroît défagréable, parce que la vraie prononciation de la langue Grecque nous eft aujourd'hui auffi peu connue que celle de la langue Latine. Tous ces avantages concouroient donc à rendre la langue Grecque harmonieufe, coulante & fonore, à en varier l'accent, en facilitant en même tems l'accouplement des mots, dans lequel aucune autre langue ne l'a encore pu imiter. Je ne parlerai point ici des fyllabes longues & brèves, qu'on pouvoit faire fentir même dans le difcours ordinaire : beauté dont nos langues modernes ne font pas fufceptibles. N'y a-t-il donc pas quelque raifon de croire que c'eft la langue Grecque qu'Homère a voulu défigner par le langage des dieux, & que c'eft à la langue Phrygienne qu'il fait allufion en parlant du langage des hommes, ainfi qu'il s'exprime dans fon Iliade (1).

C'eft auffi cette abondance de voyelles qui rendoit principalement la langue Grecque plus propre que toutes les autres langues connues,

____

(1) Lakemacher. Obferv. philolog. P. III. Obferv. 4. p. 250 & feq.

à former des onomatopées, c'eſt-à-dire, à exprimer par le ſon des mots & par leur accouplement,
l'image de la choſe qu'on a à repréſenter. On
connoît deux vers d'Homère (1) qui, par le ſon
des mots, plutôt que par ces mots mêmes, rendent ſenſible le décochement de la flèche que
Pandarus tira ſur Menelas, ainſi que ſa viteſſe à
parcourir l'air, ſa force diminuée en pénétrant
dans le bouclier de ce prince, ſa lenteur à le
traverſer, & ſon action enfin amortie. L'on croit
réellement voir décocher la flèche, l'entendre
parcourir l'air en ſifflant, & pénétrer dans le
bouclier de Menelas.

De ce même genre eſt le tableau de l'armée
des Myrmidons d'Achille (2) qui ſe tenoient col-
lés bouclier contre bouclier, caſque contre caſque, & homme contre homme : un ſeul vers
contient cette deſcription qu'il eſt impoſſible d'i-
miter, & qu'il faut lire dans l'original même pour
en connoître toutes les beautés. On ſe formeroit
néanmoins une fauſſe idée de la langue Grecque,
ſi on ſe la repréſentoit comme un tranquille
ruiſſeau, dont l'eau coule ſans former le moindre
murmure : comparaiſon dont on s'eſt ſervi pour
faire connoître le ſtyle de Platon (3) ; elle devient au contraire, quand on le veut, un tor-

____

(1) Iliad. δ. v. 135.
(2) Iliad. π'. v. 215.
(3) Longin. περὶ ὕψ. ſect. 13. §. 1.

K ij

rent impétueux, & peut s'élever avec les vents
qui emportèrent la voile du vaisseau d'Ulysse ; le
son des mots (1), après nous avoir fait entendre
successivement quelques coups de vent qui rom-
pent & emportent cette voile, nous la représente
tombante en mille pièces. Mais il est vrai que,
sans cette image descriptive, si naturelle & si
sensible, le son des mots (2) en doit paroître dur
& désagréable à l'oreille.

Une telle langue exigeoit par conséquent des
organes vifs, délicats & flexibles, pour lesquels
n'étoient pas faites les autres langues, pas même
la langue Latine ; de manière qu'un père Grec
de l'église (3) se plaint de ce que les loix Romaines étoient écrites en une langue barbare,
qui déchiroit l'oreille.

Or, si la nature a été aussi favorable aux
Grecs dans la construction générale du corps,
qu'elle l'a été dans l'organe de la voix, il faudra
convenir que ce peuple étoit pétri de la matière la plus pure : ses nerfs & ses muscles étoient
d'une sensibilité & d'une élasticité singulières, qui
servoient infiniment à faciliter les mouvemens
flexibles & gracieux du corps, dont toutes les attitudes étoient marquées par une souplesse & une
agilité qui charmoient les yeux, & que relevoit

---

(1) Odyss. /. v. 71. Confer. Iliad. γ'. v. 363. & Eustath. ad h.
l. p. 424. l. 10. edit. Rom.

(2) Eustath. l. c. Conf. id. ad Iliad. ί. p. 519. l. 43.

(3) Gregor. Thaumat. Orat. paneg. ad Origenem. p. 49. l. 43.

encore une phyſionomie agréable & ſpirituelle.
Il faut ſe repréſenter des hommes dont le corps
n'étoit ni trop grêle ni trop chargé d'embonpoint:
la maigreur & la trop grande plénitude déplai-
ſoient également aux yeux des Grecs , & l'on
ſait que leurs poëtes ont tourné ces défauts en
ridicule dans un Cinéſias (1) , dans un Philetas (2)
& dans un Agoracrite (3).

Cette idée de la nature des Grecs pourroit
faire croire peut-être que c'étoit une nation ef-
féminée , que l'uſage précoce & continuel des
plaiſirs énervoit encore. On peut néanmoins les
laver , en quelque ſorte , de cette accuſation ,
par la défenſe que Périclès employa en faveur
des Athéniens contre Lacédémone , relativement
à leurs mœurs ; ſi toutefois on peut appliquer
ici ce panégyrique à la nation en général , car
on ſait que les mœurs des Spartiates différoient
dans tous les points de ceux des autres Grecs.
» Les Spartiates , dit Périclès (4) , cherchent à
» endurcir la jeuneſſe dans les travaux par de
» pénibles exercices qui ſont au deſſus de ſes
» forces ; mais la nôtre , quoique élevée dans
» une certaine indolence, n'affronte pas les dan-
» gers avec moins de vigueur ; & quoique nous

____

(1) Ariſtoph. Ran. v. 1485.

(2) Athen. Deipnos. Lib. XII. Cap. 13. Ælian. Var. Hiſt. Lib. IX.
Cap. 14.

(3) Ariſtoph. Equit.

(4) Thucyd. Lib. II. Cap. 39.

» allions à la guerre plutôt volontairement que
» par contrainte, le péril ne nous fait pas plus
» de peur qu'à eux ; & quand nous y fommes,
» nous nous en tirons auſſi bien que ceux qui
» y ont été nourris toute leur vie. Nous aimons
» la politeſſe fans faire cas du luxe, & philoſo-
» phons fans oiſiveté ; en un mot, nous fommes
» naturellement diſpoſés pour les grandes entre-
» priſes & les belles actions «.

Qu'on ne penſe pas néanmoins que je pré-
tende que tous les Grecs en général fuſſent également doués de la beauté : nous favons que
parmi les Grecs qui firent le ſiège de Troie il
y eut un Therſite. Mais on ne peut pas nier non
plus que c'eſt dans les contrées où les arts ont
fleuri, que la nature a produit les plus beaux
hommes. Thèbes étoit ſitué fous un ciel épais (1),
& fes habitans étoient maſſifs, lourds & robuſ-
tes (2), ainſi qu'Hippocrate (3) l'a remarqué de
tous les peuples qui habitent des contrées ma-
récageuſes & humides. Les anciens mêmes avoient
déja obſervé, qu'excepté Pindare, Thèbes n'a
produit aucun poëte ni aucun favant ; de même
que Sparte n'a donné naiſſance qu'au feul Alc-
mandre. L'Attique, au contraire, étoit ſituée
fous un ciel doux & ſerein, dont l'heureuſe influence échauffoit des ames ſenſibles renfermées

(1) Hor. Lib. II. ep. 1. v. 244.
(2) Cicer. de Fato. c. 4.
(3) Περὶ τόπων. p. 204.

dans des corps bien conformés, ainsi qu'on le
dit des Athéniens (1); & Athènes étoit le siège
principal des arts. Cette même réflexion peut
être appliquée à Sicyone, à Corinthe, à Rhodes,
à Ephèse, &c. villes qui étoient toutes, comme
on sait, les écoles des artistes, & où ils ne man-
quoient sans doute pas non plus de beaux modèles. Je prends comme une plaisanterie le passage de votre lettre où vous citez le témoignage
d'Aristophane (2) sur un défaut naturel aux Athéniens. La raillerie du poète Grec est fondée sur
une fable de Thésée. Au reste, les peuples de
l'Attique regardoient comme une beauté d'avoir
peu fournies de chair les parties du corps sur
lesquelles

Sedet æternumque sedebit,

Infelix Theseus,   Virg.

On dit que ce ne fut qu'au détriment de la partie postérieure du corps dont il est ici question,
que Thésée fut délivré par Hercule de la prison
où le tenoient les Thesprotes, & que c'est de
lui que ses descendans tenoient ce défaut (3).
Tous ceux qui se trouvoient ainsi conformés pouvoient se vanter de descendre en ligne directe de
Thésée; de même que ceux qui, en naissant,
avoient sur le corps un signe en forme de lance (4),

____

(1) Cicer. de Orator. c. U. Conf. Dicæarch. Geogr. edit. H.
Steph. c. 2. p. 16.
(2) Nubes. v. 1365.
(3) Schol. ad Aristoph. Nub. v. 1010.
(4) Plutarch. de sera num. vindict. p. 563. l. 9.

étoient regardés comme les descendans de Spartis. _
On voit aussi que les artistes Grecs ont imité à
cette partie du corps l'économie que la nature y
avoit employée chez eux.

C'est néanmoins dans la Grèce même que s'est
toujours trouvée cette partie de la nation envers
laquelle la nature s'est montrée si libérale, mais
sans profusion. Leurs colonies dans les pays étrangers ont eu, à peu près, le même fort que leur
éloquence , toutes les fois qu'elle a quitté le
territoire de la Grèce. » Sitôt que l'éloquence ,
» dit Ciceron (1), eut passé du port du Pyrée
» dans les autres pays, elle parcourut toutes les
» îles , & s'étendit tellement dans toute l'Asie,
» qu'elle prit la teinture des mœurs étrangères;
» en sorte qu'elle dégénéra de cette pureté du
» sel Attique, qu'elle en perdit le bon goût, &
» désapprit presqu'à parler «.

Les Ioniens que Nileus , après le retour des
Heraclides, conduisit de Grèce en Asie , y devinrent , sous un ciel plus chaud, plus adonnés
encore aux plaisirs & à la volupté. Leur langue
avoit , à cause du grand nombre de voyelles ac-
cumulées dans un mot, quelque chose de plus
agréable & de plus flatteur encore que celle des
autres Grecs. Les mœurs des îles voisines, situées
sous un même climat, ne différoient en rien de
celles des Ioniens. Une seule médaille de l'île de

---

(1) Cicer. de Orat.

Lesbos (1) peut nous en servir ici de preuve. Ces peuples doivent avoir dégénéré aussi, en quelque sorte, de leurs ancêtres dans la nature & les formes du corps.

Une plus grande dégradation encore doit avoir eu lieu dans les colonies qui se trouvoient à une plus grande distance de la mère-patrie. Les colons qu'on établit à Pithicussa, en Afrique, y adorèrent les singes avec autant de fanatisme que les indigènes du pays; ils poussèrent même cette folie au point de donner à leurs enfans les noms de ces animaux (2).

Les habitans actuels de la Grèce doivent être regardés comme un métal dégradé par le mélange de plusieurs autres métaux, mais dont on peut néanmoins encore reconnoître la masse principale. La barbarie y a étouffé jusqu'au germe des sciences & des arts, & une profonde ignorance couvre toute cette belle contrée. L'éducation, le coúrage, les mœurs s'y trouvent sous le régime d'un sceptre de fer, & l'ombre même de la liberté y a disparu. Les monumens de l'antiquité y sont de plus en plus mutilés, même en partie enlevés; & l'on voit aujourd'hui dans les jardins de l'Angleterre des colonnes du temple d'Apollon à Délos (3). La nature même de ce beau pays a perdu, pour ainsi dire, toute

---

(1) Goltz. Tom. II. Cap. 14.
(2) Diod. Sic. Lib. XX. p. 763. al. 449.
(3) Stukely's Itinerar. III. p. 32.

fon énergie & fa première forme. Les plantes de l'île de Crête (1) étoient anciennement préférées pour leurs vertus, à celles de toutes les autres parties du monde ; & maintenant on ne trouve plus fur les bords des rivières & des ruiffeaux, où l'on alloit les cueillir, que des herbes fauvages & des plantes parafites ou abatardies. Et comment cela pourroit-il être autrement (2), puifque des contrées entières, telle, par exemple, que l'île de Samos, qui foutint par mer une guerre longue & coûteufe contre les Athéniens (3), ne forment plus aujourd'hui que de vaftes déferts ?

Mais malgré ces révolutions & le trifte afpect actuel du local de ces pays ; malgré les obftacles que les bois & les brouffailles qui couvrent les côtes y forment à la libre circulation de l'air ; malgré la privation de toutes les commodités de la vie ; on ne peut difconvenir que les Grecs qui habitent ces îles ne foient encore privilégiés de plufieurs dons de la nature qui diftinguoient leurs ancêtres. Les habitans de quelques îles (dans lefquelles on trouve aujourd'hui plus de Grecs que fur le continent) même dans l'Afie mineure, font encore, fuivant le témoignage des voya-

---

(1) Theophraft. Hift. plant. Lib. IX. Cap. 16. p. 1131. l. 7. edit. Amft. 1644. fol. Galien, de Antidot. 1. fol. 63. B. l. 28. Id. de Theriac. ad Pifon. fol. 85. A. l. 20.

(2) Tournefort, Voyages Lett. 1. p. 10. edit. Amft.

(3) Belon, Obferv. Liv. II. Chap. 9. p. 151.

geurs (1), la plus belle race d'hommes qu'on connoiſſe, & les femmes ſur-tout y ſont d'une grande beauté.

On rencontre auſſi encore dans toute l'Attique des veſtiges de l'hoſpitalité qui faiſoit anciennement une des qualités caractériſtiques de ce peuple (2). Tous les bergers & tous les ouvriers de la campagne vinrent ſaluer Spon & Wheler (3), & tâchèrent de les prévenir dans tous leurs deſirs. On y remarque dans tous les individus un eſprit fin & délié, & une grande aptitude à tout apprendre & à tout imiter (4).

Il y a des écrivains qui penſent que les exercices du corps commencés de trop bonne heure par la jeuneſſe Grecque, ont plutôt dû nuire à ſes belles formes, qu'elles n'y ont été favorables; & que la tenſion trop violente des nerfs & des muſcles, au lieu de donner à leurs jeunes membres des contours doux & gracieux, les rendoient carrés & athlétiques. On trouvera la réponſe à cette objection dans le caractère de la nation même : la manière de penſer & d'agir des Grecs étoit aiſée & naturelle ; ils faiſoient tout, dit Periclès, avec une certaine nonchalance; & l'on peut, d'après quelques dialogues

____

(1) Belon, Obſerv. Liv. III. Chap. 34. p. 350. b. Corn. le Brun, Voyages. fol. p. 109.

(2) Dicæarch. Geogr. Chap. 1. p. 1.

(3) Voyage de Spon & Wheler, Tom. II. p. 75. 76.

(4) Wheler's, Journey into Græce, p. 347.

de Platon (1), se former une idée de la gaieté
& du plaisir avec lesquels la jeunesse remplissoit
ses exercices dans les gymnases: voilà sans doute
pourquoi ce philosophe conseille, dans sa République (2), aux vieillards d'y aller, pour se rappeler, dit-il, les plaisirs de leurs jeunes années.

C'étoit au lever du soleil qu'on commençoit
ordinairement (3) ces exercices ; & il arrivoit
souvent que Socrate alloit visiter les gymnases
à cette heure. Ils choisissoient cette partie du
jour, pour ne pas s'énerver pendant les grandes
chaleurs ; & ils n'avoient pas plutôt ôté leurs
vêtemens qu'on frottoit leur corps d'huile, mais
de la belle huile de l'Attique, tant pour se ga-
rantir de l'air vif du matin (ce qu'on faisoit aussi
pendant les grands froids (4),) que pour empêcher qu'une transpiration trop abondante ne
vînt à affoiblir le corps (5). On prétend même
que cette huile avoit la propriété de le fortifier (6). Quand ces exercices étoient finis, ils
alloient prendre le bain, dans lequel on frottoit

---

(1) Conf. Lysis, p. 499. edit. Frf. 1602.

(2) Plato de Republ.

(3) Plato. de Leg. Lib. VII. p. 892. l. 30. 36. Conf. Petiti
Leg. Att. p. 296. Maittaire Marm. Arundell. p. 483. Gronov. ad
Plauti Bacchid. v. ante solem exorientem.

(4) Galen. de simpl. Medic. facult. Lib. II. Cap. 5. fol. 9. A.
Opp. Tom. II. Frontin. Stratag. Lib. I. Cap. 7.

(5) Lucian. de Gymnas. p. 907. Opp. Tom. II. edit. Reitz.

(6) Dionys. Halic. Art. Rhet. Cap. 1. §. 6. de vi dicendi in
Demosth. Cap. 29. ed. Oxon.

de nouveau le corps avec de l'huile ; Homère dit (1) qu'un homme qui fort ainfi frais du bain, paroît d'une taille plus haute, plus robufte, & qu'il reffemble aux dieux immortels.

On peut fe repréfenter diftinctement les différentes efpèces & les différens degrés de lutte des anciens, par un vafe cinéraire (2) qu'a poffédé Charles Patin, & qu'il conjecture avoir fervi à renfermer les cendres d'un athlète.

S'il eft vrai que les Grecs aient toujours marché nu-pieds, ainfi qu'ils ont repréfenté eux-mêmes les hommes des tems héroïques (3) ; ou s'ils n'ont fait ufage que de la fandale, comme on le croit en général, il faut néceffairement que la forme de leurs pieds ait été fort dégradée. Il femble néanmoins que ce peuple a employé plus de foin que nous à couvrir & à orner les pieds, puifqu'ils avoient plus de dix noms différens pour défigner des fouliers (4).

La ceinture que les athlètes portoient autour des reins dans les jeux publics, leur fut ôtée, même avant le tems que les arts commencèrent à fleurir dans la Grèce (5) ; & cette parfaite nudité ne put qu'être utile aux artiftes. J'ai

---

(1) Odyff. τ'. v. 230.

(2) Patin, Numifm. Imp. p. 166.

(3) Philoftrat. Epift. 22. p. 922. Conf. Macrob. Saturn. Lib. V. Cap. 18. p. 357. edit. Lond. 1694. 8. Hygin. fab. 12.

(4) *Voyez* Arbuthnot's Tables of antient coins, Chap. 6. p. 116.

(5) Thucyd. Lib. I. Cap. 6. Euftath. ad Il. ψ. p. 1324. l. 16.

penſé, au reſte, qu'en parlant de la nourriture des athlètes aux jeux ſcéniques de la Grèce, dans les tems les plus reculés, il valoit mieux que je me ſerviſſe du terme général de laitage, que de ne parler que du fromage mou en particulier.

Je me rappelle auſſi le reproche que vous me faites, d'avoir avancé que, dans les premiers ſiècles de l'égliſe, on baptiſoit les perſonnes des deux ſexes, en les plongeant indiſtinctement dans les mêmes eaux. Je cite ici en note mes témoins (1) ; car je ne puis pas entrer dans des détails minutieux ſur tous les points.

Je ne ſais ſi je dois me contenter des conjectures que j'ai avancées ſur la belle nature des anciens Grecs : j'ajouterai ſeulement ici, que Charmoleos, jeune homme de Mégare, dont chaque baiſer (2) étoit eſtimé deux talens, doit néceſſairement avoir été digne de ſervir de modèle d'un Apollon ; & les artiſtes pouvoient voir tous les jours pendant quelques heures, à leur gré, ce Charmoleos, ainſi qu'Alcibiade, Charmidès & Adimanthe (3). Mais vous voulez, au contraire, que les artiſtes de Paris ſe contentent

___

(1) Cyrilli Hieroſ. Catech. Myſtag. II. Cap. 2, 3, 4. p. 284, 85. edit. Th. Milles, Oxon. 1703. fol. Joſ. Vicecomitis Obſerv. de Antiq. Baptiſmi ritibus. Lib. IV. Cap. 10. p. 286—289. Binghami Orig. Ecclef. Tom. IV. Lib. XI. Cap. 11. Godeau, Hiſt. de l'Egliſe, Tom. I. Liv. III. p. 623.

(2) Lucian. Dial. Mort. X. §. 3.

(3) Lucian. Navig. Cap. 2. p. 248.

d'étudier les jeux des enfans ; fans fonger que les parties les plus faillantes du corps, qu'on apperçoit chez les perfonnes qui nagent, peuvent fe voir à chaque moment entièrement nues , fans aller fur les bords de la Seine. Il me femble auffi que ceux qui prétendent trouver plus de beauté & de perfeΣion dans les François en général, que lesGrecs n'en découvrirent dans leur Alcibiade (1), jugent d'une manière fort inconfidérée.

Ce que je viens de dire , peut fervir auffi de réponfe à ce que vous avancez dans votre lettre, touchant le deffin plus angulaire à donner, fuivant votre académie , à certaines parties du corps , que ne le faifoient les anciens. Les Grecs & leurs artiftes furent affez heureux pour avoir des modèles doués d'une belle plénitude juvenile ; & comme les os des mains de quelques ftatues Grecques font deffinés affez angulairement (forme qu'on ne remarque pas aux autres parties du corps, dont vous faites mention dans votre lettre) il eft probable que la nature des Grecs étoit ainfi conformée. On n'apperçoit point au fameux Gladiateur de la *villa* Borghèfe, du cifeau d'Agafias d'Ephèfe (2) , cette forme

---

(1) De la Chambre, Difcours où il eft prouvé que les François font les plus capables de tous les peuples de la perfeΣion de l'éloquence, p. 15.

(2) Suivant Leffing, dans fon *Laocoon, ou des limites de la peinture & de la fculpture*, page 284—288, cette ftatue ne repréfente pas un Gladiateur, mais Chabrias, général Athénien. *Note du TraduΣ.*

angulaire, ni ces os fortement indiqués aux endroits où les modernes les placent si arbitrairement ; on les voit, au contraire, là où ils se trouvent aussi à d'autres statues Grecques. Ce Gladiateur étoit sans doute une de ces statues qu'on plaçoit anciennement dans le cirque où se tenoient les grands jeux scéniques de la Grèce, en l'honneur des athlètes qui avoient été vainqueurs au pugilat. Ces statues devoient être exécutées exactement dans la même attitude dans laquelle le vainqueur avoit mérité le prix ; & les athlothètes ou juges (1) des jeux olympiques étoient obligés de bien observer cette attitude : ne faut-il donc pas en conclure que les artistes copioient fidèlement la nature (2) ?

Plusieurs écrivains ont déja traité le second & le troisième point de mon écrit : mon dessein étoit de parler, en peu de mots, de la préférence que méritent les ouvrages des anciens Grecs, & de la manière dont il faut les imiter. Pour convaincre les artistes de nos jours de ces vérités, il seroit nécessaire d'accumuler plusieurs

---

(1) Lucian. pro imagin. p. 490. edit. Reitz, Tom. II.

(2) Pline dit : *Ex membris ipsorum similitudine expressa* ; ce que M. Poinsinet a traduit : » Et ceux qui étoient trois fois vainqueurs, » on leur fondoit une statue dont le creux avoit été exactement » calqué & moulé sur toute leur personne «. M. Falconet pense que le mot *exprimere* dont Pline se sert ici est trop général pour l'appliquer à l'idée d'un moule, tandis qu'il peut donner celle d'exprimer la ressemblance exacte des diverses parties du corps, par leurs formes & leurs mesures, soit en dessinant, soit en peignant, soit en modelant. *Note du Traducteur.*

preuves , & de les inftruire de certaines connoiffances préliminaires ; tandis que le jugement
de quelques écrivains fur les anciens ouvrages de
l'art n'eft pas mieux digéré que plufieurs critiques
qu'on a faites de leurs écrits. Peut-on efpérer, par
exemple , qu'un écrivain qui a voulu parler de
tous les arts en général, quoiqu'il en eût des no-
tions affez peu fûres, pour avancer que le ftyle
de Thucydide eft fimple & clair (1), tandis que
Ciceron même (2) le trouve obfcur à caufe de
fon laconifme & de fa profondeur ; peut-on
efpérer , dis-je , qu'un pareil juge puiffe prononcer avec connoiffance de caufe fur les anciens
ouvrages de l'art chez les Grecs ? Un autre écrivain (3) paroît avoir connu auffi peu Diodore de
Sicile, puifqu'il affure que cet hiftorien a affecté
un ftyle fleuri. D'autres s'arrêtent à admirer dans
les anciens ouvrages de l'art , ce qui ne mérite
aucune attention. » C'eft, dit un voyageur mo-
» derne (4), le lien par lequel Dircé eft atta-
» chée au Taureau , que les connoiffeurs admi-
» rent le plus au magnifique & célèbre groupe
» connu fous le nom de Taureau de Farnèfe «.

Ah mifer ! ægrota putruit cui mente falillum.

___

(1) Confidérations fur les révolutions des arts. Paris , 1755.
pag. 33.

(2) Cicer. Brut. Cap. 7 & 83.

(3) Pagi, Difcours fur l'Hiftoire Grecque, p. 45.

(4) Nouveau Voyage de Hollande , d'Allemagne , de Suiffe &
d'Italie , par M. de Blainville.

L

Je conviens volontiers des parties brillantes de quelques artiftes modernes que vous oppofez, dans votre lettre, aux anciens ; mais ne faut-il pas avouer auffi que c'eft en imitant les anciens que les modernes font parvenus au degré de perfection qui les diftingue ? & n'eft-il pas facile de prouver que c'eft pour avoir négligé ces grands modèles que la plupart de nos artiftes font tombés dans les défauts qu'on leur reproche ? & ce n'eft que de ces derniers que j'ai voulu parler.

Pour ce qui eft des contours du corps, il paroît que c'eft l'étude de la nature, à laquelle le Bernin s'eft appliqué dans l'âge mûr, qui a détourné ce grand artifte de la belle forme. Sa ftatue de la Charité au tombeau du Pape Urbain VIII, eft trop maffive & trop chargée de chair (1); & la ftatue qui repréfente cette même vertu, au tombeau d'Alexandre VII, eft, dit-on, abfolument mauvaife. Quoi qu'il en foit, au refte, de ces ouvrages, il eft certain qu'on n'a pas pu employer la ftatue équeftre de Louis XIV, à laquelle le Bernin a travaillé pendant quinze ans, & qui a coûté des fommes confidérables. Le monarque étoit repréfenté montant la colline de la gloire : l'attitude du héros & celle du cheval étoit trop forcée & trop chargée. On fit enfuite de ce groupe un Curtius qui fe précipite dans le gouffre, & qu'on voyoit autrefois au jardin

____

(1) Richardfon's Account, &c. p. 294. 95.

des Tuileries. L'étude la plus attentive de la nature seule suffit donc aussi peu pour parvenir à la
connoissance du beau, que l'étude de l'anatomie
est peu suffisante pour nous instruire des attitudes heureuses & agréables du corps. Lairesse, ainsi
qu'il nous le dit lui-même, a étudié ces attitudes
sur le squelette du célèbre Bidloo ; & l'on remarque néanmoins que ses figures sont quelquefois trop courtes. La bonne école Romaine péche
rarement par ce défaut, quoiqu'on ne puisse pas
nier que la Vénus de Raphaël, dans le Festin
des Dieux, ne soit trop lourde ; & je me gar-
derai bien de prendre la défense de ce grand
homme sur ce même défaut qu'on remarque dans
son Massacre des Innocens, gravé par Marc-
Antoine, ainsi qu'on a entrepris de le faire dans
un écrit singulier sur la peinture (1). Les figures
de femmes de ce tableau ont le sein trop fourni,
tandis que les figures des bourreaux sont déchar-
nées & paroissent étiques. On présume que le
but de ce peintre a été d'inspirer, par ce contraste, une plus grande aversion pour ces assas-
sins. Il ne faut cependant pas tout admirer aveu-
glément : le soleil même a ses taches.

Qu'on imite Raphaël dans son meilleur tems,
& l'on n'aura pas besoin d'apologiste. Au reste,
Parrhasius & Zeuxis, que vous citez dans votre
lettre à ce sujet & pour la défense des formes

____

(1) Chambray, Idée de la Peinture, p. 46. au Mans, 1662. in-4°.

Flamandes en général, n'ont rien de commun
avec cela. Vous y éclairciſſez, à la vérité, le
paſſage de Pline (1) concernant Parrhaſius, dans
le ſens que vous le citez, ſavoir (2), « que ce
» peintre, en voulant éviter le lourd, eſt tombé
» dans la ſéchereſſe & la petite manière «. Cependant comme il faut ſuppoſer, avant tout, que
Pline raiſonne d'une manière conſéquente, &
qu'il n'a ſans doute pas voulu ſe contredire lui-
même, on doit comparer ce jugement avec celui
où il donne, un peu plus haut, la palme à
Parrhaſius pour le trait extérieur, c'eſt-à-dire,
pour les contours du corps. Voici les propres
mots de Pline : « Cependant, quand on compare
» Parrhaſius à lui-même, il paroît avoir réuſſi
» moins heureuſement à exprimer le *milieu* des
» corps (3) «. Il eſt néanmoins difficile de ſa-

(1) Pline, Hiſt. Nat. Lib. XXXV. Cap. 10.

(2) Durand, Extrait de l'Hiſt. de la Peinture de Pline, p. 56.

(3) *Minor tamen videtur, ſibi comparatus, in mediis corporibus
exprimendis* (*Plin. Hiſt. Nat. Lib. XXXV. Cap.* 10). M. le Comte
de Caylus a traduit : « Il mettoit trop de *ſéchereſſe* & de *petite
» manière* dans les *détails* du corps «. M. Falconet qui traduit le
mediis corporibus, par le *milieu des corps*, critique la traduction
de M. le Comte de Caylus ; il remarque que la *ſéchereſſe* & la
petite manière ne ſont point les défauts d'un peintre qui ſait donner
du gras & du tournant à ſes contours. Il ajoute qu'un peintre qui
auroit traduit & voulu interpréter ce paſſage de Pline, auroit dit,
« que Parrhaſius mettoit trop de molleſſe, trop de peſanteur dans
» le milieu des corps «. Nous avons cru devoir citer ces différentes
manières d'interpréter le paſſage de Pline dont il s'agit ici, à cauſe
du mot *milieu* que nous avons traduit littéralement de l'allemand,
pour rendre le *mediis corporibus* de Pline, ſur l'interprétation duquel M. Winckelmann même ne paroît pas certain. *Note du Trad.*

voir ce qu'il faut entendre par le milieu des corps ;
peut-être font-ce les parties du corps renfermées
dans la ligne extérieure ou le contour. Cependant un deſſinateur doit connoître & pouvoir
rendre ſes figures ſous tous les points de vue &
dans tous les aſpects poſſibles ; & ce qui, dans
la première attitude, ſemble ſe trouver renfermé
dans le contour en queſtion, forme, dans un
autre aſpect, cette ligne du contour même. On
ne peut donc pas dire qu'il y ait pour le deſſinateur un milieu ou des parties intérieures des
corps (car je ne parle point ici du milieu des
corps) ; chaque muſcle appartient à ſon contour
extérieur, mais non pas le contour des parties qui
ſe trouvent renfermées dans ce contour général.
Il ne s'agit donc pas du tout ici d'un contour
qui décide du lourd ou de la ſéchereſſe des figures. Il ſe pourroit que Parrhaſius n'eût point été
verſé dans l'entente du clair - obſcur , & qu'il
n'eût pas ſu donner aux parties renfermées dans
le contour, le relief & le tournant néceſſaires ;
voilà ce que Pline a ſans doute entendu par *le
milieu des corps* , ou les *parties intérieures des
corps* ; & c'eſt la ſeule explication que l'on puiſſe
donner, je penſe, au paſſage de cet écrivain. Il
ſe pourroit auſſi qu'il fût arrivé à Parrhaſius ce
qu'on rapporte du célèbre la Fage , qu'on regarde, avec raiſon, comme un des plus grands
deſſinateurs ; mais qui gâtoit ſon deſſin chaque
fois qu'il prenoit la palette & qu'il vouloit pein-

dre. Le mot *moins* dont se sert Pline n'a donc point pour objet le contour. Il me semble qu'outre les qualités que le passage de Pline, que nous venons de citer, donne, suivant notre interprétation, aux ouvrages de Parrhasius, le contour des figures doit avoir été moëlleux & fondu dans le fond du tableau ; qualité qu'on ne trouve pas dans la plus grande partie des peintures anciennes qui nous sont parvenues, ni dans les ouvrages des maîtres modernes du seizième siècle, dont les contours des figures sont durs & secs, de manière que ces figures semblent, pour ainsi dire, découpées du tableau. Cependant ce contour moëlleux & fondu ne suffisoit pas pour donner aux figures de Parrhasius la rondeur & le tournant nécessaires, parce qu'il ignoroit l'entente du clair-obscur ; de sorte que c'est dans cette partie qu'on peut dire que cet artiste fut au dessous de lui-même. Et si véritablement Parrhasius a été si grand dans la partie du contour, il me paroît aussi impossible qu'il soit tombé dans le sec & le dur, que dans le lourd & l'épais.

Quant aux figures de femmes de Zeuxis, auxquelles ce peintre a donné, dit-on, d'après l'idée d'Homère, une nature forte & vigoureuse ; on ne peut pas en conclure, comme vous le faites, qu'il les ait peintes dans la manière de Rubens, c'est-à-dire, épaisses & chargées de chair. Il est à croire que l'éducation que le beau sexe rece-

voit à Lacédémone donnoit aux femmes une
certaine forme héroïque, qui reſſembloit, plus
ou moins, à celle des jeunes héros de cette nation guerrière ; & c'étoient néanmoins, ſuivant
le témoignage de toute l'antiquité, les plus belles femmes de la Grèce : c'eſt donc d'après ces
beaux modèles de Sparte qu'on doit ſe former
une idée de l'Hélène de Théocrite (1).

Je doute beaucoup auſſi que Jacques Jordans,
de qui vous vous êtes déclaré le zélé défenſeur,
ait eu ſon pareil parmi les peintres Grecs, & je
penſe pouvoir appuyer par de bonnes preuves,
ce que j'ai dit au ſujet de ce grand coloriſte.
Je ſais que M. d'Argenville (2) s'eſt occupé à
recueillir avec ſoin tous les jugemens prononcés
ſur le mérite de Jordans ; mais cette compilation
ne ſert pas toujours à prouver le goût de cet
écrivain, ni ſes connoiſſances de l'art.

La vue des chefs-d'œuvre de la galerie des
tableaux de Dreſde, dont l'entrée eſt ouverte
à tout le monde, eſt plus utile, & prouve davantage, ſelon moi, que le jugement péremptoire d'un écrivain ſuperficiel ; & j'en appelle
à la Préſentation au temple & au Diogène du
maître en queſtion. Ce jugement ſur le Jordans
a cependant beſoin de quelques éclairciſſemens,
du moins relativement à la vérité, dont l'idée

_____

(1) Idyll. 18. v. 29.
(2) Abrégé de la Vie des Peintres, Tom. II.

L iv

générale doit fe trouver auffi dans les ouvrages
de l'art ; & fuivant cette vérité, le jugement
dont il s'agit ici eft une énigme : le feul fens
poffible qu'on pourroit y donner feroit celui-ci.

Rubens, comme Homère, a créé des tableaux
d'après les conceptions de fon génie fertile & iné-
puifable ; il eft riche jufqu'à la prodigalité ; il a,
comme le poëte Grec, cherché le merveilleux,
tant dans la partie poétique & pittorefque de
fon art en général, que dans la compofition &
le clair-obfcur en particulier. Il a fu placer fes
figures dans des jours diftribués d'une manière
nouvelle & inconnue avant lui ; & ces jours,
raffemblés fur la principale maffe du tableau, y
font pouffés à un plus haut degré de force que
dans la nature, ce qui répand beaucoup de vie
fur fes ouvrages, & leur donne un caractère
fingulier qui plaît. Le Jordans, dont le génie
étoit médiocre, ne peut en aucune façon être
comparé à Rubens, fon maître, dans la partie
fublime de la peinture, n'ayant jamais pu s'élever
au deffus de la nature actuelle, qu'il a toujours
fervilement copiée ; mais fi par cette fervile imitation on parvient à un plus grand degré de
vérité, il faudra avouer alors que fon pinceau
eft plus vrai que celui de Rubens, car il a peint
la nature telle qu'elle s'eft préfentée à fes yeux.

Si les chefs-d'œuvre de l'antiquité ne peuvent
pas fervir aux artiftes de règle pour la forme &
pour la beauté, quels feront donc les modèles

qu'ils auront à choisir ? L'un donnera sans doute
alors à sa Vénus une physionomie Françoise, ainsi
que l'a fait un célèbre peintre moderne (1) ;
un autre lui fera un nez aquilin, & cela avec
d'autant plus de hardiesse, qu'un écrivain (2)
prétend que c'est là la forme du nez de la Vénus
de Médicis ; un troisième ornera ses mains de
doigts pointus & en fuseau, suivant l'idée de
quelques commentateurs de la description que
Lucien nous a donnée de la beauté. Enfin la
déesse de l'amour nous regardera avec des yeux
Chinois, en coulisse, tels que ceux des beautés
d'une certaine école moderne d'Italie ; & l'on
pourra, sans être fort habile, reconnoître par
chaque figure la patrie de l'artiste qui l'aura faite.
Suivant le précepte de Démocrite (3) nous devons demander aux dieux qu'ils ne présentent à
nos regards que des objets gracieux, & c'est parmi
les ouvrages des anciens qu'on doit en chercher
de pareils.

L'imitation des anciens dans les contours de
leurs statues, ne peut pas exempter nos artistes
d'étudier les enfans de Flamand ; ce n'est pas
chez les enfans qu'il faut chercher les belles

(1) Observations sur les Arts & sur quelques morceaux de Peinture
& de Sculpture exposés au Louvre en 1748. p. 65.

(2) Nouvelle division de la terre par les différentes espèces
d'hommes, &c. Voyez le Journal des Savans, année 1684, avril,
p. 152.

(3) Plutarch. Vit. Æmil. p. 147. edit. Bryani. Tom. II.

formes : on dit bien qu'un enfant eſt beau &
ſain ; mais cela ne ſuffit pas : l'expreſſion des
formes demande la maturité d'un certain âge.
L'étude des enfans de Flamand peut être con-
ſidérée, à peu près, comme le goût du jour,
ou comme une mode dominante que nos artiſtes ont raiſon de ſuivre ; mais je doute que
l'académie de Vienne ait décidé, ainſi que vous
l'avancez dans votre lettre, de la préférence
des enfans des artiſtes modernes ſur ceux des
anciens, en permettant que ſes élèves s'occupent plutôt à copier les plâtres de Flamand,
que le Cupidon d'un ancien ciſeau, qui s'y
trouve ; & malgré ſa négligence à cet égard,
l'académie ne reſte ſans doute pas moins attachée
à ſes bons principes en général, en continuant
de recommander l'étude de l'antique. D'ailleurs
l'artiſte qui vous a communiqué ce rapport eſt,
autant que je puis le conjecturer, de mon ſentiment. Toute la différence qu'il y a entre nous,
ſe réduit à ce que les anciens artiſtes donnoient
à leurs enfans une beauté idéale, tandis que les
artiſtes modernes ſe contentent de copier la nature. Si le *trop* que ces derniers ont donné à
leurs enfans n'influoit pas ſur l'idée qu'ils ſe ſont
faite de la beauté juvénile & de celle de l'âge
mûr, leur nature enfantine pourroit paſſer pour
belle ; mais cela ne prouve point pour cela que
celle des anciens ſoit mauvaiſe.

Nos artiſtes ont uſé de la même liberté dans

la difpofition des cheveux de leurs figures, quoiqu'ils euffent mieux fait de s'en tenir pareillement à l'imitation des anciens dans cette partie. Mais en voulant fe borner à la nature actuelle, comme ils ont fait, ils auroient dû obferver du moins que les cheveux du toupet tombent d'une manière plus libre & plus dégagée fur le front, comme il eft facile de le remarquer aux perfonnes qui ne font, pour ainfi dire, jamais ufage du peigne. La difpofition des différentes couches des cheveux des ftatues antiques nous prouve auffi que les anciens ont toujours tâché de trouver le fimple & le vrai ; quoiqu'il ne manquât point non plus parmi eux de perfonnes qui s'occupaffent plus de leur toilette que de la culture de leur efprit, & qui connuffent auffi bien que les petits maîtres de nos jours la fymétrie élégante de leur chevelure. L'arrangement des cheveux tel qu'on le remarque aux ftatues & aux buftes Grecs, étoit la marque diftinctive d'une naiffance libre & illuftre.

Jamais l'imitation du contour des anciens n'a été méprifée ni rejetée, pas même par ceux qui y ont réuffi le moins heureufement ; mais les opinions ont été partagées fur l'imitation de la noble fimplicité & de la grandeur tranquille qu'on admire dans les attitudes des anciennes ftatues. Cette manière d'exprimer les mouvemens de l'ame a trouvé peu d'admirateurs, & les artiftes qui ont ofé l'employer fe font toujours trouvés expofés à la critique (1). C'eft ainfi, par exemple, qu'on a condamné, comme un défaut, ce caractère fublime que Bandinelli a fu donner à fon Hercule qu'on voit à Florence (2); & l'on voudroit que Raphaël eût imprimé un air plus farouche & plus terrible aux bourreaux de fon Maffacre des Innocens (3).

Les figures exécutées d'après l'idée qu'on attache généralement à la *nature tranquille*, pourroient, j'en conviens, auffi bien reffembler aux jeunes Spartiates dont parle Xenophon, que celles auxquelles on donnoit cette *grandeur tranquille* dont j'ai fait mention. Je n'ignore pas non plus que la tourbe des connoiffeurs placeront un tableau conçu dans ce goût antique, au même rang que les difcours prononcés devant l'Aréopage; mais je fais auffi que jamais le goût de la multitude ne fera loi dans les arts. M. Hagedorn, dont les ouvrages annoncent autant de fagacité que de connoiffances dans la peinture, a fans doute eu raifon de defirer, relativement à la nature tranquille, plus de vie & d'action dans les grands ouvrages de l'art; cependant cette maxime a befoin de quelque reftriction : le courroux du Père-Eternel ne doit, par exemple, jamais reffembler à la fureur de Mars, ni l'extafe béa-

---

(1) Lucian. Navig. 5, Votum. Cap. 2. p. 249.

(2) Borghini Ripofo. Lib. II. p. 129.

(3) Chambray, Idée de la Peinture, p. 47.

tifique d'une Sainte à l'ivreffe voluptueufe d'une Bacchante.

Ceux à qui ce caractère du fublime de l'art n'eft pas connu, préféreront fans doute une Madonne du Trévifan à une Madonne de Raphaël. Je fais même que des artiftes ont ofé foutenir que les Madonnes de ce premier éclipfent entiéremnnt celles de Raphaël; c'eft ce qui m'a engagé à faire connoître la valeur du chef-d'œuvre de ce grand maître qui fe trouve à la galerie de Drefde, d'autant plus que c'eft le feul tréfor de ce genre qu'il y ait en Allemagne.

Il faut cependant convenir que ce tableau de Raphaël n'approche point, pour la compofition, de celui de la Transfiguration du même maître; mais, d'un autre côté, ce premier ouvrage a un mérite que n'a pas le fecond; car il eft à préfumer que Jule Romain a eu autant de part au tableau de la Transfiguration que Raphaël même, & les connoiffeurs affurent qu'il eft facile d'y diftinguer les pinceaux de ces deux maîtres; tandis que dans le tableau qui orne la galerie de Drefdé, on reconnoît partout la vraie touche originale de Raphaël, du tems que cet artifte a peint au Vatican fon Ecole d'Athènes: je crois qu'il eft inutile d'alléguer ici le témoignage de Vafari, que j'aurois pu citer pour appuyer ce que j'avance.

Quant au jugement que vous citez d'un prétendu connoiffeur, qui trouve l'Enfant que la Vierge tient fur fes bras pitoyablement exécuté, je m'épargnerai la peine de le réfuter, parce que les gens de cette espèce font difficiles à convaincre. Pythagore, on le fait, regardoit le foleil avec d'autres yeux qu'Anaxagore : le premier prenoit cet aftre pour un dieu, & le fecond pour une pierre, ainfi que nous l'apprend un ancien philofophe (1). Il fe pourroit bien que votre juge fût un nouvel Anaxagore, mais les vrais connoiffeurs fe rangeront fans doute du parti de Pythagore. L'expérience feule, fans la réflexion, fuffit pour nous apprendre à diftinguer ce degré de vérité & de beauté qui caractérife les têtes de Raphaël. Une belle phyfionomie plaît toujours, il eft vrai, mais elle charme bien davantage quand la beauté s'en trouve relevée par un certain air férieux & penfif (2). L'antiquité même femble avoir été convaincue de cette vérité : toutes les têtes d'Antinoüs ont cet air réfléchi, qu'on ne doit pas uniquement attribuer à fon front couvert par fes beaux cheveux. On fait auffi que ce qui nous charme d'abord, ceffe fouvent de nous plaire dans la fuite : ce qu'un premier coup-d'œil avoit rapidement raffemblé fe trouve difperfé par un examen attentif, & le preftige s'évanouit. Ce n'eft que par l'étude & la réflexion qu'on parvient à donner aux objets une beauté durable ; & plus on approche de ce degré de perfection, plus on

____

(1) Maxim. Tyr. Diff. 25. p. 303. edit. Marklandi.
(2) *Voyez* le Spectateur, n°. 418.

defire d'en connoître toutes les parties. Jamais
on ne quitte une belle perfonne d'un caractère
férieux & penfif, avec une parfaite fatiété ou fans
quelque regret : on croit toujours y découvrir de
nouveaux charmes. Il en eft de même des belles
figures de Raphaël & des anciens artiftes : elles
ne nous féduifent point par un air agréable ou
brillant, mais elles nous attachent par leurs belles
formes & une certaine beauté vraie & originale (1).
Ce font des attraits de cette efpèce qui ont rendu
Cléopâtre fi célèbre : fa phyfionomie n'avoit rien
qui furprît au premier coup-d'œil (2), mais elle
laiffoit une profonde impreffion dans l'ame de
tous ceux qui la voyoient, & fon triomphe fur
tous les cœurs qu'elle vouloit fubjuguer étoit auffi
facile qu'affuré. Une Vénus Françoife (3) à fa
toilette auroit fans doute, fi on l'examinoit de
près, le fort de la philofophie de Sénèque, laquelle, au jugement d'un critique, perd, par
l'analyfe, la plus grande partie de fa valeur, ou,
pour mieux dire, la perd toute entière.

La comparaifon que j'ai faite, dans mon petit
ouvrage que vous critiquez, entre Raphaël &
quelques grands maîtres Flamands & Italiens modernes, n'a pour objet que le faire ou la partie
mécanique de l'art. Je penfe d'ailleurs que le jugement que j'ai porté fur les efforts induftrieux

____

(1) Philoftr. Icon. Anton. p. 91.
(2) Plutarch.
(3) Obfervat. fur les Arts, &c. 1748. p. 65.

des premiers, eſt d'autant plus fondé, qu'ils auroient dû chercher du moins à dérober à l'œil
du ſpectateur leur travail pénible ; & c'eſt là ce
qui auroit donné le dernier degré de perfection à
leurs ouvrages. Le plus grand effort dans toutes
les productions de l'art eſt de cacher la peine
qu'elles ont coûtée à rendre parfaites (1) : ce
n'étoit que par ce mérite (2) que ſe diſtinguoient
les ouvrages de Nicomaque.

Malgré la critique que j'ai faite des carnations
du chevalier Van-der-Werff, je ne le reconnois
pas moins pour un grand maître, dont les tableaux ornent, à juſte titre, les plus célèbres cabinets. Il faut cependant convenir qu'il ſemble
avoir cherché à faire ſes figures comme ſi elles
étoient d'un ſeul jet : toutes ſes touches ſont
comme fondues enſemble, & ſes teintes trop
moëlleuſes n'offrent, pour ainſi dire, qu'un ſeul
ton : de manière que ſes ouvrages paroiſſent plûtôt
émaillés que peints.

Cependant, me direz-vous, ſes tableaux font
plaiſir à voir ; j'en conviens, mais cela ne prouve
rien ſelon moi. Les têtes de vieillards de Denner
plaiſent auſſi : quel jugement néanmoins, croyez-
vous que la ſage antiquité en auroit porté ? Voici
ſans doute la critique que Plutarque auroit miſe
dans la bouche d'un Ariſtide ou d'un Zeuxis :
» Le peintre médiocre qui, par défaut de talent,

____

(1) Quintil. Inſt. Lib. IX. Cap. 4.
(2) Plutarch. Timoleon. p. 142.

» ne

» ne peut atteindre à la beauté, tâche d'y sup-
» pléer par des verrues & par des rides (1). «
On assure que Charles VI, ayant vu une tête de
Denner, en admira l'exécution finie & léchée,
& en demanda une seconde qu'il paya quelques
milliers de florins. L'empereur, qui étoit bon
connoisseur, fit placer ces deux tableaux à côté
de têtes de Van-Dyk & de Rembrant; & dit, à
ce qu'on assure, » qu'il avoit pris ces deux mor-
» ceaux de Denner pour avoir quelque chose de
» ce peintre; mais qu'il n'en voudroit pas da-
» vantage, quand même on les lui donneroit pour
» rien «. C'est le même jugement qu'en porta
un seigneur Anglois à qui on voulut vendre de
ces têtes de Denner : » Pensez-vous , fut sa ré-
» ponse, que ma nation estime les ouvrages de
» l'art dont le fini fait tout le mérite, sans que
» le génie y ait la moindre part ? «

Je fais suivre ce jugement sur les ouvrages de
Denner immédiatement après celui de Van-der-
Werff; non que je veuille faire la moindre comparaison entre ces deux maîtres, car Denner n'approche point du mérite de Van-der-Werff; mais
pour montrer, par l'exemple de ce premier, qu'un
tableau peut plaire sans qu'il ait pour cela un
mérite réel & reconnu, de même qu'un poëme
peut faire plaisir à la lecture , sans que cela
prouve qu'il soit bien écrit, quoique vous tâchiez
de prouver le contraire dans votre lettre.

____

(1) Plutarch. adul. & amici disc. p. 59. D.

M

Il ne suffit donc point qu'un tableau cause, au premier coup-d'œil, une surprise agréable ; il faut qu'on puisse le revoir toujours avec un nouveau plaisir ; tandis que les moyens que Denner a employés pour captiver les yeux, ne servent exactement qu'à nous rendre la vue de ses ouvrages insipide. On diroit que c'est pour le sens de l'odorat qu'il a travaillé ; puisque, pour bien connoître le mérite de ses tableaux, il est nécessaire de les porter sous le nez, comme si c'étoient des fleurs. On peut les comparer à ces pierres précieuses dont la moindre petite tache diminue infiniment le prix.

Il paroît donc que la plus grande prétention de ces peintres a été d'imiter scrupuleusement & servilement les plus petits accidens de la nature, & qu'ils ont craint de placer le moindre cheveu d'une manière différente qu'ils ne le voyoient. On peut les comparer aux disciples d'Anaxagore, qui croyoient trouver dans la main de l'homme le principe de la sagesse humaine. Mais lorsque ces artistes ont voulu se hasarder à faire de grandes choses, & particulièrement à peindre le nu, on a pu leur faire l'application de ce vers :

> Infelix operis summa, quia ponere totum
> Nesciet.   HOR.

Le dessin sera toujours pour le peintre, ce que l'action est, suivant Démosthène, pour l'orateur : la première, la seconde & la troisième qualité.

Je ne puis qu'approuver ce que vous dites, dans votre lettre, au sujet des bas-reliefs des anciens ; & c'est dans mon ouvrage même que vous critiquez, qu'on peut trouver mon sentiment sur cette matière. Le peu de connoissance que les anciens avoient de la perspective, & dont je parle à l'endroit indiqué, est le fondement sur lequel vous établissez le reproche que vous leur faites sur leur ignorance dans cette partie de l'art : je me propose d'écrire un traité particulier sur ce sujet.

Le quatrième point de votre lettre concerne particulièrement l'allégorie.

Dans la peinture, la fable est généralement connue sous le nom d'allégorie ; & quoique la poésie n'ait pas moins que la peinture l'imitation pour objet (1), il est néanmoins impossible de composer un poëme sans fable (2). Un tableau historique dans lequel le peintre se borneroit à la simple représentation d'un fait, ne seroit, pour ainsi dire, qu'un portrait ; & sans l'emploi de l'allégorie il faudroit le placer au rang du prétendu poëme de Gondibert, dans lequel Davenant a évité scrupuleusement tout ce qui tient à la fiction poétique.

Ne pourroit-on pas comparer le coloris & le dessin d'un tableau à l'harmonie & à la vérité ou au simple récit historique de la fable d'un poëme ? Le corps y est, mais l'ame manque. La fiction qui,

____

(1) Aristot. Rhet. Lib. I. Cap. 2. p. 61. edit. Lond. 1619. in-4°.
(2) Plato, Phæd. p. 46. l. 44.

comme l'a fort bien remarqué Aristote, est l'ame de la poésie, lui a été donnée pour la première fois par Homère ; & c'est par cette fiction aussi que le peintre doit donner de la vie à ses ouvrages. Une application constante suffit pour rendre un peintre grand coloriste & grand dessinateur ; & la perspective ainsi que la composition, prises dans l'acception qui leur est propre, sont de même fondés sur des principes fixes : par conséquent toutes ces parties de l'art ne sont que mécaniques ; & il ne faut, si je puis m'exprimer ainsi, que des ames matérielles pour admirer des ouvrages de cette espèce.

Tous les plaisirs en général, ceux même qui enlèvent à l'homme le bien le plus précieux, le tems, ne le flattent & ne l'occupent qu'à raison de ce qu'ils attachent plus ou moins son esprit. Les sensations purement matérielles ne font qu'effleurer l'ame, sans y laisser une impression durable : tel est le plaisir que nous cause la vue d'un tableau de paysage ou de nature morte. Pour juger de pareils ouvrages, il n'est pas nécessaire de faire de plus grands efforts d'esprit que n'en a employé l'artiste à les composer ; le simple amateur & l'ignorant même peuvent s'exempter de toute peine à cet égard.

Un tableau d'histoire qui représente les hommes & les objets tels qu'ils sont dans la nature actuelle, ne peut s'élever au dessus du simple paysage que par l'expression des diverses passions qui animent les personnages, mises en action sur la toile ; cependant ces deux différentes manières de représenter les choses ont pour base la même règle, savoir, l'imitation.

Peut-on dire que les limites de la peinture soient plus circonscrites que celles de la poésie, & que le peintre ne puisse pas suivre les traces du poëte, ainsi que le fait le musicien ? Or, la représentation d'un fait historique est l'objet le plus grand que le peintre puisse choisir : cependant la simple imitation de la nature ne suffit point pour mettre un tableau de ce genre au même rang que la tragédie & le poëme épique tiennent dans la poésie. Homère a fait des dieux des hommes, dit Ciceron (1) ; c'est-à-dire, que le poëte Grec a non-seulement embelli la vérité, mais que pour suivre l'essor sublime de son génie, il a préféré le sur-humain qui pouvoit paroître vraisemblable (2), à ce qui n'est que purement possible : c'est aussi en cela qu'Aristote fait consister l'essence de la poésie, & suivant lui les productions de Zeuxis avoient cette qualité sublime. Le possible & le vrai que Longin exige du peintre, au lieu de l'invraisemblable & de la fiction nécessaires dans les ouvrages de poésie, ne sont point en contradiction avec ce que je viens d'avancer.

Un contour au dessus de la nature commune

____

(1) Cicer. Tusc. Lib. I. Cap. 26.
(2) Aristot. Poet. Cap. 25.

M iij

& une noble expreſſion des paſſions, ne ſuffiſent pas pour donner à un tableau d’hiſtoire le dernier degré de perfection ; car on exige ces mêmes qualités d’un bon peintre de portraits ; & en effet il peut y atteindre ſans nuire à la reſſemblance de la perſonne qu’il peint. Le peintre d’hiſtoire & celui de portraits ſe bornent encore ici à l’imitation, & ne font par conſéquent que ſuivre la même route. On reproche même comme une petite imperfection à Van-Dyk, d’avoir copié trop ſcrupuleuſement la nature dans ſes têtes ; ce qui, dans un tableau d’hiſtoire, ſeroit un grand défaut.

La vérité, toujours aimable par elle-même, plaît davantage, & fait une impreſſion plus forte ſur notre ame quand elle nous eſt préſentée ſous le voile de la fable. Ce qui chez les enfans eſt connu ſous le nom de fable, en prenant ce mot dans le ſens le plus étroit, eſt ce que nous appelons l’allégorie pour les perſonnes d’un âge mûr. C’eſt ſous cette forme de l’allégorie que la vérité a été reçue avec tant de plaiſir, même dans les ſiècles les moins policés, en adoptant même l’ancienne opinion que la poéſie eſt la ſœur aînée de la proſe, ainſi que cela paroît en effet prouvé par les plus anciennes traditions de différens peuples.

D’ailleurs un défaut naturel de notre eſprit, c’eſt de n’être attentif qu’à ce qui lui paroît d’abord difficile à comprendre, & d’être indifférent & pareſſeux ſur tout ce qui eſt clair & intelligible. Voilà pourquoi les tableaux de cette dernière efpèce ne laiffent qu'une impreffion foible & momentanée dans notre fouvenir ; & c'eft par cette même raifon que les idées conçues dans notre enfance ne s'effacent, pour ainfi dire, jamais de notre efprit, parce qu'alors tout nous paroît fingulier & extraordinaire. La nature même nous apprend donc que les chofes communes ne font point faites pour nous émouvoir. L'art doit en ceci imiter la nature, dit un écrivain (1); & c'eft par ce moyen qu'on parvient au but qu'on fe propofe, qui eft de plaire & d'attacher.

Une idée devient plus expreffive & plus énergique quand elle fe trouve accompagnée & foutenue d'une férie d'autres idées, ainfi que dans les comparaifons; & plus l'analogie qu'il y a entre ces idées eft éloignée, & plus cette expreffion & cette énergie prennent de force : car, lorfque l'analogie entre les idées eft trop fenfible & trop frappante, telle que celle qu'il y a, par exemple, dans la comparaifon d'une peau blanche à la neige, elle perd toute fa beauté, & n'excite plus aucune furprife. Le contraire arrive par ce que nous appelons *efprit*, mais qu'Ariftote défigne fous le nom d'idées neuves, & que ce philofophe exige de l'orateur (2). Plus l'idée d'un tableau eft neuve & inattendue, plus l'impreffion que caufe ce tableau eft forte & durable; & c'eft

---

(1) Rhet. ad Herenn. Lib. III.
(2) Arift. Rhet. Lib. III. Cap. 2. §. 4. p. 180.

par l'allégorie que l'on y parvient. L'allégorie peut être comparée à un fruit caché fous les rameaux & fous les feuilles de l'arbre qui le porte , & dont la découverte nous fait d'autant plus de plaifir , que nous avons eu plus de peine à le trouver. Un petit tableau de chevalet peut devenir un chef-d'œuvre , à raifon de ce que les conceptions en font fublimes.

C'eft la néceffité même qui enfeigne l'allégorie aux artiftes. Dans le principe des arts on s'eft contenté fans doute de repréfenter fimplement & d'une manière ifolée les objets d'une même efpèce ; enfuite on a cherché à généralifer les idées, c'eft-à-dire , à exprimer à la fois les qualités de différens objets particuliers. Chaque qualité d'un objet particulier fournit une pareille idée ; mais pour rendre cette qualité fenfible, en faifant abftraction de l'objet même, il faut avoir recours à une image ou figure qui n'appartienne pas à tel objet en particulier, mais à plufieurs objets à-la-fois.

C'eft aux Egyptiens que nous devons l'invention de ces images, & leurs hiéroglyphes appartiennent a l'idée générale de l'allégorie. Prefque toutes les divinités de l'antiquité, particulièrement celles des Grecs, & jufqu'à leurs noms mêmes, font venus d'Egypte (1) : la mythologie n'eft qu'une allégorie fuivie, & c'eft auffi fur elle qu'eft fondée la plus grande partie de la nôtre.

(1) Herodot. Lib. II. Cap. 50.

Cependant la signification de plusieurs symboles
des Egyptiens, particulièrement de ceux qui ont
rapport à leur culte & à leurs divinités, dont
les Grecs ont conservé beaucoup, nous est aujourd'hui d'autant moins connue que leurs écrivains auroient pensé commettre u.1 sacrilège s'ils
avoient osé en parler (1); telle étoit, par exemple,
la grenade (2) que tenoit à la main la Junon
d'Argos. C'eût été un crime impardonnable que
de révéler les mystères de Cérès Eleusine (3).

Le rapport du signe symbolique avec la chose
qu'on vouloit indiquer par là, étoit aussi le plus
souvent fondé sur des qualités étrangères à l'objet
symbolique : de cette espèce étoit le scarabée que
les Egyptiens regardoient comme le symbole du
soleil, dans l'idée où ils étoient qu'il n'y a point
de femelles parmi ces insectes (4), & qu'ils habitent pendant six mois dans le sein de la terre
& pendant six autres mois à sa surface. Suivant
ce même peuple, le chat étoit l'image symbolique d'Isis ou de la Lune, à cause qu'ils prétendoient avoir remarqué (5) que cet animal faisoit autant de jeûnes qu'il y a de jours dans un
mois lunaire.

____

(1) Herodot. Liv. II. C. 3. C. 47. Conf. Liv. II. C. 61. Pausan.
Liv. II. p. 71. l. 45. p. 114 l. 57. Liv. V. p. 317. l. 6.

(2) Pausan. Lib. II. Cap. 17 p. 148. l. 24.

(3) Arrian. Epict. Lib. III. Cap. 21. p. 439. edit. Eupton.

(4) Plutarch. de Isid. & Osir. p. 355. Clem. Alex. Strom. Lib. V.
p. 677. 58. edit. Potteri. Ælian. Hist. Anim. Lib. X. Cap. 15.

(5) Plutarch. loco cit. p. 376. Aldrovand. de quadrup. digit.
vivipar. Lib. III. p. 574.

Les Grecs qui avoient plus d'efprit, & fans contredit plus de fenfibilité que les Egyptiens, ne prirent d'eux que les fignes hiéroglyphiques qui avoient un rapport fondé & naturel avec la chofe indiquée, & fur-tout ceux qui tombent fous les fens. Ils donnèrent, en général, une forme humaine à leurs dieux (1). Chez les Egyptiens les aîles fignifient un fecours prompt & efficace : ce fymbole eft dans la nature de la chofe ; aufli les Grecs firent-ils ufage de cette même allégorie pour le même fujet ; & toutes les fois que les Athéniens ont repréfenté la Victoire fans aîles, ce fut dans l'idée que par ce moyen elle ne pourroit s'envoler ailleurs, ni les quitter (2). Une oie étoit chez les Egyptiens le fymbole de la vigilance des magiftrats (3) ; c'eft par la même raifon qu'ils donnoient la forme d'une oie à la proue de leurs vaiffeaux : les Grecs confervèrent cette figure allégorique, & l'éperon des vaiffeaux des anciens fe terminoit en forme de cou d'oie (4).

Le fphinx eft peut-être de toutes les figures allégoriques qui n'ont point d'analogie avec leur fignification, la feule que les Grecs aient reçue

____

(1) Strabo. Lib. XVI. p. 760. al. 1104.

(2) Paufan. Lib. III. p. 245. l. 21.

(3) Kircher. Œdip. Æg. Tom. III. p. 64. Lucian. Navig. 8. Votum. Cap. 5. Bayf. de re naval. p. 130. edit. Baf. 1537. in-4°.

(4) Schæffer. de re naval. Lib. III. Cap. 3. p. 196. Pafferii Lucern. Tom. II. tab. 93.

des Egyptiens. Cette figure fignifioit chez les premiers à-peu-près la même chofe que chez les derniers, quand elle étoit placée devant l'entrée de leurs temples (1). Les Grecs donnèrent des aîles à leur fphinx, & lui laiffèrent prefque toujours la tête nue, fans voile (2); on voit néanmoins fur une médaille d'Athènes un fphinx qui porte cet ornement (3).

C'étoit, pour ainfi dire, un ufage général chez les Grecs de donner à leurs figures un air ouvert & un caractère agréable : les Mufes fuient les fpectres hideux. Lors même qu'Homère met des allégories Egyptiennes dans la bouche de fes dieux, ce n'eft toujours qu'en fe fervant du fubterfuge d'un *on dit*; & quoiqu'on ne puiffe nier que la peinture que le poëte Pampho, qui vécut avant Homère, nous fait de fon Jupiter (4) enveloppé de fumier de cheval, foit plus qu'Egyptienne, il faut convenir cependant qu'elle approche en quelque forte de l'idée fublime de Pope :

As full, as perfect in a hair as heart,
As full, as perfect in vile man that mourns,
As the rapt feraph that adores and burns.

Il feroit difficile, je penfe, de trouver fur une médaille Grecque un fymbole pareil à celui d'un

---

(1) Lactant. ad v. 255 Lib. VII Thebaïd.

(2) Beger. Thef. Palat. p. 234. Numifm. Mufell. Reg. & Pop. tab. 8.

(3) Haym, Teforo Brit. Tom. I. p. 168.

(4) Ap. Philoftr. Heroic. p. 693.

ferpent entortillé autour d'un œuf (1) , qu'on
voit fur une médaille de la ville de Tyr du troifième fiècle. Aucun monument Grec n'offre de
figures ou de fymboles funeftes : ce peuple évi-
toit avec plus de foin encore de pareils objets,
qu'il ne fe gardoit de prononcer certains mots
qu'il croyoit finiftres. L'image de la mort (2) ne
fe trouve, autant que je le fache, que fur une
feule pierre antique (3), & cela encore fous la
forme fous laquelle les anciens avoient coutume
de la repréfenter à leurs feftins (4) ; c'eft-à-dire,
pour s'exciter, par le fouvenir de la briéveté de
la vie, à en rendre tous les momens agréables par
les plaifirs. L'artifte y a repréfenté la Mort danfant
au fon d'une flûte. Sur une autre pierre gravée (5)
qui porte une infcription latine, on voit un fque-
lette avec deux papillons , emblêmes de deux
ames ; dont l'un eft pris par un oifeau, pour in-

---

(1) Vaillant Numifm. Colon. Rom. Tom. II. p. 136. Conf. Bianchini Iftor. Univ. p. 74.

(2) M. Winckelmann cite, dans fon *Effai fur l'Allégorie*, deux urnes
de marbre fur lefquelles on voit des fquelettes : l'une eft dans la *villa
Médicis*, & l'autre dans le collège Romain, à Rome. Spon fait mention
d'une autre, mais elle ne fe trouve plus à Rome. M. Winckelmann
parle auffi de deux pierres gravées du cabinet de Stofch (p. 517)
fur lefquelles l'on voit la même image. Leffing a donné , en allemand,
une *Differtation fur la manière allégorique dont les anciens ont repréfenté la Mort*. On peut confulter auffi fur ce fujet la *Defcription
des Pierres gravées de M. le Duc d'Orléans. Tom. I. p. 167. & fuiv*,
qui fe vend chez Barrois l'aîné. *Note du Traducteur*.

(3) Muf. Flor. Tom. I. tab. 91. p. 175.

(4) Petron. Satyr. Cap. 34.

(5) Spon, Mifcell. Sect. I. tab. 5.

diquer la métempſycoſe de l'ame : le travail de
cette pierre eſt d'un tems moins reculé.

On a remarqué auſſi (1), que quoique les anciens euſſent conſacré des autels à toutes les divinités, les Romains & les Grecs n'en ont cependant jamais élevé aucun à la Mort, ſi ce n'eſt aux
bornes du monde connu de ce tems-là (2).

Dans le tems de leur grandeur, les Romains
eurent ſur ces objets les mêmes idées que les
Grecs ; & comme ils avoient adopté les hiéroglyphes d'une nation étrangère, ils ont ſuivi auſſi
les principes de leurs maîtres. L'éléphant que dans
des tems plus modernes (3) les Egyptiens prirent
pour un ſymbole des myſtères de leur religion,
(car ſur les plus anciens monumens qui nous reſ-
tent de ce peuple, on trouve auſſi peu la figure
de cet animal (4) que celle du cerf, de l'au-
truche & du coq), ſervoit à ſignifier (5) différentes idées (6), & entre-autres ſans doute celle
de l'éternité (7), que repréſente la figure de cet

(1) In extremis Gadibus. v. Euſtath. ad Il. l. p. 744. l. 4. edit.
Rom. Idem ad Dionyſ. περιηγ. ad v. 453. p. 84. edit. Oxon. 1712.

(2) C'eſt ſans doute du peuple de Gades, aujourd'hui Cadix, dont
il eſt ici queſtion. Voyez *Philoſtrate. Vit. Apollon. Lib. V. Cap. 4.*
Leſſing combat cependant cette idée. *Note du Traducteur.*

(3) Kircher, Œdip. Tom. III. p. 555. Cuper. de Elephant.
Exercit. I. Cap. 3. p. 32.

(4) Kircher, Œdip. Ægypt. Tom. III. p. 555.

(5) Horapollo Hierogl. Lib. II. Cap. 84.

(6) Cuper. loco cit. Spanheim, Diſſ. Tom. I. p. 169.

(7) Agoſt. Dialog. II. p. 68.

animal sur quelques médailles Romaines, à cause de sa longévité reconnue. Il y a des médailles de l'empereur Antonin qui portent un éléphant avec le mot *Munificentia* pour inscription , où il ne peut néanmoins avoir rapport qu'aux grands jeux publics, dans lesquels on avoit coutume de faire paroître ces animaux.

Mais il est aussi peu de mon sujet de faire ici des recherches sur l'origine des figures allégoriques des Grecs & des Romains, que d'écrire une dissertation sur l'allégorie même. Je ne veux que justifier ce que j'en ai dit dans mon ouvrage, & prouver que les figures allégoriques sous lesquelles les Romains & les Grecs ont caché leurs idées, méritent de faire l'étude des artistes, de préférence aux symboles des autres peuples de l'antiquité, & des iconologies aussi mal conçues que mal digérées de quelques écrivains modernes.

Quelques exemples suffiront pour nous prouver quelle étoit à cet égard la manière de penser des artistes Grecs & des bons artistes Romains, & de quelle manière il est possible de rendre des idées purement abstraites par des images sensibles. Plusieurs figures symboliques des médailles, des pierres gravées & d'autres monumens de ces deux peuples, ont leur signification reçue & déterminée ; celle de quelques autres, qui sont les plus singulières, n'est pas encore généralement adoptée, & mériteroit néanmoins autant de l'être que celle des premières.

On pourroit ranger en deux claffes les figures allégoriques des anciens, & les diftinguer en haute allégorie & en allégorie familière ou commune, ainfi qu'on peut le faire, généralement parlant, de la peinture. Les allégories de la première efpèce font celles qui renferment le fens myftérieux de la fable & de la mythologie des anciens & de leur philofophie : on pourroit y joindre auffi quelques-unes de celles qui ont rapport à des ufages myftérieux & peu connus de l'antiquité.

La feconde claffe comprend les allégories dont la fignification eft connue, telles que celles des vertus, des vices, &c.

Ce font les allégories de la première efpèce qui donnent aux ouvrages de l'art la vraie grandeur épique; & une feule figure fuffit pour cela : plus cette figure comprend en elle différentes idées, plus elle eft fublime; & plus elle donne de prife à l'efprit, plus auffi l'impreffion qu'elle laiffe eft profonde, & par conféquent plus elle devient fenfible.

Pour faire connoître qu'un enfant étoit mort dans les premières années de fa vie, les anciens repréfentoient un enfant (1) enlevé dans les bras de l'Aurore; idée heureufe fans doute, & qu'ils devoient probablement à la coutume d'inhumer les corps des jeunes perfonnes à la pointe du jour. On connoît affez les idées communes &

____

(1) Homer. Odyff. *. v. 121. Conf. Heraclid. Pontic. de Allegoria Homeri, p. 492. Meurf. de Funere. Cap. 7.

barroques des artistes de nos jours dans la représentation de pareils sujets.

La vivification du corps au moment que l'ame
y entre, idée des plus abstraites, les anciens ont
su la rendre sensible par une allégorie aussi agréable que poétique. Un artiste ordinaire se serviroit
sans doute, pour indiquer ce sujet, de la représentation connue de la création. Mais ce tableau
ne seroit que celui de la création même ; d'ailleurs ce seroit une espèce de sacrilège que de
faire servir un sujet de l'Ecriture sainte pour en-
velopper une idée purement philosophique & humaine ; outre qu'elle ne seroit pas assez poétique
pour l'art. Cette idée, cachée sous les images symboliques des plus anciens philosophes & poëtes,
se trouve sur des médailles (1) & des pierres gravées (2) : on y voit Prométhée formant l'homme
d'argile (dont on montroit encore, du tems de
Pausanias (3), de grandes masses pétrifiées dans
la Phocide) ; & sur la tête de cette figure Minerve tient un papillon, qui est, comme on sait,
le symbole de l'ame. Sur la médaille d'Antonin,
que nous avons citée plus haut, il y a derrière
la Minerve un arbre autour duquel est entortillé
un serpent, qu'on regarde comme une figure
allégorique de la sagesse & de la prudence de
ce prince.

(1) Venuti Num. max. moduli, tab. 25. Romæ, 1739. fol.
(2) Bellori, admiranda, fol. 80.
(3) Pausan. Lib. X, p. 806, l. 16.

N

Il faut convenir que comme la fignification de plufieurs allégories des anciens n'eft fondée que fur de fimples conjeĉtures , il eft difficile de les employer à propos. On a prétendu , par exemple, que la figure d'un enfant , qui pofe un papillon fur un autel, eft le fymbole d'une amitié (1) qui ne va que jufqu'à l'autel, c'eft-à-dire, qui ne paffe point les bornes de la juftice. Sur une autre pierre gravée on voit un amour qui tâche de tirer à lui la branche d'un vieil arbre (fymbole de la fageffe), fur laquelle eft perché un oifeau qu'on croit être un roffignol : cette allégorie repréfente, dit-on (2), l'amour de la fageffe. Eros, Himeros & Pathos étoient des figures qui, chez les anciens, repréfentoient l'Amour, la Volupté & le Defir : ces trois figures emblématiques, on croit les retrouver fur une pierre gravée (3). Elles y font rangées autour d'un autel fur lequel brûle le feu facré. L'Amour eft placé derrière l'autel, de manière qu'on ne voit que la tête de cette figure ; la Volupté & le Defir font aux deux côtés de l'autel : la première ne pofe qu'une feule main dans les flammes, & tient de l'autre une guirlande ; mais la dernière porte les deux mains à la fois dans le feu.

Une Victoire qui couronne une ancre, fur une médaille du roi Séleucus, a été regardée comme

____

(1) Licet. Gemm. Anul. Cap. 48.

(2) Beger, Thef. Brand. Tom. 1, p. 182.

(3) Idem, p. 251.

N

une figure symbolique de la paix, jusqu'à ce qu'on en eût enfin découvert la véritable signification. Séleucus apporta, en naissant, sur son corps un signe (1) qui avoit la forme d'une ancre ; & c'est ce signe que non-seulement ce roi, mais tous les Séleucides (2) ses successeurs, firent mettre sur leurs monnoies, comme une marque de leur origine.

L'explication qu'on donne d'une Victoire (3) avec des aîles de papillon, me paroît assez vraisemblable : on pense que cette figure représente un héros qui, tel qu'Epaminondas, par exemple, est mort en triomphant. On voyoit à Athènes (4) une statue & un autel de la Victoire sans aîles, pour faire connoître le bonheur constant que les Athéniens avoient eu à la guerre. Une Victoire enchaînée auroit pu offrir la même idée ; & telle étoit celle du dieu Mars aux fers (5), qu'on voyoit à Sparte. Ce n'est sans doute point non plus sans quelque raison qu'on a donné à Psyché l'espèce d'aîles qui lui sont particulières, quoiqu'elle devroit avoir celles de l'aigle : il se peut que ces aîles soient l'emblême de l'ame des héros que la mort a frappés. Cette conjecture seroit du moins recevable, si une Victoire enchaînée aux trophées

(1) Justin. Lib. XV, Cap. 4 , p. 412. edit. Gronov.
(2) Spanh. Diff. Tom. I, p. 407.
(3) Ap. D. C. de Mœzinsky.
(4) Pausan. Lib. V, p. 447, l. 22.
(5) Pausan. Lib. I, p. 52, l. 4.

d'armes de peuples vaincus , pouvoit être prise pour le vainqueur de ces peuples.

Ce n'eſt que dépouillée de ſes plus riches tréſors, que la haute allégorie des anciens eſt parvenue juſqu'à nous : elle eſt pauvre en comparaiſon de l'allégorie commune. Celle-ci emploie rarement plus d'une figure ou image pour rendre une idée. On en voit néanmoins deux différentes ſur deux médailles de Commode , qui ſont deſtinées à faire connoître la félicité du règne de cet empereur (1). La première eſt une femme aſſiſe ſous un arbre verdoyant ; de la main droite elle tient une pomme ou boule ; & une coupe de la main gauche ; devant cette figure il y a trois enfans, dont deux ſont placés dans le vaſe ou le calice d'une fleur, ſymbole ordinaire de la fertilité. L'allégorie de la ſeconde médaille conſiſte en quatre enfans, qui repréſentent les quatre ſaiſons de l'année par les choſes qu'ils tiennent. L'exergue de ces deux médailles porte pour inſcription ces mots ; » La Félicité des tems «.

Ces allégories & toutes celles qui ont beſoin d'une inſcription pour en faire comprendre le ſens, ſont d'un genre médiocre dans leur eſpèce ; & quelques-unes ſeroient ſans cela ſuſceptibles d'une autre interprétation. L'Eſpérance (2) & la Fertilité (3)

----

(1) Morel. Specim. rei num. tab. 12, p. 132. Conf. Spanh. ep. 4. ad Mor. ep. 247.

(2) Spanh. Diff. Tom. I, p. 154.

(3) Spanheim, Obſerv. ad Juliani Imp. Orat. I, p. 282.

pourroient être prifes pour les figures d'une Cérès,
& la Noblesse pour une Minerve (1). La Lon-
ganimité (2) & la muse Erato des médailles de
l'empereur Aurélien, font aussi difficiles à reconnoître, faute des signes caractéristiques qui peuvent en faire comprendre le sens ; & les Parques
ne font distinguées des Graces que par leur draperie (3). Il y a néanmoins d'autres idées qui dans
la morale ont des bornes qu'il est impossible, pour
ainsi dire, de fixer ; telles font celles de la Justice
& de l'Equité, que les anciens artistes ont su fort
bien distinguer l'une de l'autre. La première est
représentée fous la figure d'une femme d'une physionomie austère (4), dont les cheveux font re-
levés par un diadême, ainsi qu'Aulu-Gelle nous
l'a dépeinte (5). L'Equité, au contraire, a un air
agréable & les cheveux flottans. De la balance que
tient cette dernière figure, il s'élève des épis de
bled ; quelquefois on lui voit une corne d'abondance à la main gauche (6).

Parmi les allégories dont la signification est ex-
pressive & forte, peut être placée celle de la Paix
qui est fur une médaille de l'empereur Titus : la
déesse de la Paix s'appuie du bras gauche fur une
colonne ; de la même main elle tient une branche

____

(1) Montfaucon, Antiq. Expliq. Tom. III.
(2) Morel specim. rei num. tab. 8. p. 92.
(3) Artémidor. Oneirocr. Lib. II, Cap. 49.
(4) Agost. Dialog. II, p. 45. Roma, 1650. fol.
(5) Noct. Att. Lib. XIV, Cap. 4,
(6) Triftan. Comment. histor. des Empereurs, Tom. I, p. 297.

d'olivier, & de la droite un caducée de Mercure au deſſus de la cuiſſe d'une victime poſée ſur un petit autel. Cette eſpèce d'hoſtie (1) ſert à indiquer que la Paix ne veut point de ſacrifice ſanguinaire : c'étoit au dehors du temple de cette déeſſe qu'on immoloit les victimes , & l'on ne portoit ſur ſon autel que les cuiſſes, afin de ne le point ſouiller de ſang.

La Paix eſt ordinairement repréſentée tenant une branche d'olivier & un caducée de Mercure ; c'eſt de cette manière qu'on la voit ſur une médaille (2) du même empereur ; ou aſſiſe ſur un ſiége placé ſur un amas d'armes & de trophées, ainſi qu'on la voit ſur une médaille de Druſus (3).

____

(1) » Vous ſaurez encore, (dit Ovide dans ſon premier livre des Faſtes) » que le nom de *Victime* eſt donné à l'animal immolé, » parce qu'il tombe ſous la main du vainqueur. Celui d'*Hoſtie* vient » des ennemis vaincus «.

Victima, quæ dextrâ cecidit victrice, vocatar :
Hoſtibus à domitis hoſtia nomen habet.

Sur quoi M. Bayeux, qui nous a donné une belle traduction des Faſtes, avec des notes fort ſavantes, remarque qu'Iſidore de Séville confirme ces étymologies, & dit qu'on appeloit proprement *Hoſtie*, l'animal que l'empereur ou le général de l'armée immoloit avant que d'aller contre l'ennemi, afin de ſe rendre les dieux favorables ; dérivant avec Feſtus, le mot *hoſtia*, de *hoſtis*, & de *hoſtire*, *frapper*. Le mot *victime*, ſelon le même auteur, vient du ſacrifice que le général faiſoit aux dieux après la victoire remportée ſur l'ennemi, *à victis & profligatis hoſtibus*. Dans la ſuite ces deux mots ſe trouvèrent confondus. L'on y fit cependant cette différence, ajoute M. Bayeux, que le mot *victime* ſe prenoit pour le gros bétail, & le mot *hoſtie* pour les brebis, les oiſeaux, &c. *Note du Traducteur*.

(2) Numiſm. Muſell. Imp. R. tab, 38.

(3) Ibid. tab. 11.

Quelques médailles (1) de Tibère & de Vespasien
représentent la Paix occupée à brûler des armes (2).

Une médaille de l'empereur Philippe offre une
fort belle allégorie : c'est une Victoire endormie.
Elle semble néanmoins plus applicable à la sécu-
rité qu'inspire la Victoire, qu'à la confiance qu'on
peut prendre dans les hommes ; sujet que doit
représenter cette allégorie, suivant l'inscription de
l'exergue. C'est une semblable idée que contenoit
le tableau par lequel on voulut reprocher à Timo-
thée, général des Athéniens, un aveugle bonheur
dans les victoires qu'il avoit remportées. On y
voyoit représenté ce chef plongé dans le som-
meil (3), tandis que la Fortune prenoit des villes
dans ses rêts.

A cette même classe d'allégories, appartient
aussi le groupe du Nil avec ses seize enfans (4),
qu'on voit au Belvédère à Rome, & dont il y

____

(1) Ibid. tab. 29. Erizzo Dichiarat. di medagl. ant. Part. II, p. 139.

(2) On voit dans Patin (*Numis. Imp. Rom.*) une médaille d'Othon
& une de Vespasien, dont le type est une femme vêtue d'une longue
robe, tenant d'une main une poignée d'épis, & de l'autre une corne
d'abondance, avec ces mots : *Candida Pax.* Sur un grand nombre
de médailles Grecques, la Paix ou *Εἰρήνη* est représentée avec les
symboles de Cérès. Sur une médaille d'Agrippine, épouse de Claude,
on voit une tête de femme couronnée d'épis, & ayant deux autres
épis qui sortent de son sein. La légende porte ΕΙΡΗΝ. L (*anno*) IB
(XII). Sur une médaille de Titus, une femme tient des épis de la
main droite & un caducée de la gauche avec la même légende. *Cette
note est tirée aussi de la traduction des Fastes d'Ovide par M. Bayeux,
qu'on trouve chez Barrois l'aîné.*

(3) Plutarch. Syll, p. 50, 51.

(4) Conf. Philostr, Imag. p. 737.

a une copie au jardin des Tuileries à Paris. L'enfant qui est d'une hauteur égale à celle des épis de bled & des fruits de la corne d'abondance du Nil , est le symbole d'une grande fertilité ; tandis que les enfans qui dépassent cette corne d'abondance & les fruits qui en sortent, représentent la stérilité & la difette. Pline nous donne l'explication (1) de cette allégorie : » Si la crue » du Nil ne passe pas douze coudées, on est sûr » qu'il y aura famine en Egypte ; comme aussi » lorsque sa crue passe seize coudées «.

Dans la collection de Rossi on a jugé à propos d'omettre ces enfans dans la gravure qu'on y donne de cette statue du Nil.

Quant aux allégories satyriques, elles doivent entrer aussi dans cette seconde classe. Telle est, par exemple, celle de l'âne de Gabrias (2), qui portoit la statue d'Isis, & qui s'arrogeoit les honneurs qu'on rendoit à l'image de cette déesse : peut-on représenter d'une manière plus sensible & plus énergique l'orgueil du peuple qui rampe sous les grands ?

On pourroit suppléer à ce qui manque à la haute allégorie par la commune, si celle-ci n'avoit pas eu le même sort que la première. Nous ne savons plus, par exemple, de quelle manière on a représenté Pitho ou la déesse de la Persua-

______

(1) Plin. Hist. Nat. Liv. XVIII, Chap. 18. trad. de M. Poinsinet de Sivry. Agost. Dialog. III, p. 104.

(2) Gabriæ , Fab. p. 169. in Æsop. fab. Venet. 1709. in-8°.

fion , ni comment Praxitèle a peint Parégore ,
déeffe de la Confolation, dont parle Paufanias (1).
L'Oubli (2) avoit un autel à Rome ; & cette idée
abftraite y étoit peut-être auffi perfonnifiée. Cela
nous fait penfer à la Chafteté, dont on trouve
l'autel fur quelques médailles (3), ainfi que celui
de la Peur (4), à laquelle Théfée a facrifié.

Quoi qu'il en foit, les artiftes modernes ont
négligé, jufqu'à préfent, de raffembler pour leur
ufage les allégories des anciens qui nous font
parvenues , parmi lefquelles il y en a plufieurs
dont la fignification nous eft inconnue ; d'ailleurs
les poëtes & les anciens monumens nous offrent
de précieux matériaux pour l'allégorie. Ceux qui
de nos jours & du tems de nos pères ont voulu
enrichir cette fcience , & qui ont cherché à inftruire & à éclairer les artiftes, auroient dû puifer
à des fources auffi pures & auffi fécondes. Il y eut
néanmoins une époque où la tourbe des favans
fe ligua avec une véritable fureur contre le bon
goût. Le vrai & le naturel ne parurent à leurs
yeux que fimplicité puérile, & ils crurent devoir
mettre par-tout de l'efprit. On les vit fe difputer
à l'envi la gloire d'inventer des devifes & des
emblêmes non-feulement pour les artiftes, mais
encore pour les philofophes & pour les théolo-

______

(1) Paufan. Lib. I, Cap. 43, p. 105. l. 7.
(2) Plutarch. Sympof. Lib. IX, Queft. 6.
(3) Vaillant, Numifm. Imp. Tom. II, p. 135.
(4) Plutarch. Vit. Thef. p. 26.

giens ; & il n'y eut plus de bonne fête fans allégories, qu'on chercha à rendre plus ou moins
inftruƈives par des infcriptions qui fervoient à en
expliquer le fens ou à faire connoître ce qu'elles
ne devoient point fignifier. Tels font les tréfors
pour la découverte defquels on fouille encore ;
or, comme cette fcience étoit devenue une efpèce de mode, on oublia entièrement l'allégorie
des anciens.

La Libéralité (1) étoit repréfentée par les anciens fous la figure d'une femme qui d'une main
tient une corne d'abondance, & de l'autre une
table de congiaire Romain (2). Cette Libéralité
Romaine parut fans doute trop fobre & trop éco-
nome ; l'on en imagina une autre (3) à laquelle
on donna à chaque main une corne d'abondance,
dont l'une même eft renverfée, afin qu'elle ré-
pande mieux les richeffes qu'elle contient. On lui
mit auffi fur la tête un aigle, dont j'ignore abfolument la fignification. D'autres (4) ont préféré de
donner à la Libéralité un vafe dans chaque main.

---

(1) Agoft. Dialog. II , p. 66, 67. Numifm. Mufell. Imp. Rom.
tab. 115.

(2) Sur les médailles Romaines, la *Libéralité* porte une tablette
carrée, piquée d'un certain nombre de points qui indiquent la quantité ou de grains, ou de vin, ou d'argent que l'Empereur donnoit.
Une médaille de Pertinax nous offre la *Libéralité* tenant d'une main
la corne d'abondance, & de l'autre cette tablette, où font marqués
différens nombres. Sur une médaille d'Adrien elle répand une corne
d'abondance. *Note du Traduƈeur.*

(3) Ripa, Iconol. n°. 87.

(4) Thefaur. de arguta diƈ.

L'Eternité (1) étoit chez les anciens repréfentée affife fur une boule, ou plutôt fur une
fphère, tenant une lance à la main ; ou elle étoit
debout, ayant la boule dans une main (2), & reffembloit d'ailleurs à la première ; quelquefois auffi
on lui voit un voile flottant autour de la tête (3).
C'eft fous ces différentes formes que l'Eternité eft
repréfentée fur les médailles de l'impératrice Fauf-
tine. Les allégoriftes modernes ont regardé cet
emblême comme trop fuperficiel & trop fimple :
ils (4) nous en ont donné une image auffi terrible que l'éternité même l'eft pour la plupart du
monde ; favoir, un monftre dont le bufte, jufqu'à
la poitrine, eft d'une femme qui dans chaque
main tient une boule ; le refte du corps eft formé
d'une queue de ferpent parfemée d'étoiles, laquelle forme un cercle en fe repliant fur elle-
même.

La Prévoyance (5) eft ordinairement repréfentée avec une boule à fes pieds, & tenant une
lance à la main. Sur une médaille de l'empereur
Pertinax (6), cette vertu tient une main étendue
vers une boule qui femble tomber du ciel. Les
modernes fe font imaginés qu'une femme avec

---

(1) Numifm. Mufell. Imp. Rom. tab. 107.

(2) Ibid. tab. 106.

(3) Ibid. tab. 105.

(4) Ripa, Iconol. Part. I, n°. 53.

(5) Agoft. Dial. p. 57. Numifm. Mufell. loco cit. tab. 68.

(6) Agoft. loco cit.

deux vifages (1) feroit un emblême plus fpirituel & plus fignificatif.

Quelques médailles de l'empereur Claude nous repréfentent la Conftance affife ou debout (2), ayant le cafque en tête & une lance à la main gauche. Quelquefois auffi cette vertu eft fans cafque & fans lance ; mais elle tient toujours l'index élevé vers le vifage dans l'attitude d'une perfonne plongée dans une profonde réflexion. Chez nos modernes, cette allégorie n'a pu fub-fifter fans l'addition d'une colonne (3).

Il me femble que Céfar Ripa s'eft trouvé fouvent lui-même embarraffé à expliquer fes allégo-ries : la figure de la Chafteté tient chez lui (4) d'une main une difcipline (laquelle, pour le dire en paffant, eft un inftrument peu propre à ex-citer à la continence), & de l'autre un crible. Il eft à croire que l'auteur dont Ripa a pris cet emblême a voulu défigner par là la veftale Tuccia ; mais notre iconologifte, à qui cette idée n'eft pas entrée dans l'efprit, en a donné une explication fi forcée qu'elle ne mérite point qu'on la réfute.

Qu'on ne penfe néanmoins pas, d'après ce que je viens de dire, que mon intention foit de difputer à notre fiècle la gloire de pouvoir in-

_____

(1) Ripa, Iconol. Part. I, n°. 135.

(2) Agoft. Dialog. II, p. 47.

(3) Ripa, Iconol. Part. I, n°. 31.

(4) Ibid. Part. I, n°. 25.

venter de nouvelles figures allégoriques ; il faudroit seulement que ceux qui se proposent de courir cette carrière , se fissent quelques principes d'après les différentes manières de voir les choses.

Jamais les Grecs ni les Romains ne se sont écartés de la noble simplicité ; mais Romain de Hoogh a cru devoir prendre une route exactement contraire dans ses *Monumens des nations anciennes.* On peut appliquer à plusieurs idées de cet écrivain ce que Virgile dit de l'orme qu'il place dans l'enfer :

Hanc sedem somnia vulgò
Vana tenere ferunt, foliisque sub omnibus hærent.

ÆNEID. VI.

Les anciens avoient l'art de rendre leurs allégories faciles à comprendre, en employant des signes qui y fussent propres & qui ne pussent pas être appliquées à d'autres idées , à l'exception néanmoins de quelques-unes, dont nous avons parlé plus haut ; & c'est d'après leur exemple qu'il faudroit éviter cette ambiguité qu'offrent les allégories des modernes (1), chez qui le cerf sert tout à-la-fois à représenter le baptême, la vengeance , le remord & l'adulation ; & qui prennent le cèdre pour le symbole d'un prédicateur & des vanités du monde, d'un savant & d'une femme morte en couche.

____

(1) *Voyez* Picinelli, Mund. Symb.

La fimplicité & la clarté accompagnoient toujours chez les anciens une certaine convenance.
Le porc, qui chez les Egyptiens étoit l'emblême
d'un fcrutateur des fecrets de la nature (1), auroit été regardé , ainfi que tous les porcs que
Ripa & les autres modernes ont employés dans
leurs allégories, comme des figures malféantes ;
fi ce n'eft dans les cas où cet animal fervoit de
fymbole de la ville , ainfi qu'on le voit fur les
médailles d'Eleufis (2).

Enfin , les anciens avoient foin que la chofe
repréfentée eût toujours un rapport éloigné avec
le figne repréfentatif. Outre ces règles , il feroit
néceffaire de fe faire une loi de choifir , autant
qu'il eft poffible , des allégories dans la mythologie & dans l'hiftoire ancienne.

On a repréfenté, par exemple, fous l'emblême
de Caftor & de Pollux (3) , deux frères de la
maifon de Barbarigo, qui ont fuccédé immédiatement l'un à l'autre dans la dignité de Doge de
Venife (4). On fait que , fuivant la fable, Pollux

---

(1) Shaw , Voyag. Tom. I.

(2) Haym, Teforo Brit. Tom. I, p. 219. Ce même type fe trouve
auffi fur une cornaline du Cabinet de Stofch, où l'on voit un porc
au deffus duquel eft une maffue d'Hercule , devant lui un coq qui
tient un épi de bled à fon bec , & derrière lui un caducée. On peut
confulter la note *bbb*, du premier livre de la Traduction des *Faftes
d'Ovide* par M. Bayoux , où l'on trouvera des recherches curieufes
fur le facrifice qu'on faifoit du porc à Cérès & à quelques autres
divinités. *Note du Traducteur.*

(3) Egnatius, de exempl. illuftr. Viror. Venet. Lib. V, p. 133.

(4) Numifm. Barbarig. gent. n°. 37. Padova, 1732. fol.

partagea avec fon frère Caftor l'immortalité que
Jupiter n'avoit accordée qu'à lui feul ; & dans l'allégorie, Pollux, comme fucceffeur de fon frère
mort avant lui, & qui eft repréfenté par une tête
de mort, lui préfente un ferpent qui eft le fymbole de l'éternité ; ce qui fert à indiquer que le
frère mort fe trouvoit immortalifé par le gouvernement de celui qui vivoit, ainfi que celui-ci
s'étoit rendu lui-même immortel. Sur le revers
d'une médaille imaginaire qu'on trouve dans un
recueil d'emblêmes, on voit un arbre duquel
tombe une branche arrachée, avec cette infcription tirée de l'Eneïde de Virgile :

Primo avulfo, non deficit alter.

Une médaille de Louis XIV offre une allégorie qui mérite d'être citée ici. Cette médaille (1)
fut frappée lorfque le duc de Lorraine, qui s'étoit
rangé alternativement du parti de la France & de
l'Autriche, fe vit obligé de quitter fes états, après
la prife de Marfal. Le duc eft repréfenté fous la
figure de Protée, lorfque Ménélaüs le vainquit
par artifice, & le garotta, après qu'il eut pris toutes
les formes poffibles ; dans le fond on voit Marfal,
& l'année de la reddition de cette place eft marquée fur l'exergue. Cette infcription : *Protei artes
delufæ*, fert d'explication à l'allégorie, qui n'en
avoit pas befoin.

Pour exemple de l'allégorie commune, on peut

______

(1) Médailles de Louis le Grand, année 1663. Paris, 1702. fol.

citer la Patience ou plutôt le Defir paffionné, fous la figure d'une femme qui, les deux mains jointes, confidère attentivement une clepfydre (1).

Jufqu'à préfent aucun de nos inventeurs d'allégories à l'ufage des artiftes, n'a puifé dans les feules fources de l'antiquité; & dans toute l'Iconologie de Ripa, il n'y a que deux ou trois allégories qui foient paffables:

Apparent rari nantes in gurgite vafto;

& dont le Travail mal employé ou la Peine perdue (2), repréfenté par un More qui fe lave, eft peut-être encore la meilleure. On trouve dans quelques livres de bonnes allégories qui y font cachées, ainfi que la Bêtife & fon temple (3) le font dans le corps des fpectateurs : & ce font ces allégories qu'il faudroit receuillir & communiquer aux artiftes, pour qui on rendroit, par ce moyen, les feuilles périodiques plus intéreffantes. Si les tréfors de la littérature & de l'éloquence concouroient aux progrès de l'art, on verroit peut-être arriver un tems où le peintre rendroit auffi bien fur la toile une ode qu'une tragédie.

Je me hafarderai à indiquer ici moi-même une ou deux allégories : ce font les règles foutenues par l'exemple qui nous inftruifent le mieux. Je

____

(1) Thefaur. de argut. dict.

(2) Ripa, Iconol. Part. II, p. 166.

(3) Spectator, edit. 1724. Vol. II, p. 291.

trouve par-tout l'Amitié fort mal repréſentée, & les allégories que j'en connois ne méritent même pas la peine qu'on les critique : elles portent preſque toutes des banderoles volantes avec des inſcriptions ; & l'on ſait combien cela ſuppoſe de profondeur d'idées.

Il me ſemble qu'il faudroit repréſenter cette belle vertu, qui ennoblit l'homme, par les figures de deux amis immortels des tems héroïques, Théſée & Pirithoüs. On trouve ſur des pierres gravées (1) des têtes du premier ; & ſur une autre pierre, de la main de Philemon (2), on voit ce héros avec la maſſue qu'il a enlevée à Périphète, fils de Vulcain. On peut donc rendre Théſée reconnoiſſable aux yeux de ceux qui ſont verſés dans l'antiquité. Pour la repréſentation de l'amitié dans un danger très-éminent, on pourroit faire ſervir un tableau qui ſe trouvoit à Delphes, & dont Pauſanias donne la deſcription (3) : on y voyoit Théſée combattant contre les Theſprotes, en tenant d'une main ſon épée, & de l'autre celle de ſon ami qu'il lui avoit arrachée du côté. On pourroit auſſi faire ſervir d'allégorie pour ce ſujet, le moment où Théſée & Pirithoüs contractent & ſe jurent une amitié éternelle, de la manière dont Plutarque (4) nous l'a décrit. Je ſuis ſurpris de

____

(1) Canini, Images des Héros, n°. 1.
(2) Stoſch, Pierres gravées, Pl. 51.
(3) Pauſan. Lib. X, p. 870, 71.
(4) Vit. Theſ. p. 29.

n'avoir

n'avoir trouvé parmi les emblêmes des grands hommes de la maison Barbarigo, aucun qui eût pour objet une amitié rare & immortelle. Nicolas Barbarigo en a offert néanmoins le modèle : il avoit lié avec Marc Trivisan une amitié qui mérite un monument éternel,

Monumentum ære perennius,

& dont le souvenir est conservé dans un petit écrit qui est fort rare (1).

Le fait suivant, pris d'un usage ancien, peut fournir une image allégorique de l'Ambition. Plutarque (2) nous apprend que c'étoit à tête découverte qu'on rendoit culte à l'Honneur. Tous les autres sacrifices, à l'exception de ceux à Saturne (3), se faisoient avec la tête couverte. Ce même écrivain pense (4) que c'est la manière dont les hommes se servent ordinairement pour se témoigner du respect les uns aux autres, qui a donné lieu à cette partie du rite ; quoique néanmoins le contraire puisse aussi avoir eu lieu. Il se pourroit d'ailleurs que ce culte (5) vînt des Pélasges, qui avoient coutume de faire leurs sacrifices à tête découverte. On représente l'Honneur sous la figure d'une femme (6) couronnée de lauriers, qui d'une

____

(1) De monstrosa amicitia respectu perfectionis inter Nic. Barbar. & Marc Trivisan. Venet. ap. Franc. Baba. 1628. in-4°.

(2) Vit. Marcell. Ortelli Capita Deor. Lib. II, fig. 41.

(3) Thomasin. Donar. Vett. Cap. 1.

(4) Plutarch. Quæst. Rom. p. 266. F.

(5) Vulp. Latium, Tom. I, Lib. I, Cap. 27, p. 406.

(6) Agost. Dialog. II, p. 81.

main tient une corne d'abondance, & de l'autre
une hafte. Sur une médaille de l'empereur Vitel-
lius (1), on voit l'Honneur, qui fert de com-
pagne à la Vertu, repréfentée par la figure d'un
homme qui porte le cafque en tête. Les têtes
de ces mêmes vertus fe trouvent fur une médaille
de Codrus & Calenus (2).

C'eft d'Homère qu'il faudroit prendre l'idée
d'une allégorie de la Prière: Phénix tâche d'adoucir la colère d'Achille par l'allégorie fuivante (3):
» Apprenez, ô Achille! que les Prières font filles
» de Jupiter ; elles font devenuès courbées à
» force de fe profterner. L'inquiétude & les rides
» profondes font gravées fur leur vifage ; elles
» forment le cortège de la déeffe Até, & mar-
» chent à fa fuite. Cette déeffe paffe d'un air fier
» & dédaigneux, & parcourant d'un pied léger
» tout l'univers, elle afflige & tourmente les mi-
» férables humains ; elle tâche d'éviter les Prières
» qui la pourfuivent fans ceffe, & qui s'occupent
» à guérir les malheureux qu'elle a bleffés. Ces
» filles de Jupiter, ô Achille! verfent leurs bien-
» faits fur celui qui les honore ; mais fi quelqu'un
» les dédaigne & les rejette, elles conjurent leur
» père d'ordonner à la déeffe Até de le punir, à
» caufe de la dureté de fon cœur «.

____

(1) Agoft. loco cit.
(2) Ibib. & Beger, Obfervat. in Numifm. p. 56.
(3) Il. i. v. 498. Conf. Heraclides Pontic. de Allegoria Homeri,
457, 58.

Il seroit facile aussi de former une nouvelle allégorie d'une ancienne fable connue. Salmacis & le jeune homme qu'elle aima si éperdument, furent changés en une fontaine dont les eaux rendoient efféminés les hommes qui s'y baignoient; de manière que

> Quisquis in hos fontes vir venerit, exeat inde
> Semivir : & tactis subitò mollescat in undis.

OVID. Metam. Lib. IV.

Cette fontaine étoit près d'Halicarnasse, dans la Carie. Vitruve (1) se flatte d'avoir trouvé le véritable sens de cette fable : » Lorsque Mélas &
» Arenavias, dit-il, menèrent une partie des ha-
» bitans de la ville d'Argos & de Trézène pour
» habiter en ce lieu, ils en chassèrent les bar-
» bares Cariens & Lélègues, qui s'étant retirés
» dans les montagnes, se mirent à faire des cour-
» ses sur les Grecs & à ravager tout le pays par
» leurs brigandages. En ce tems-là un des habi-
» tans ayant reconnu la bonté de cette fontaine,
» y bâtit une loge dont il fit un cabaret garni de
» tout ce qui étoit nécessaire, espérant y faire
» quelque gain; & en effet il réussit si bien en
» son exercice, que les barbares y vinrent comme
» les autres, & s'accoutumèrent, en vivant avec
» les Grecs, à la douceur de leurs mœurs, &
» changèrent ainsi leur naturel farouche volon-
» tairement & sans contrainte «. La manière or-

____

(1) Architect. Liv. II, Chap. 8.

dinaire de repréfenter cette fable même eft connue des artiftes : le conte de Vitruve pourroit leur fournir l'allégorie d'un peuple rendu civilifé & humain, ainfi que les Ruffes le furent par Pierre-le-Grand. La fable d'Orphée eft très-applicable au même fujet : tout ne dépend que de l'expreffion plus ou moins forte qu'il faudroit donner aux figures.

Si ce que je viens de dire de l'allégorie en général ne fuffit pas pour en prouver la néceffité dans la peinture, il faudra convenir du moins, je penfe, que les exemples que j'en ai cités juftifient mon affertion : » Que la peinture étend fon » empire fur des objets qui ne tombent pas fous » les fens «.

Les deux grands ouvrages de peinture allégorique que j'ai nommés dans mes Réflexions fur l'imitation des artiftes Grecs, favoir, la galerie du Luxembourg & la coupole de la bibliothèque impériale à Vienne, peuvent fervir à prouver avec quel fuccès & quel feu poétique Rubens & Gran ont fu employer l'allégorie.

Rubens a cherché à repréfenter Henri IV comme un vainqueur humain & pacifique, qui témoigna de l'indulgence & de la bonté même envers ceux qui s'étoient rendus coupables de rebellion & de lèze-majefté. Il repréfenta fon héros fous la figure de Jupiter qui ordonne aux dieux de punir les vices & de les plonger dans l'abîme. Apollon & Minerve décochent leurs flèches fur cès vices, repréſentés par les figures allégoriques de monſtres qui tombent tumultueuſement par terre. Mars en fureur veut tout détruire ; mais Vénus, comme emblême de l'Amour, retient doucement le bras du dieu de la guerre. L'expreſſion de Vénus eſt ſi grande, qu'on croit entendre cette déeſſe adreſſer ces paroles à Mars : » Que la colère ne vous emporte point contre » les Vices ; ils ſont aſſez punis «.

La coupole de Vienne, par Daniel Gran (1), eſt une allégorie qui a pour objet la bibliothèque impériale, & toutes les figures ſont des branches d'une même ſouche. C'eſt un vrai poëme en peinture, qui ne commence point par les œufs de Léda ; mais, à l'exemple d'Homère, qui chante tout de ſuite la colère d'Achille, le peintre n'a immortaliſé que les ſoins généreux avec leſquels l'empereur a protégé les ſciences ; il a repréſenté auſſi les préparatifs pour la bâtiſſe de cette bibliothèque.

La majeſté impériale paroît ſous la figure d'une femme aſſiſe avec un riche ornement de tête ; ſur ſa poitrine pend à une chaîne un cœur d'or, emblême du caractère humain & bienfaiſant de l'empereur. Cette figure donne, avec le bâton de commandement, des ordres pour la bâtiſſe de la bibliothèque. A ſes pieds eſt aſſis un Génie avec des équerres, des palettes, des ciſeaux, &c.

____

(1) *Voyez* Repræſentatio Bibliothecæ Cæſareæ, Viennæ, 1737. fol. obl.

tandis qu'un autre Génie plane au deſſus de ſa tête avec les figures des trois Graces, pour indiquer le bon goût qui règne dans tout l'édifice. A côté de la figure principale eſt aſſiſe celle de la Libéralité en général, tenant à la main une bourſe remplie ; au deſſus d'elle eſt un Génie avec la table de Congiaires Romains ; & derrière elle on voit la Libéralité Autrichienne, couverte de ſon manteau parſemé d'alouettes. Près de là ſont des Amours qui reçoivent les tréſors & les récompenſes qui ſortent de la corne d'abondance, pour les diſtribuer aux ſavans & aux artiſtes, particulièrement à ceux qui ſe ſont rendus recommandables à la bibliothèque. L'Exécution perſonnifiée par une figure allégorique, tient les yeux fixés ſur la figure qui diſtribue ces ordres ; tandis que trois Amours montrent l'orthographie de la bibliothèque. A côté de cette figure eſt un Vieillard occupé à prendre, ſur une table, les dimenſions du plan de l'édifice. A ſes pieds on voit un Génie qui tient un chas, pour indiquer l'exacte exécution du plan projeté. Près du Vieillard eſt aſſiſe l'Invention ingénieuſe, tenant de la main droite une ſtatue d'Iſis, & de la gauche un livre, pour donner à connoître que la nature & l'étude ſont les ſources de l'invention, dont les ſolutions difficiles à réſoudre ſont indiquées par le Sphinx qui eſt à ſes pieds.

La comparaiſon que j'ai faite de cet ouvrage avec le grand plafond de le Moine à Verſailles, n'a eu pour objet que de mettre en parallèle les deux plus grands ouvrages de notre tems, en ce genre, qui exiſtent en Allemagne & en France. La galerie de le Brun, pareillement à Verſailles, eſt ſans contredit, après celui de Rubens, l'ouvrage le plus poétique que la peinture ait produit; & la France peut ſe glorifier, avec raiſon, que cette galerie de le Brun & celle de Rubens au Luxembourg, ſont les plus ſavantes allégories qui ſoient ſorties de la palette d'un peintre.

La galerie de le Brun repréſente, en neuf grands & dix-huit petits compartimens, l'hiſtoire de Louis XIV, depuis la paix des Pyrénées juſqu'à celle de Nimègue. Le tableau où le roi prend la réſolution de faire la guerre contre la Hollande, contient ſeul une alluſion auſſi riche que ſublime de preſque toute la mythologie, mais qui demande une trop longue deſcription pour être placée ici. Qu'on juge par deux petites compoſitions, parmi ces tableaux, de tout ce que l'artiſte a été en état de concevoir & de rendre ſur la toile : l'une repréſente le Paſſage du Rhin par les François : » Le héros (1) y paroît la foudre » à la main ſur un char militaire, qu'Hercule, » déſignant la valeur héroïque, pouſſe à travers » les flots agités ; l'Eſpagne eſt entraînée par le » torrent ; le dieu du Rhin épouvanté laiſſe tom- » ber ſon gouvernail ; des Victoires qui volent,

____

(1) Lepicié, Vies des premiers Peintres du Roi, Tome I, page 64.

» tiennent des boucliers où font écrits les noms
» des villes prifes après ce fameux paffage : L'Eu-
» rope enfin paroît dans l'admiration «.

Un autre morceau repréfente la conclufion du
traité de paix. » La Hollande, malgré l'aigle de
» l'empire qui la retient par fa robe, court au
» devant de la Paix qui defcend des cieux avec
» les Jeux & les Plaifirs qui répandent des fleurs
» de toutes parts ; la Vanité couronnée de plumes
» de paon, veut empêcher l'Efpagne & l'Alle-
» magne d'imiter leur alliée ; mais voyant l'antre
» où fe forgeoient leurs armes foudroyé, & en-
» tendant la Renommée en l'air qui les menace,
» ces puiffances fe tournent auffi du côté de la
» Paix «. La première de ces allégories peut être
comparée à la defcription fublime qu'Homère
nous a donnée de Neptune pouffant fur la plaine
liquide fes chevaux infatigables & plus légers que
les vents.

Malgré ces grands exemples, il ne manquera
cependant pas de fe trouver encore des adver-
faires de l'allégorie dans la peinture, de même
que des tableaux d'Homère en ont rencontré de
tous les tems, & dans l'antiquité même. Il y a
des gens dont la délicateffe eft fi grande, qu'ils fe
trouvent révoltés de voir la fable placée à côté
de la vérité : la feule figure allégorique d'un fleuve
dans une compofition de l'efpèce qu'on appelle
facrée, fuffit pour leur caufer du fcandale. C'eft
ainfi que le Pouffin a été blâmé pour avoir per-

fonnifié le Nil, dans fon tableau de Moïfe fauvé
des eaux (1). Un plus fort parti encore s'eft déclaré contre la clarté de l'allégorie ; & l'on peut
dire que le Brun a trouvé fur ce point des juges
fort févères, & qu'il en a même encore peu de
favorables. Mais qui eft-ce qui ignore que ce n'eft
que le tems & la relation des chofes qui les rendent intelligibles ou difficiles à comprendre ? Lorfque Phidias donna une tortue à fa Vénus (2),
peu de monde, fans doute, comprit d'abord l'idée
que l'artifte attachoit à cet attribut ; & celui qui
le premier ofa donner des liens à la déeffe de
l'amour, hafarda fans doute beaucoup. Avec le
tems ces attributs allégoriques font auffi connus
que l'eft la figure principale même qu'ils accom-
pagnent. D'ailleurs l'allégorie eft, en géneral, un
peu énigmatique, ainfi que Platon (3) l'a remarqué de la poéfie, & c'eft une fcience qui n'eft
pas à la portée de tout le monde. Si le foin d'être
clair pour ceux qui regardent un tableau comme
une affemblée tumultueufe devoit déterminer le
peintre, il faudroit qu'il écartât alors toutes les
idées poétiques & extraordinaires que fon fujet
pourroit lui infpirer. L'intention du célèbre Fréderic Barroche, en peignant, dans fon tableau du

---

(1) Ce même fait hiftorique, peint auffi par le Pouffin, fe
trouve à la galerie électorale de Drefde. On y voit avec quel avantage ce peintre s'eft fervi dans cette compofition de la figure perfonnifiée du Nil.

(2) Baldinucci Notiz. de' Profeff. del difegno, p. 118.

(3) Plato, Alcibiad. II, p. 457. l. 30.

martyre de S. Vitalis, une cerife (1) qu'une jeune vierge tient au deffus d'un pivert qui cherche à l'attraper, dut certainement paroître obfcure au plus grand nombre : la cerife fert à indiquer le tems de l'année auquel le faint fouffrit le martyre.

Toutes les grandes machines, ainfi que les édifices publics, les palais, &c. exigent des peintures allégoriques qui foient analogues au local où l'on veut les employer. Ce qui eft grand par foi-même doit avoir des parties qui y foient afforties : l'élégie n'eft pas faite pour célébrer les grandes chofes. Mais les fables font-elles toutes des allégories à la place qu'elles occupènt ? Je crois qu'on ne peut pas plus les regarder comme telles, que d'attribuer au Doge le même pouvoir en terre ferme, qu'il a réellement à Venife ; & fi je ne me trompe, la galerie du palais Farnèfe ne doit pas être mife au nombre des ouvrages allégoriques. Peut-être n'ai-je pas rendu juftice à Annibal Carrache en ne m'arrêtant pas à lui dans cet endroit de mon ouvrage : on fait (2) que le duc d'Orléans avoit demandé à Coypel qu'il peignît dans fa galerie l'hiftoire d'Enée.

Le Neptune (3) de Rubens qui eft à la ga-

---

(1) Argenville, Abrégé de la Vie des Peintres, paroît ne pas avoir compris le mot Italien *Ciliega* ; mais comme il vit cependant qu'il devoit avoit rapport au printems, il a cru que c'étoit le nom d'un oifeau d'été. Cet écrivain n'a point parlé du fujet même du tableau ; il ne s'eft arrêté qu'à la figure de la jeune Vierge.

(2) Lepicié, Vies des premiers Peintres, Part. II, p. 17, 18.

(3) Recueil d'Eftampes de la galerie de Drefde, fol. 48.

lérie électorale de Drefde , fut exécuté par ce peintre pour la magnifique entrée de l'Infant Ferdinand d'Efpagne , comme gouverneur des Pays-bas, à Anvers , où ce chef-d'œuvre fervit de tableau allégorique à un arc de triomphe (1). Le dieu des mers qui, chez Virgile, commande aux flots de s'appaifer , fervit à l'artifte de figure allégorique pour repréfenter l'heureufe navigation & le débarquement de l'Infant à Gènes , après avoir effuyé une forte tempête ; mais aujourd'hui ce tableau ne peut plus repréfenter que le Neptune de Virgile.

Vafari (2) a jugé, d'après l'idée généralement reçue des peintures placées dans un local tel que celui dont je viens de parler, lorfqu'il veut trouver dans le fameux tableau de Raphaël au Vatican, connu fous le nom de l'Ecole d'Athènes , une allégorie, c'eft-à-dire , une comparaifon de la philofophie & de l'aftrologie avec la théologie ; quoiqu'il ne faille y chercher (3) que ce qui fe préfente d'abord à l'œil , favoir, une fimple repréfentation de l'Ecole d'Athènes.

Dans l'antiquité, au contraire, chaque repréfentation de l'hiftoire d'un dieu ou d'une déeffe, dans le temple qui lui étoit confacré, devoit en même tems être regardée comme un emblême ;

____

(1) Pompa & introitus Ferdinandi Hifp. Inf. p. 15. Antv. 1641. fol.

(2) Vafari, Vite de' Pittori, &c. Part. III, Vol. I, p. 76.

(3) Chambray, Idée de la Peinture, p. 107, 108. Bellori, Defcriz. delle Imagini dipinte da Rafaello, &c.

toute la mythologie n'étant qu'une série d'allégories. Les dieux d'Homère, dit un ancien, font des idées fenfibles & palpables des différentes puiffances de la nature ; ce font des ombres & des voiles fous lefquels font cachées des intentions fublimes. Ce n'eft que comme une allégorie de cette efpèce qu'on regardoit les amours de Jupiter & de Junon, peints fur le plafond du temple de cette déeffe à Samos : Jupiter y étoit l'emblême de l'air (1), & Junon celui de la terre.

Il eft tems que je m'explique auffi fur ce que j'ai dit du tableau de Parrhafius, où cet artifte peignit le mélange des différentes paffions contraires qui caractérifoient le peuple d'Athènes. Je releverai, en même tems, une erreur que j'ai avancée dans mon ouvrage : au lieu du nom du peintre que je viens de citer, j'ai mis celui d'Ariftide, qu'on appeloit en général le peintre de l'ame. Il paroît, par ce que vous dites dans votre lettre, que vous vous faites une idée fort facile de l'exécution du tableau de Parrhafius ; & fuivant vous, ce peintre, pour rendre fes conceptions plus fenfibles, partagea fon fujet en plufieurs tableaux. Ce ne fut pas là fans doute la manière de voir de l'artifte. L'on fait que le fculpteur Léocharès fit une ftatue du peuple d'Athènes, & il y avoit auffi un temple fous ce nom (2), dont les ta-

____

(1) Heraclid. Pontici Allegor. Homeri, p. 443, 462. inter Th. Gale Opufc. Mythol.

(2) Jofephi Antiquit. Lib. XIV, Cap. 8, p. 699. edit. Haverc.

bleaux, qui avoient pareillement le peuple d'A-
thènes pour objet, paroiffent avoir été exécutés
dans le goût de l'ouvrage de Parrhafius. On n'a
pas pu encore en donner une compofition qui ait
paru fatisfaifante (1); & lorfqu'on a voulu le faire
par le moyen de l'allégorie, on a produit des ouvrages monftrueux, tel que celui qu'a conçu un
écrivain moderne (2). Le tableau de Parrhafius
fera donc toujours une preuve que les anciens
ont été plus favans que nous dans l'allégorie.

Ce que j'ai dit de l'allégorie en général, peut
être appliqué auffi à l'allégorie des ornemens en
particulier ; mais comme vous faites, dans votre
lettre, quelques remarques fur ce fujet, je crois
devoir y répondre en peu de mots.

Dans toutes les efpèces d'ornemens, il faut
principalement obferver, 1°. qu'ils foient analogues à la nature de la chofe & du local, & qu'ils
ne s'écartent point de la vérité ; 2°. qu'ils ne
foient point les productions d'un caprice arbi-
traire.

La première règle, qui eft prefcrite à tous les
artiftes fans exception, exige qu'ils obfervent une
certaine convenance entre les différentes parties,
& un rapport exact entre les ornemens & le lieu
qu'ils veulent en décorer.

Non ut placidis coeant immitia. Hor.

____

(1) Dati, Vite de' Pittori, p. 73.
(2) Thefaur. Idea Argut. dict. Cap. III, p. 84.

Il ne faut point allier le profane au facré, ni le terrible au fublime ; voilà pourquoi on défap-prouve les têtes de bélier (1) placées dans les métopes des colonnes Doriques de la chapelle du palais du Luxembourg, à Paris.

La feconde règle exclud certaines libertés, & circonfcrit les architeftes & les décorateurs dans des bornes plus étroites encore que celles dans lefquelles doivent fe tenir les peintres mêmes. Ces derniers font quelquefois obligés de fe conformer à la mode aftuelle dans leurs compofitions hifto-riques ; & ce feroit manquer de fageffe que de vouloir toujours fe tranfporter, en imagination, avec fes perfonnages, dans la Grèce. Mais les édi-fices & les autres ouvrages publics, qui doivent réfifter plus long-tems aux fiècles, exigent auffi des ornemens dont les périodes foient plus longs que la durée des modes qui diftinguent les cof-tumes des peuples ; c'eft-à-dire, que le goût de ces monumens doit pouvoir mériter l'approbation de plufieurs générations, ou, ce qui revient au même, qu'ils doivent être exécutés fuivant les règles & dans le goût de l'antiquité ; fans quoi, il y a tout lieu de craindre que ces ornemens ne foient hors de mode avant même que l'édifice auquel on veut les employer ne foit achevé de bâtir.

La première de ces règles conduira l'artifte à l'allégorie, & la feconde à l'imitation de l'anti-

---

(1) Blondel, Maifons de plaifance, Tom. II, p. 26.

quité ; & cela regarde principalement les ornemens de détail.

J'appelle ornemens de détail ou petits ornemens, ceux qui ne font point feuls un tout,
& qui ne fervent que d'acceffoires aux grands.
Les ouvrages en coquillages & les conques n'ont
été employés par les anciens que lorfque la fable
de Vénus ou de quelque dieu marin rendoit
cette efpèce d'ornement néceffaire, ou quand il
avoit quelque analogie avec l'édifice ou le local,
tel, par exemple, qu'au temple de Neptune. On
croit auffi que d'anciennes lampes ornées de coquilles (1) fervoient dans les temples de ce dieu
marin. D'ailleurs ces coquilles peuvent faire un
bel ornement & fort expreffif dans plufieurs endroits ; on les a, entre autres, heureufement employées aux feftons de l'hôtel-de-ville d'Amfterdam (2).

Les têtes écorchées de bœuf & de bélier, loin
de juftifier l'emploi des coquilles, comme vous
paroiffez le croire, en font au contraire connoître
le mauvais ufage. Ces têtes, ainfi dépourvues de
leur peau, avoient non-feulement un rapport di-
rect aux facrifices des anciens, mais il s'y joignoit
encore une idée fuperftitieufe : on croyoit qu'elles
fervoient à écarter le tonnerre (3), & Numa
prétendit même avoir reçu fur cela un ordre par-

---

(1) Pafferii Lucernæ fiɔl. tab. 51.
(2) Quellinus, Maifon de Ville d'Amfterdam. 1655. fol.
(3) Arnob. adv. gentes, Lib. V, p. 157. edit. Lugd. 1651. in-4°.

ticulier de Jupiter (1). On ne peut pas non plus mettre les ouvrages à coquilles en parallèle avec le chapiteau (2) d'une colonne Corinthienne, dont plusieurs siècles ont confirmé l'usage & le bon goût. D'ailleurs, l'origine de ce chapiteau paroît être plus naturelle & plus conforme à la raison, que ne l'indique Vitruve ; mais des recherches de cette nature appartiennent à un ouvrage sur l'architecture. Pococke, qui croit que l'ordre Corinthien n'étoit pas encore généralement connu lorsque Périclès fit bâtir un temple à Minerve,

---

(1) On sait que Pline, d'après Pison (Liv. III, Chap. 53), rapporte que Numa possédoit l'art d'attirer la foudre ; ce qui feroit croire que les anciens ont connu l'électricité. Le Naturaliste latin ajoute même que Tullus Hostilius fut frappé de la foudre pour n'avoir pas suivi exactement les procédés nécessaires au moment où, à l'exemple de Numa, il évoquoit le tonnerre. *Voyez* aussi Tacite (Liv. I, Chap. 31). Et selon Ovide le surnom d'*Elicius* fut donné à Jupiter, parce qu'on avoit le secret de le faire descendre du ciel. Voici les vers d'Ovide dont il est question :

> Eliciunt cœlo te, Jupiter, unde minores
> Nunc quoque te celebrant *Eliciumque* vocant.

Cette note est tirée de la *Description des Pierres gravées de M. le Duc d'Orléans*, Tom. I, p. 16, qui se vend actuellement chez Barrois l'aîné. On lira avec intérêt la note *x* du troisième livre de la traduction des *Fastes d'Ovide*, par M. Bayeux, où l'on trouvera aussi des recherches curieuses sur les connoissances que les anciens paroissent avoir eues de l'air inflammable & des ballons aérostatiques. *Note du Traducteur.*

(2) On pense aussi qu'une pareille tête de bœuf, qu'on voit sur le revers d'une médaille d'or, qui de l'autre côté présente une tête d'Hercule avec sa massue, y sert d'allégorie (*) pour désigner les travaux de ce héros. D'autres prétendent que cette tête écorchée est un emblême de la Force, ou de l'Activité, ou de la Patience (**).

(*) Haym, Tesoro Brit. Tom. I, p. 182, 83.
(**) Hypnerotomachia Polyphili, fol. Venet. ap. Ald. 1527, fol.

auroit

auroit dû se rappeler que les temples de cette déesse doivent avoir des colonnes Doriques, ainsi que Vitruve nous l'apprend (1).

Il faut dans ces ornemens suivre les mêmes règles que dans l'architecture ; & l'on sait que c'est en divisant en grandes masses les principales parties d'un édifice, & en leur donnant une élévation & une saillie hardies, qu'on parvient à y imprimer cette *grandiosité* qui plaît & qui étonne. Qu'on se rappelle ici les colonnes cannelées du temple de Jupiter à Agrigente, dont chaque cannelure pouvoit contenir un homme (2). Ces ornemens doivent non-seulement être employés avec une grande économie, mais de plus ils doivent être divisés en peu de parties, & ces parties doivent saillir avec hardiesse & légéreté.

La première règle (pour en revenir à l'allégorie) peut se diviser en plusieurs sections secondaires ; mais le but général de l'artiste doit être d'observer une juste convenance avec la nature des choses & celle du local. Quant aux exemples qu'on pourroit demander pour constater ces règles, je crois qu'il est plus facile de les discuter que de les établir.

____

(1) Vitruv. Liv. I. Chap. 2.

(2) Diodor. Sic. Lib. XIII. p. 375. al. 507. *Voyez* aussi ce que dit M. Winckelmann sur les colonnes de ce temple de Girgenti, dans ses *Remarques sur l'Architecture des anciens*, qu'on trouve chez Barrois l'aîné.

P

Arion aſſis ſur un dauphin, tel qu'on le voit dans un nouvel ouvrage d'architecture (1), quoique ſans intention déterminée, comme il paroît, pour ſervir de deſſus de porte, ne peut convenir, ce me ſemble, ſuivant l'idée généralement attachée à cette figure, que dans les appartemens d'un Dauphin de France ; & ce groupe perd néceſſairement toute ſa beauté allégorique, par-tout où il ne peut pas ſignifier l'Humanité, ou le ſecours & la protection que les artiſtes doivent trouver comme Arion. Dans la ville de Tarente, au contraire, cette figure d'Arion, mais ſans ſa lyre, pourroit encore ſervir aujourd'hui à décorer, à juſte titre, tous les édifices publics, puiſque les anciens Tarentins, qui regardoient Taras, fils de Neptune, comme le fondateur de leur ville, le repréſentoient ſur leurs médailles monté ſur un dauphin.

On a bleſſé la vérité dans la décoration d'un édifice, à la conſtruction duquel tout un peuple a contribué, c'eſt le palais de Blenheim, appartenant au duc de Marlborough ; on y voit au deſſus de deux portails d'énormes lions de pierre (2) qui mettent en pièce un petit coq. Il faut convenir que cette allégorie ne conſiſte que dans un jeu de mots fort trivial.

Il eſt vrai qu'on trouve dans l'antiquité un ou deux pareils exemples d'allégories qui ne portent

____

(1) Blondel, Maiſons de plaiſance, &c.
(2) *Voyez* le Spectateur, n. 59.

que sur une mauvaise allusion de noms : telle est
entre autres la figure d'une lionne placée sur le
tombeau de Léena, amie d'Aristogiton, qu'on lui
fit ériger en mémoire de sa constance à souffrir
la mort qui lui fut infligée par les tyrans, plutôt
que de révéler les noms des tyrannicides dont
elle faisoit nombre (1). Mais je ne sais si ce monument peut servir à justifier le jeu de mots qu'on
trouve dans quelques ornemens des modernes.
L'ami de cette martyre de la liberté, à Athènes,
étoit un homme célèbre par ses vertus & ses
mœurs austères, dont on avoit voulu rendre le
nom immortel par un monument public. Il en
est de même des figures du lézard & de la gre-
nouille (2), que les architectes Saurus & Batra-
chus placèrent dans la volute d'un temple qu'ils
avoient bâti, & auquel il ne leur fut pas permis
de graver leurs noms, qu'ils voulurent cependant
éterniser par cet ouvrage. La lionne qu'on mit
sur le tombeau de la fameuse Laïs (3), qui probablement fut faite à l'instar de celle du tombeau
de Léena dont je viens de parler, tenoit un bélier entre ses pattes de devant : figure allégorique
qui servoit sans doute pour faire connoître les
mœurs de cette courtisane (4). On plaçoit aussi

____

(1) Pausan. Lib. I. Cap. 43. l. 22.

(2) Plin. Hist. nat. Lib. XXXVI. Cap. 5. Voyez aussi les Remarques sur l'Architecture des anciens de notre auteur, qui se
trouvent chez Barrois l'aîné.

(3) Pausan. Lib. II. Cap. 2. p. 115. l. 11.

(4) Idem, Lib. IX. Cap. 40. p. 795. l. 11.

ordinairement la figure d'un lion fur le tombeau des perfonnes qui s'étoient diftinguées par leur valeur.

Il ne faut d'ailleurs pas s'imaginer que tous les ornemens & toutes les figures des anciens, même ceux qu'on voit fur leurs vafes & fur leurs uftenfiles, foient des allégories : l'explication d'une grande partie feroit difficile à donner, & ne porteroit la plupart du tems que fur de pures conjectures. Je ne me hafarderai pas, par exemple, à foutenir qu'une lampe de terre cuite (1), qui a la forme d'une tête de bœuf, fignifie qu'il faut conftamment s'occuper de chofes honnêtes & utiles ; ni que le feu eft une image de l'éternité. Je n'y chercherai pas non plus une allégorie des facrifices qu'on faifoit à Pluton & à Proferpine (2). Mais il en eft tout autrement de la figure d'un jeune prince Troyen que Jupiter enleva pour en faire fon mignon : la fignification en étoit auffi grande que glorieufe quand elle étoit repréfentée fur le manteau d'un Troyen, & forme par conféquent une allégorie auffi vraie que belle ; mais que vous ne voulez pas y trouver, comme il paroît par votre lettre. Il me femble auffi que les oifeaux qui mangent des raifins, qu'on voit fur une urne cinéraire, y forment une allégorie auffi jufte que l'eft celle de la fable de Bacchus que Mercure donne à nourrir à Leucothée, re-

____

(1) Aldrovand. de quadruped. bifcul. p. 141.
(2) Bellori, Lucern. fepulc. Part. I. fig. 17.

préfentée par l'Athénien Salpion fur un grand
vafe de marbre (1). Les oifeaux peuvent fignifier la jouiffance qu'aura, dans les champs Elyfées,
la perfonne morte du plaifir qui aura le plus flatté
fes fens dans ce monde ; car on fait que les oifeaux font un emblême de l'ame (2). On prétend
auffi que par un Sphinx (3) que l'artifte a repréfenté fur une coupe, il a voulu indiquer les aven-
tures d'Œdipe à Thèbes, qui étoit la patrie de
Bacchus à qui cette coupe doit avoir été confacrée. Ne fe pourroit-il pas auffi que le lézard
qu'on voyoit fur la coupe de Mentor, eût fervi
à en faire connoître le poffeffeur, qui probablement portoit le nom de Sauros ?

Je fuis néanmoins perfuadé qu'on peut trouver
des fujets allégoriques dans la plupart des figures
des anciens, lorfque l'on confidère qu'ils donnoient
un fens fymbolique à leurs édifices mêmes. De
cette efpèce étoit le portique d'Olympie, dédié
au fept arts libéraux (4), où les vers qu'on y
recitoit étoient répétés jufqu'à fept fois par l'écho.
On peut ranger à peu près dans la même claffe
un temple de Mercure, qu'on voit fur une médaille de l'empereur Aurélien (5), lequel, au lieu

____

(1) Spon, Mifcell. Sect. II. Art. I. p. 25.

(2) Beger, Thefaur. Palat. p. 100.

(3) Buonarotti, Obferv. fopra alcuni Medagl. Procem. p. 26.
Roma, 1698. in-4°.

(4) Plutarch. de Garrulit. p. 502.

(5) Triftan, Comment. hift. des Emper. Tom. I. p. 632.

de porter fur des colonnes, étoit foutenu par des Hermès ou Termes, ainfi qu'on les appelle aujourd'hui. Sur le fronton de ce temple font repréfentés un chien, un coq & une langue : figures dont la fignification eft connue.

Le temple de la Vertu & de l'Honneur, que Marcellus fit élever, étoit d'une conftruction plus favante encore. Comme il vouloit faire fervir à cet objet les richeffes qu'il avoit apportées de Sicile, le grand-prêtre, dont il avoit néanmoins obtenu d'avance l'approbation, lui défendit d'exécuter cette entreprife, fous prétexte qu'un feul temple ne pouvoit pas renfermer deux divinités. Marcellus fit donc bâtir deux temples, l'un à côté de l'autre, de manière qu'il falloit paffer par le temple de la Vertu pour arriver dans celui de l'Honneur (1); voulant donner à entendre par-là, que ce n'eft que par le chemin de la vertu qu'on parvient à la gloire. Ce temple étoit à la porte Capene (2). Il me vient ici une idée qui a rapport à ce fujet. Les anciens (3) avoient coutume de faire d'horribles ftatues de fatyres, qui en dedans étoient creufes, & dans lefquelles on trouvoit, en les ouvrant, de petites figures des Graces. Ne vouloient-ils pas nous apprendre par-là qu'il ne faut pas juger des hommes par leur extérieur, & qu'on peut fuppléer par les dons de l'efprit,

____

(1) Plutarch. Marcel. p. 277.
(2) Vulpii Latium, Tom. II. Lib. 2. Cap. 20. p. 175.
(3) Banier, Mythol. Tom. II. Liv. 1. Chap. 11. p. 181.

à ce qui manque d'agrément & de beauté au corps ?

Je crains d'avoir laissé échapper quelques remarques critiques de votre lettre, auxquelles j'aurois voulu répondre. Je me rappelle entre autres, par exemple, ce qui y est dit au sujet de l'art que cherchoient les Grecs de changer les yeux bleus en yeux noirs : Dioscoride (1) est le seul écrivain qui en fasse mention. On a néanmoins fait aussi, dans les tems modernes, des essais sur cet art. Il y a eu de nos jours, en Siléfie, une comtesse d'une grande beauté, & à qui il ne manquoit, pour être regardée comme parfaitement belle, que d'avoir des yeux noirs au lieu des yeux bleus qu'elle avoit. Comme elle apprit le désir de ses adorateurs, elle employa tous les moyens pour changer la nature, ce qui lui réussit en effet : elle eut des yeux noirs, mais elle fut en même tems frappée de cécité.

Comme je ne suis pas content moi-même de ce que je viens de répondre à votre lettre, j'ai tout lieu de croire que vous n'en serez pas plus satisfait ; mais il faut songer que l'art est inépuisable, & que c'est une folie que de vouloir tout dire. J'ai cherché à me rendre agréables quelques momens de loisir; & ce que j'ai écrit sur cette matière, est principalement le fruit des entretiens que j'ai eus avec mon ami M. Fréderic Oëser,

____

(1) Dioscor. de re medica, Lib. V. Cap. 179.

qu'on peut regarder comme un vrai difciple d'Ariftide, qui, comme on fait, étoit le peintre de l'ame & de l'efprit. Que le nom de cet illuftre artifte & de cet ami refpe&able ferve donc auffi à orner la fin de cet ouvrage.

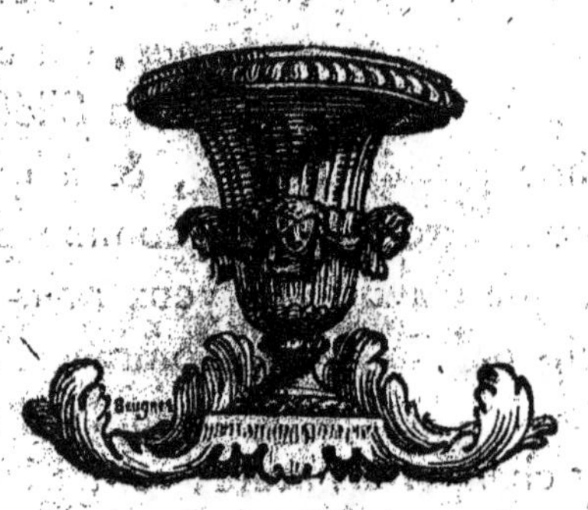

RÉFLEXIONS

SUR

LE SENTIMENT DU BEAU

DANS

LES OUVRAGES DE L'ART,

ET SUR LES MOYENS DE L'ACQUÉRIR ;

Adressées à M. le Baron DE BERG, par
M. WINCKELMANN.

. . . . Ἰδέα τε καλὸν
Ὥρᾳ τε κεκραμένον.　　PINDAR. Ol. 10.

RÉFLEXIONS

SUR

LE SENTIMENT DU BEAU

DANS

LES OUVRAGES DE L'ART,

ET SUR LES MOYENS DE L'ACQUÉRIR.

Ὅμως δὲ λῦσαι δυνατὸς ὀξεῖ-
εν ἐπιμομφὰν ὁ τόκΘ ἀνδρῶν.   PINDAR. Ol. 10.

MON AMI,

POUR m'excuser auprès de vous de la négligence que j'ai mise à vous faire parvenir ce petit écrit *sur le Sentiment du Beau dans les ouvrages de l'Art*, je me servirai d'un passage de Pindare à Agésidame, jeune homme noble de Locres, » d'une belle figure & rempli de graces «, que le poëte Grec avoit long-tems fait attendre après une Ode qu'il avoit promis de lui adresser: » La dette qu'on paye avec usure, dit-il, ne » mérite point de reproche «. Voilà ce que je puis appliquer à cette dissertation, à laquelle j'ai

donné plus d'étendue que je ne l'avois d'abord
pensé, lorsque je me proposai de la faire paroître
dans les *Lettres écrites de Rome*, que j'étois dans
l'intention de publier.

C'est vous-même qui m'avez fait naître l'idée
de cet ouvrage. Notre entrevue a été malheu-
reusement de trop peu de durée, & pour vous,
& pour moi-même ; mais la conformité de nos
sentimens s'est déclarée chez moi, du premier ins-
tant que je vous ai vu. Votre figure me fit espérer de rencontrer en vous le caractère que je
desirois ; & véritablement dans un beau corps
j'ai trouvé une ame faite pour la vertu, & douée
du sentiment du beau. Aussi le moment de notre
séparation a-t-il été un des plus cruels de ma
vie, & notre ami commun peut rendre témoignage de la douleur que m'a causée votre départ ;
car votre séjour sous un ciel éloigné, ne me laisse
pas le moindre espoir de vous revoir de la vie.
Que la dédicace de cet écrit devienne donc un
monument de notre amitié, laquelle est chez moi
aussi pure, aussi dépourvue de toutes vues d'intérêt, qu'elle sera constante & durable.

L'aptitude de connoître le beau dans les ouvrages de l'art, offre une idée qui comprend tout
à-la-fois la personne & la chose, le contenant & le
contenu, mais que je ne considérerai néanmoins
ici que sous un seul point de vue ; c'est-à-dire,
que c'est le sentiment du beau qui fera le principal

objet de mes réflexions: & je dois préalablement
remarquer que c'eſt le *beau* rendu ſenſible, qui
conſtitue la *beauté*. La beauté regarde particulièrement les formes, & c'eſt elle qui eſt l'objet le
plus ſublime de l'art ; le beau étend ſon empire
ſur tout ce qui peut être penſé, conçu & exécuté.

Il en eſt de cette aptitude de diſcerner le beau,
comme du ſens commun, que chacun croit avoir
en partage, & qui néanmoins eſt plus rare que
l'eſprit même. Parce qu'on a des yeux comme
tout le monde, on ſe flatte d'avoir la vue auſſi
bonne que ſon voiſin ; & de même qu'il n'y a
point de femme qui s'imagine être laide, il n'y
a perſonne qui ſe croie privé du ſentiment du
beau. Rien ne bleſſe davantage l'amour-propre
que de ſe voir ſoupçonné dépourvu de bon goût,
ou, ce qui revient au même, incapable de connoître le beau dans les ouvrages de l'art. On veut
bien quelquefois, à la vérité, convenir du défaut
d'expérience dans cette connoiſſance, mais ce
n'eſt qu'avec douleur que nous avouons notre
incapacité à cet égard. Il en eſt de cette perception du beau comme du génie poétique : l'un
& l'autre ſont des dons du ciel qui demandent
à être cultivés, & qui, ſans l'inſtruction & l'exercice, ſeroient perdus pour nous. Cette diſſertation ſera donc diviſée en deux ſections, dont la
première aura pour objet notre aptitude naturelle
à connoître le beau, & la ſeconde les inſtructions
néceſſaires pour l'acquérir.

Quoique le ciel accorde à tous les êtres raisonnables le sentiment du beau, ils ne le possèdent cependant pas tous au même degré. La plupart des hommes ressemblent à ces brins de paille qui tous, sans distinction, sont attirés par la force occulte de l'ambre, mais qui en retombent bientôt : voilà pourquoi leur sentiment du beau est d'une durée aussi foible que celle du son qu'on tire de la corde d'un instrument. Le beau & le médiocre leur font une impression également agréable, de même que l'homme de génie est confondu avec celui qui n'a aucun mérite, par ceux qui poussent la politesse à l'excès. Chez quelques-uns le sentiment du beau est si sourd, que rien ne peut l'affecter : tel étoit, par exemple, celui du jeune Anglois d'une illustre naissance, qui ne donna seulement pas le moindre signe de vie, pendant que je l'entretenois, en voiture, des beautés sublimes de l'Apollon du Belvédere, & des autres statues de la première classe (1). Telle devoit être encore la perception du duc Malvasia, éditeur d'une Vie des Peintres de l'école de Bologne, qui, entre autres, prétend que le grand Raphaël étoit un potier de la ville d'Urbin, d'après le conte populaire suivant lequel ce célèbre artiste avoit peint des vases de terre cuite ; conte que l'ignorance a accrédité au-delà des

____

(1) *Voyez* la lettre de M. Winckelmann à M. L. Usteri, Tome II, page 93 des *Lettres familières de Winckelmann*, qu'on trouve chez Barrois l'aîné.

Alpes, comme une particularité singulière de sa vie ; & cet écrivain ne craint pas non plus d'avancer que le Carrache avoit corrompu son goût en étudiant les ouvrages de Raphaël. Sur des personnes de cette trempe, les beautés réelles de l'art n'agissent pas avec plus de force que les aurores boréales sur les objets qu'elles éclairent quelquefois foiblement, mais qu'elles n'échauffent jamais ; & l'on croiroit presque que ce sont des êtres de l'espèce de ceux que Sanchoniaton dit n'être mus par aucun sentiment. Et quand même toutes les beautés de l'art se trouveroient réunies sous un même point visible, ainsi que Dieu n'est qu'yeux, suivant les Egyptiens, elles échapperoient encore à la vue du grand nombre, qu'elles ne toucheroient point.

On peut encore se convaincre combien ce sentiment du beau est rare chez les hommes, par les défauts qui régnent dans les ouvrages qui enseignent à le connoître. Car, depuis Platon jusqu'à nos jours, tous les écrits qui ont traité de cette matière sont foibles, sans instruction, & peu dignes du sujet ; & quelques auteurs modernes qui ont voulu parler du beau, étoient bien loin d'en avoir une juste idée. Je puis, mon ami, vous donner une nouvelle preuve de cette vérité par une lettre du fameux baron de Stosch, le plus grand antiquaire de notre tems. Dans le commencement de notre commerce épistolaire, & lorsqu'il ne me connoissoit pas encore personnellement, il voulut m'inftruire fur le rang que doivent tenir entre elles les meilleures ftatues de l'antiquité , & fur la méthode que je devois fuivre dans l'étude que je voulois en faire. Mais jugez quelle fut ma furprife lorfque je vis que ce célèbre connoiffeur plaçoit l'Apollon du Vatican , cette merveille de l'art, après le Faune endormi du palais Barberini, qui n'offre qu'une nature ruftique ; après le Centaure de la *villa* Borghèfe , qui n'eft fufceptible d'aucune beauté idéale ; ainfi qu'après les deux Satyres du Capitole , & le Bouc du palais Juftiniani , dont la tête feule mérite quelque attention. Le croirez-vous ? la Niobé & fes filles , les modèles les plus fublimes que nous ayons de la beauté du fexe, tiennent le dernier rang dans cette diftribution. Je lui renvoyai fon écrit. Sa défenfe fut que dans fa jeuneffe il avoit examiné les anciens ouvrages de l'art, dans la compagnie de deux artiftes ul-tramontains qui vivoient encore , & dont les dé-cifions l'avoient guidé dans le jugement qu'il en avoit porté.

Notre correfpondance épiftolaire roula quelque tems fur un bas-relief de la *villa* Pamphili, avec des figures en demi-boffe , qu'il confidéroit comme un des plus anciens monumens de l'art des Grecs , & que je regarde au contraire comme un ouvrage du dernier temps des empereurs. Savez - vous fur quel fondement étoit appuyée cette conjeɛure de M. de Stofch ? Il penfoit que la médiocrité du travail de ce bas-relief étoit une

preuve

preuve de son ancienneté. C'est d'après ce même système que raisonne Natter, dans son ouvrage sur les pierres gravées ; & qu'on peut réfuter par ce qu'il dit lui-même au sujet de la troisième & de la sixième planches de son livre. La même erreur caractérise le jugement qu'il porte sur la prétendue haute antiquité des pierres de la huitième jusqu'à la douzième planche. Il prend ici l'histoire pour guide, & pense qu'un événement aussi ancien que la mort d'Othryades ne peut avoir été représentée que par un artiste d'un tems fort reculé (1). Ce sont de pareils connoisseurs qui ont donné de la réputation au Sénèque au bain de la *villa* Borghèse, dont les veines ressemblent à un tissu de cordes, & qui, à mon avis, mérite à peine de tenir le dernier rang parmi les ouvrages des anciens. Ce jugement, que je me serois gardé de hasarder il y a dix ans, sera sans doute encore blâmé par la tourbe des connoisseurs, comme une hérésie en antiquité.

Une éducation honnête & bien raisonnée fait naître & donne un essor prématuré au sentiment du beau ; quoique une mauvaise éducation, en le retardant, ne puisse néanmoins pas l'étouffer tout-à-fait, ainsi que j'en suis convaincu par ma

____

(1) M. Winckelmann rapporte, dans sa *Description du Cabinet de Stosch*, classe IV, n°. 8 à 16, plusieurs pierres gravées sur lesquelles on voit Othryades avec un autre soldat blessé comme lui. Il retire une flèche de la poitrine, & écrit avec son sang, sur un bouclier qui est devant lui, ces mots : " A la Victoire ". *Note du Traducteur.*

propre expérience. Cependant les grandes villes
font un féjour bien plus favorable que la province, au prompt développement de cette perception ; & l'étude y contribue réellement moins
que la fociété & la converfation des perfonnes
inftruites : car le grand favoir, difent les Grecs,
ne fert de rien à la juftefe de l'efprit ; & l'on voit
que ceux qui fe font diftingués par leurs profondes
connoiffances dans l'antiquité, n'ont poffédé aucune autre efpèce de talent. Chez les Romains de
nos jours, qui naturellement pourroient acquérir
plutôt & à un plus haut degré la connoiffance
du beau, elle fe trouve néanmoins éteinte par
une mauvaife éducation ; parce qu'en cela les
hommes reffemblent aux poules, qui fautent par
deffus le grain qui fe trouve à leurs pieds, pour
courir après celui qui eft loin d'eux ; il fuffit que
nous ayons tous les jours une chofe fous les yeux,
pour qu'elle n'excite plus notre envie ni notre admiration. Il y a un peintre fort connu, Nicolas
Ricciolini, natif de Rome, homme de grand
talent, même hors de fon art, qui eft parvenu
à l'âge de foixante-dix ans avant de voir les ftatues de la *villa* Borghèfe. Il a étudié l'architecture par principes, & cependant il n'a pas vu un
des plus beaux monumens qu'il y ait de cet art,
favoir, le tombeau de Cecilia Metella, femme
de Craffus, quoiqu'il foit un grand amateur de
la chaffe, & qu'il ait parcouru en tous fens les
campagnes de Rome. C'eft par la raifon que je

viens d'alléguer, que Jules Romain eſt, pour ainſi dire, le ſeul célèbre artiſte qui ſoit né à Rome. La plupart de ceux qui ont acquis leur réputation dans cette ville, tant peintres que ſculpteurs & architectes, étoient des étrangers ; & il n'y a même encore actuellement aucun Romain qui ſe diſtingue dans les arts. En partant de cette obſervation, il me ſemble que c'eſt un préjugé que d'avoir fait venir, à grands frais, des artiſtes de Rome, pour deſſiner les tableaux d'une certaine galerie en Allemagne, tandis qu'on pouvoit trouver pour cela des gens plus habiles ſur le lieu.

Dans l'adoleſcence, le ſentiment du beau ſe trouve, ainſi que toutes nos autres idées, obſcurci & émouſſé par le choc de différentes paſſions, & ne ſe fait ſentir que comme une titillation dans le ſang, dont on ne peut ni définir la cauſe, ni aſſigner le ſiége. On doit s'attendre à trouver cette qualité plutôt dans les jeunes gens bien faits, que dans d'autres, parce que nos idées ſont en général analogues à notre conformation ; mais il faut cependant moins chercher cette analogie dans les formes, que dans l'eſſence & dans le caractère de l'homme : une ame tendre & des organes flexibles ſont des ſignes heureux de ce don. On s'en apperçoit plus facilement encore quand, à la lecture d'un livre, notre ame ſe trouve doucement émue par des paſſages ſur leſquels l'eſprit ardent & impétueux gliſſe rapidement, ainſi que cela arrive, par exemple, en liſant la comparaiſon que

Glaucus fait à Diomède, de la vie humaine avec les feuilles que le vent enlève & difperfe au loin, & qui fe renouvellent quand toute la nature eft ranimée par le printems (1). Il eft auffi inutile de chercher à faire connoître le beau à celui qui n'eft pas doué de ce fentiment, qu'il le feroit d'enfeigner la mufique à celui dont l'oreille n'eft pas muficale. Une preuve plus fenfible encore de ce don, c'eft lorfqu'on voit des enfans qui, élevés loin des arts, montrent néanmoins une aptitude & un penchant naturels pour le deffin, qui femblent leur être innés, comme l'eft, dans certaines perfonnes, le goût pour la poéfie & pour la mufique.

Comme d'ailleurs les belles formes du corps humain entrent dans la connoiffance du beau en général, j'ai remarqué que ceux dont l'attention ne fe fixe que fur les beautés dont la femme eft fufceptible, & qui ne font que foiblement touchés de celles de notre fexe, ne poffèdent point le fentiment du beau au degré néceffaire pour conftituer un vrai connoiffeur. Ils feront même incapables de juger des ouvrages des Grecs, dont les plus grands beautés fe trouvent principalement dans les ftatues d'hommes. Il faut cependant plus de fenfibilité & de perception pour juger des beautés de l'art que de celles de la nature ; parce que dans l'art cette fenfibilité eft le réfultat de la feule imagination, fans être excitée, comme au

---

théâtre, par le gefte, par la voix & par les larmes. Et comme cette fenfibilité eft bien plus vive, bien plus agiffante dans la jeuneffe que dans l'âge mûr, elle doit être exercée de bonne heure, & tournée vers des objets réellement beaux, avant que l'âge vienne à émouffer ce fentiment ; car alors, il faut l'avouer, nous ne fommes plus en état de connoître & de diftinguer le beau.

Il feroit néanmoins injufte de conclure de ce que nous venons de dire, que toutes les perfonnes qui admirent ce qui eft mauvais, ne foient pas douées de ce fentiment du beau. Car, de même que les enfans qui s'accoutument à regarder les objets de fort près apprennent à loucher, de même cette perception du beau peut fe perdre, & même devenir vicieufe, lorfque les objets qu'on préfente à nos yeux, pendant les premières années que nous commençons à réfléchir, font mauvais ou médiocres. Je me rappelle ici que des perfonnes qui demeurent dans une petite ville où il eft impoffible que les arts fleuriffent, raifonnoient & difcutoient beaucoup fur les veines fortement indiquées de quelques petites figures qu'on y voit dans l'églife cathédrale, & cela pour prouver leur bon goût : c'eft qu'elles ne connoiffoient rien de meilleur ou de plus beau, de même que les habitans de Milan préfèrent l'architecture de leur métropole à celle de l'églife de S. Pierre, à Rome.

On peut comparer le jufte fentiment du beau

à un plâtre bien coulant qu'on verferoit fur la tête de l'Apollon, & qui en couvriroit toutes les parties par un contact exact. Ce n'eft point ce que la paffion, l'amitié ou la complaifance nous engagent à admirer, qui peut être l'objet de cette perception, laquelle doit être dépourvue de toutes vues perfonnelles ou relatives, afin qu'on n'admire que ce qui eft réellement beau par lui-même. Vous me direz fans doute, mon ami, que je me livre ici à des idées Platoniciennes, & que de la manière dont je prends la chofe, peu de perfonnes fe trouveroient douées de l'aptitude dont il eft queftion. Mais vous n'ignorez pas que dans l'inftruction particulière, comme dans la légiflation civile, il faut monter l'inftrument au plus haut ton, parce que les cordes ne font que trop fujettes à fe relâcher d'elles-mêmes. Je vous parle ici de ce qui devroit être, & non de ce qui eft ; & mon raifonnement même doit être regardé comme une preuve de la vérité de ce que j'avance.

Le fens de la vue eft l'inftrument de cette perception, dont le fiége fe trouve dans l'ame ; le fens doit être exercé & jufte, & l'ame fenfible & délicate. Cependant la juftefle de l'œil eft une qualité qui manque à beaucoup de monde, auffi bien qu'une oreille délicate & un odorat fin. Je connois un virtuofe Italien qui poffède toutes les qualités néceffaires pour faire un bon chanteur, à la juftefle de l'oreille près ; il lui manque ce dont l'aveugle Saunderfon, fucceffeur de Newton,

étoit doué à un suprême degré. Plusieurs méde-
cins feroient plus habiles dans leur art, s'ils avoient
le fens du toucher plus vif & plus exercé. Notre
œil fe trouve fouvent trompé par des erreurs
d'optique, & quelquefois auffi par une conformation vicieufe.

La juftefle de l'œil confifte à bien diftinguer
la véritable forme & les dimenfions exactes des
objets; & les formes déterminées des objets dépendent autant des couleurs que des contours.
Il paroît que les couleurs locales ne font pas les
mêmes aux yeux de tous les artiftes, puifqu'ils
les imitent de différentes manières. Je ne citerai
point ici, pour appuyer mon affertion, le mauvais coloris de quelques peintres, tels, par exemple, que le Pouffin ; parce qu'il faut l'attribuer,
en partie, à des principes vicieux, à leur pareffe &
à leur impéritie ; quoique d'ailleurs ces peintres
ne fe foient fans doute pas apperçus eux-mêmes
de leur mauvais ton de couleur. Sans cela un
des meilleurs peintres Anglois auroit moins eftimé
fa mort d'Hector, de grandeur naturelle, dont le
coloris eft bien au deffous du deffin : ce tableau
a enfuite été gravé à Rome. Mon fentiment eft
prinoipalement fondé fur les défauts des peintres
qu'on range parmi les meilleurs coloriftes, &
entre autres le célèbre Frédéric Baroche, dont
les chairs tombent dans le verdâtre. Il avoit pris
la méthode, affez fingulière, de faire le cou-
ler ou la première couche du nu de fes figures

d'un ton verdâtre, ainſi qu'on peut s'en convaincre par quelques morceaux de ce peintre qu'il n'a point finis, & qu'on voit dans la galerie Albani à Rome. Le coloris, qui chez le Guide eſt ſuave & agréable, eſt chez le Guerchin vigoureux, ſombre & quelquefois triſte ; tons qui convenoient au caractère de ces deux artiſtes, & qu'on liſoit, pour ainſi dire, ſur leur phyſionomie.

La diſparité qu'on remarque dans la repréſentation des formes n'eſt pas moins grande chez les artiſtes ; ce qu'il faut attribuer à leurs différentes manières de voir les objets, & aux idées imparfaites qu'ils en avoient conçues dans leur imagination. On reconnoît le Baroche à ſes profils extrêmement baiſſés ; Piètre de Cortone ſe diſtingue par le petit menton de ſes têtes, & le Parmeſan ſe fait remarquer par un ovale alongé & les longs doigts en fuſeau de ſes figures. Ce n'eſt pas que je veuille avancer que du tems où toutes les figures étoient étiques, ainſi que cela eut lieu avant que Raphaël parût, ou lorſqu'on les faiſoit hydropiques, à l'exemple du Bernin, tous les artiſtes manquaſſent alors de juſteſſe dans l'œil ; car ici la cauſe de ces défauts doit être attribuée à un ſyſtême vicieux qu'on adopta alors. Il en eſt de même des proportions: nous voyons que des peintres, même de portraits, ont péché dans la grandeur des parties du corps, qu'ils voyoient cependant en repos, & qu'ils avoient tout le loiſir d'étudier : quelques

figures ont la tête trop groſſe ou trop petite ;
dans d'autres, ce défaut ſe remarque aux mains ;
on en voit dont le cou eſt d'une longueur diſ-
proportionnée, & ainſi du reſte. Si quelques années d'étude & d'application ne donnent point
à l'œil cette juſteſſe & cette proportion , il eſt
inutile de chercher davantage à y parvenir.

Si donc on trouve chez les artiſtes inſtruits
même les défauts dont nous venons de parler,
combien ne doivent-ils pas ſe rencontrer davantage chez les perſonnes qui négligent d'exercer
leurs yeux à voir ? Mais lorſque nous avons une
diſpoſition naturelle à cette juſteſſe de l'œil, il
eſt facile de la fortifier par l'habitude : M. le
cardinal Alexandre Albani peut , par le ſeul at-
touchement des médailles , dire de quel empereur elles ſont.

Lorſque le ſens de la vue eſt parfait, il faut
auſſi que la perception du ſens intérieur y ſoit
analogue ; car elle eſt une ſeconde glace dans
laquelle l'eſſence de notre propre reſſemblance
vient ſe réfléchir de profil. Le ſens intérieur nous
repréſente l'impreſſion qu'a reçue le ſens extérieur;
& c'eſt, pour tout dire en un mot, ce que nous
appelons une ſenſation. Cependant notre ſens intérieur n'eſt pas toujours de parité avec notre
ſens extérieur ; c'eſt-à-dire, que la ſenſibilité du
premier n'eſt pas portée au même degré que la
juſteſſe du ſecond, parce que celui-ci agit par
un pur mécaniſme , tandis que celui-là eſt le ré-

fultat d'une opération intellectuelle. Il peut donc y avoir des deffinateurs corrects, fans qu'ils foient doués d'aucune fenfibilité, & j'en connois un de cette efpèce ; mais ces artiftes ne font tout au plus deftinés qu'à copier le beau, fans pouvoir jamais le concevoir ou le produire par eux-mêmes. La nature avoit refufé ce don au Bernin, dans la fculpture ; tandis que Lorenzetto le poffédoit, à ce qu'il paroît, plus qu'aucun autre fculpteur des tems modernes. Lorenzetto étoit difciple de Raphaël, & fon Jonas de la chapelle Chigi eft généralement connu, tandis que perfonne ne remarque un ouvrage beaucoup plus parfait de lui, qui eft au Panthéon, favoir, une Vierge en pied, une fois plus grande que nature, qu'il a faite après la mort de fon maître. Un autre fculpteur eftimable, moins connu encore, c'eft Lorenzo Ottone, difciple d'Hercule Ferrata, dont il y a une Sainte Anne en pied dans la même églife ; de manière que deux des meilleures ftatues modernes fe trouvent dans le même lieu. Les plus belles ftatues des fculpteurs modernes, après celles que nous venons de nommer, font un Saint André du Flamand, & la Religion par le Gros, dans l'églife du *Gefu.* Comme l'écart que je viens de faire peut être utile, j'efpère qu'on me le pardonnera. Le fens intérieur dont je parle ici doit être prompt, vif, délicat & doué d'imagination.

Il doit être prompt & vif, parce que les pre-

mières impreffions font les plus fortes & précèdent
la réflexion ; tandis que ce que celle-ci nous fait
éprouver eft beaucoup plus foible. Voilà quelle
eft la puiffance qui nous porte vers le beau, &
qui fouvent eft obfcure & vague, ainfi que le
font toutes les impreffions fpontanées & fortes,
jufqu'à ce que l'examen des chofes exige & per-
mette la réflexion. Ceux qui voudroient juger
du tout par les parties, montreroient un efprit
purement didactique ; ils pourroient à peine fe
former une idée de l'enfemble des chofes, & ce
feroit en vain qu'ils chercheroient à réveiller en
eux le moindre enthoufiafme pour le beau.

Ce fens doit être plutôt délicat qu'impétueux,
puifque le beau eft le réfultat d'une harmonie des
parties, dont la perfection confifte dans une douce
gradation, & qui opère de même fur notre ame,
qu'il n'entraîne pas avec violence, mais qu'il captive avec douceur. L'effet de toutes les fenfa-
tions violentes eft de nous pouffer tout d'un coup
de l'*immédiat* au *médiat*, au lieu que notre ame
devroit être éclairée comme un beau jour dont
une aimable aurore annonce l'arrivée. Les fenfa-
tions violentes n'étant pour ainfi dire que momentanées, ne permettent pas à l'ame de confidérer le beau, & par conféquent d'en jouir,
puifqu'elles la font paffer tout d'un coup au point
où elle ne doit arriver que par degrés. C'eft auffi
pour cette raifon que la fage antiquité femble
avoir enveloppé fes idées dans des images fen-

fibles, & en cachoit ainfi le fens pour procurer
à l'efprit le plaifir de n'y parvenir que médiate-
ment. Voilà pourquoi les efprits trop vifs & trop
ardens ne font pas ceux qui font le mieux orga-
nifés pour fentir & connoître le beau ; & comme
la jouiffance de nous-mêmes & notre vrai bonheur
dépendent de la tranquillité de l'efprit & du corps,
il en eft de même de la perception & de la jouiffance du beau, lefquelles doivent être douces,
délicates, femblables à une rofée bienfaifante, &
non à une averfe. Or, comme les véritables beautés de la figure humaine fe trouvent, en général,
dans la nature tranquille & innocente, il n'y a
auffi que les perfonnes d'un caractère analogue
à cette nature qui puiffent véritablement connoître ces beautés & en jouir. Il n'eft pas néceffaire ici d'un Pégafe qui nous entraîne à travers
les régions éthérées ; il nous faut au contraire une
Minerve qui nous conduife doucement par la
main.

La troifième qualité du fens intérieur dont j'ai
parlé, favoir, une imagination créatrice qui fe
repréfente vivement les beautés de l'objet dont
on s'occupe, eft une fuite des deux premières,
fans lefquelles elle ne peut pas exifter, & qui,
femblable à la mémoire, croît & fe fortifie par
l'exercice, qui ne contribue en rien à celles-là.
Cette qualité eft quelquefois moins parfaite chez
l'homme du caractère le plus fenfible, que chez
le peintre inftruit, mais privé de cette fenfibilité ;

de manière que l'idée reçue eſt bien, en général, vive & claire, mais ſe trouve affoiblie quand nous cherchons à nous la repréſenter diſtinctement par parties iſolées, en faiſant abſtraction des autres, ainſi que nous l'éprouvons en voulant nous rappeler de cette manière l'image d'une maîtreſſe, & de tous les autres objets en général ; car le tout perd néceſſairement quand on veut trop en analyſer les parties. Cependant un peintre qui ne poſſède abſolument que le mécaniſme de ſon art, dont le principal talent conſiſte à faire des portraits, peut, par un exercice conſtant, exalter & fortifier ſon imagination, au point de ſe rappeler exactement toutes les parties d'une figure qu'il aura vue, & de les rendre avec vérité l'une après l'autre.

Cette qualité de l'ame doit donc être regardée comme une faveur particulière du ciel, qui, par la jouiſſance du beau, contribue à nous rendre heureux ; puiſque le bonheur ne conſiſte que dans une ſérie de ſenſations agréables.

Quant à la manière d'acquérir le ſentiment du beau dans les ouvrages de l'art, qui fait le ſecond point de cette diſſertation, nous commencerons d'abord par poſer une règle générale, que nous pourrons appliquer enſuite plus particulièrement à chacun des trois beaux arts. Mais cette règle, de même que cet écrit en général, n'eſt point du tout deſtinée pour les jeunes gens qui n'apprennent ces arts que comme un métier, pour

subvenir à leurs besoins, & qui par conséquent
ne peuvent pas aller au-delà ; mais je l'adresse
aux artistes qui au talent joignent le moyen, le
desir & l'occasion de la mettre en pratique ; &
c'est à eux qu'elle est absolument nécessaire : car
l'étude des ouvrages de l'art est faite, ainsi que
le dit Pline, pour les gens oisifs, c'est-à-dire,
pour ceux qui ne sont point condamnés à défri-
cher toute la journée un terrain pénible & ingrat.
Le loisir dont je jouis est un des plus grands
biens que j'aie trouvés à Rome, par les soins de
mon généreux maître & ami (le cardinal Alexandre Albani), qui depuis que je suis attaché à sa
personne, n'a pas exigé de moi le moindre trait
de plume ; & c'est cette heureuse oisiveté qui
m'a permis de satisfaire mon goût pour l'étude
de l'art.

Voici donc la règle que je veux proposer au
jeune homme dans lequel on remarquera les dis-
positions nécessaires pour parvenir à la connoissance du beau. Il faut d'abord qu'il prépare son
esprit à la sensibilité, à la perspicacité, & à la con-
templation du beau en tout genre, par la lecture
& l'explication des meilleurs ouvrages des auteurs anciens & modernes, & particulièrement
des poëtes ; car c'est la seule route qui puisse le
conduire à la perfection. Il doit en même tems
exercer ses yeux à voir & à distinguer les beautés
dans les ouvrages de l'art, ce qui, à la rigueur,
peut se faire dans tous les pays.

Qu'on commence par lui mettre devant les yeux les anciens ouvrages en bas-relief, & les peintures antiques que Sante Bartoli a gravées, & dont il a indiqué les beautés avec autant de justesse que de goût. Après quoi on peut prendre ce qu'on appelle la *Bible de Raphaël*, c'est-à-dire, l'histoire de l'Ancien Testament, que ce grand artiste a peinte en partie lui-même dans le plafond d'une galerie du Vatican, & dont il a fait exécuter le reste d'après ses desseins : Sante Bartoli a aussi gravé ces tableaux. Ces deux ouvrages feront pour les yeux que des objets de mauvais goût n'ont pas gâtés, ce qu'un bon modèle d'écriture est pour la main ; & comme un œil non exercé est semblable au lierre, qui s'attache aussi bien à un arbre qu'à une vieille masure, je veux dire qu'il voit avec un égal plaisir le mauvais & le bon, il ne faut lui montrer que des objets dignes d'être étudiés. C'est ici qu'on peut appliquer ce que disoit Diogène : » Qu'il faut invo-» quer les dieux, pour qu'ils ne présentent à » nos yeux que des choses agréables «. On re-marquera bientôt qu'un jeune homme qui aura su apprécier les figures de Raphaël, éprouve en voyant ensuite de mauvais ouvrages, ce qu'on ressent soi-même, lorsqu'après avoir contemplé sur le lieu même l'Apollon du Vatican & le Laocoon, on tourne ensuite les yeux sur quel-ques statues de saints qui sont dans l'église de S. Pierre, à Rome. Car, de même que la vérité feule fuffit pour nous convaincre, fans qu'il foit néceffaire de l'appuyer de preuves, le beau, qu'on aura appris à voir & à connoître dans l'enfance, nous paroîtra enfuite toujours tel, fans qu'il foit befoin de nous en expliquer la caufe.

Cette règle que je propofe ici pour commencer l'inftruction, eft particulièrement deftinée pour les jeunes gens, qui comme vous, mon ami, ont été élevés jufqu'à un certain âge à la campagne, ou qui n'ont point de guide pour apprendre à difcerner les beautés de l'art. Il y a cependant encore d'autres moyens pour y parvenir. Qu'on prenne les médailles gravées par Goltzius, qui font les mieux rendues de toutes celles que je connoiffe, dont l'étude & l'explication font d'ailleurs utiles au but que nous avons ici en vue, & qu'on peut par conféquent mettre avec fruit entre les mains des jeunes gens. Mais l'occupation la plus attrayante, & en même tems la plus inftructive, c'eft l'étude des pâtes ou des impreffions des meilleures pierres gravées, dont on trouve en Allemagne des collections en plâtre. On vend à Rome des collections complettes en foufre rouge de tout ce qu'il y a de plus beau dans ce genre. Pour retirer une plus grande utilité de cette étude, on peut confulter la *Defcription* que j'ai donnée *des Pierres gravées du cabinet de Stofch.* Si l'on veut faire l'acquifition d'un ouvrage plus précieux encore, il faut prendre le volume du *Mufeum Florentinum*, qui contient

les

pierres gravées, & qui se vend séparément.

Si notre jeune homme se trouve dans une grande ville, où il puisse recevoir des instructions de vive voix, je voudrois qu'on ne lui en donnât point d'autres au commencement. Et si, par un bonheur rare, l'instituteur avoit le talent de distinguer le travail des artistes anciens d'avec celui des modernes, on pourroit joindre aux pâtes des antiques une collection de pierres gravées modernes, afin d'apprendre à connoître, par la comparaison des unes avec les autres, les véritables beautés des anciennes & les idées erronées qu'on trouve dans la plus grande partie des ouvrages de nos jours. Il est même possible de faire connoître & de rendre palpables beaucoup de choses sans l'étude du dessin ; car c'est par la comparaison qu'on parvient à se former une idée distincte & exacte des objets ; de même qu'on apperçoit la foiblesse d'un chanteur médiocre, lorsqu'il est accompagné d'un instrument harmonieux ; défaut qu'on n'auroit point remarqué s'il avoit chanté seul. Cependant le dessin, qu'on peut apprendre en même tems que l'écriture, donne, quand on y a fait quelque progrès, une certaine justesse d'œil, ainsi qu'une connoissance plus étendue & mieux sentie des beautés de l'art.

L'instruction privée, par le moyen des gravures & des pâtes, n'est cependant tout au plus comparable qu'à l'étude qu'on feroit de l'architecture par le plan géométral des édifices : la

copie en petit n'eft que l'ombre & non la vérité
même ; & la différence entre l'Odyffée en Grec
& les traductions de ce poème, n'eft pas plus
grande que celle qu'il y a entre les ouvrages des
anciens & de Raphaël, & les gravures qu'on en
a faites : les premiers font pleins de vie & d'expreffion, tandis que les autres font mortes. On
ne peut donc parvenir à une connoiffance entière & parfaite du beau dans les ouvrages de
l'art, que par une étude raifonnée des originaux
mêmes, particulièrement à Rome. Et rien n'eft
plus à defirer pour ceux qui font deftinés à connoître & à fentir le beau, que de faire le voyage
d'Italie, fur-tout s'ils ont reçu les inftructions
néceffaires pour l'entreprendre avec utilité. Hors
de Rome on doit, comme les amans, fe contenter fouvent d'un fimple coup-d'œil & d'un
foupir : c'eft-à-dire, qu'il faut attacher un grand
prix à des bagatelles & à des chofes médiocres.

Quoiqu'un grand nombre d'ouvrages anciens
& de tableaux des plus célèbres maîtres aient
paffé, depuis un fiècle, de Rome dans les pays
étrangers, & nommément en Angleterre, il eft
certain cependant que les meilleurs font reftés
à Rome, & que probablement ils n'en fortiront
jamais. Le plus riche cabinet d'antiques qu'il y
ait en Angleterre eft celui de milord Pembrock à
Wilton, dans lequel fe trouve tout ce que le
cardinal Mazarin avoit raffemblé. Il faut néanmoins fe laiffer auffi peu féduire par le nom de

l'artifte Cléomène qu'on y lit au bas de quelques ftatues, que par les noms donnés arbitrairement à quelques buftes qu'on voit à Mayence. Après le cabinet de Pembrock on peut placer celui d'A-rondel, dont le morceau le plus précieux eft une ftatue confulaire connue fous le nom de Cicéron ; & c'eft même tout ce que cette collection renferme de véritablement beau. Une des plus belles ftatues qu'il y ait en Angleterre, c'eft une Diane que M. Cook, ci-devant miniftre de la Grande-Bretagne à Florence, emporta de Rome, il y a environ quarante ans. Elle eft repréfentée tirant de l'arc à la courfe ; le travail en eft admirable, & il n'y manquoit que la tête, qui y a été reftaurée à Florence.

La meilleure ftatue qu'on poffède en France, eft celle qu'on prétend être un Germanicus, qu'on voit à Verfailles, avec le nom de l'artifte Cléomène ; mais elle n'a point de beauté idéale particulière, & paroît avoir été faite d'après un modèle vivant ordinaire. La Vénus aux belles feffes, du même endroit, qu'on regarde comme une merveille, n'eft fans doute qu'une copie de la ftatue du palais Farnèfe à Florence, qui porte le même nom, mais qui eft plus belle, quoiqu'elle mérite cependant à peine d'être placée parmi les ftatues du fecond rang ; elle a de plus, pour ne point parler des bras, une tête moderne ; ce que tout le monde ne peut pas appercevoir à la vérité.

R ij

Au palais d'Aranjuès en Espagne, où se trouve le cabinet d'antiques qui a appartenu au cardinal Odescalchi, & que la reine Christine a possédé, sont les deux plus beaux génies connus (à qui l'on a donné le nom de Castor & Pollux), & leur beauté surpasse tout ce qu'il y a en France. On y voit aussi un admirable buste bien conservé d'Antinoüs, plus grand que nature, & une Nymphe couchée, à laquelle on donne faussement le nom de Cléopâtre. Le reste de cette collection est médiocre ; & les Muses de grandeur naturelle ont des têtes modernes faites par Hercule Ferrata, dont le ciseau a aussi produit en entier l'Apollon qu'on voit dans ce Musée.

L'Allemagne ne manque pas non plus d'anciens ouvrages de l'art. Il n'y a cependant rien à Vienne qui mérite d'être cité, si ce n'est le beau vase de marbre d'une grandeur & d'une forme pareilles à celles du célèbre vase de la *villa* Borghèse, avec une Bacchanale travaillée en bas-relief autour de la panse. Ce vase, découvert à Rome, a appartenu au cardinal Nicolas del Giudice, dans le palais duquel il se trouvoit autrefois à Naples. A Charlottenbourg, proche de Berlin, est la collection d'anciens ouvrages que le cardinal de Polignac avoit rassemblée à Rome. Les principaux morceaux de ce cabinet sont onze statues, auxquelles ce cardinal a donné le nom de la famille de Lycomède ; c'est-à-dire, Achille en habits de femme parmi les filles de ce roi. On doit remarquer néanmoins que toutes les principales parties de ces ſtatues , & particulièrement les têtes, ſont modernes, & qui plus eſt, faites par de jeunes artiſtes de l'académie de France à Rome : la tête du prétendu Lycomède eſt le portrait du célèbre baron de Stoſch. Le meilleur morceau de cette collection eſt un enfant de bronze aſſis , jouant aux oſſelets , que les Grecs appeloient *Aſtragali* , & les Romains *Tali* , qui , comme on ſait, leur ſervoient de dés à jouer. Le grand tréſor d'antiquités ſe trouve à Dreſde : il a été formé de la galerie Chigi à Rome , que le roi Auguſte acheta pour ſoixante mille écus Romains, & que ce prince augmenta enſuite d'une collection de ſtatues que le cardinal Alexandre Albani lui céda pour dix mille écus. Je ne puis néanmoins vous dire quels ſont les plus précieux morceaux de ce cabinet , parce que les meilleures ſtatues ſe trouvoient , lorſque j'y fus ,. entaſſées dans des hangards , où l'on pouvoit bien les voir , à la vérité , mais non pas les examiner. Quelques-unes cependant étoient plus avantageuſement placées ; & parmi ces dernières il y avoit trois ſtatues de femme , qui ont été découvertes à Herculanum.

Il n'y a aucun tableau du grand Raphaël en Angleterre, ſi ce n'eſt un S. George , dans le cabinet du duc de Pembrock , lequel reſſemble, autant que je puis me le rappeler, à celui qui eſt dans la galerie du duc d'Orléans : le premier a été gravé par Pagot. Mais à Hamptoncourt il y a huit cartons de Raphaël, qui ont servi de modèle pour un pareil nombre de tapisseries de haute-lice qu'on voit dans l'église de S. Pierre, à Rome : Dorigny en a donné les gravures. Il n'y a pas long-tems que milord Baltimore a fait présent au roi d'Angleterre du dessin de la Transfiguration de Raphaël, de la même grandeur qu'est le tableau original, & qu'on aura sans doute aussi placé à Hamptoncourt. Ce dessin fut calqué sur le tableau, & fixé ensuite sur du papier, afin de pouvoir mieux le conserver. Vous connoissez, mon ami, l'artiste qui a fait ce travail, c'est M. Casanova, le plus grand dessinateur qu'il y ait à Rome, après Mengs son maître ; & nous avons plus d'une fois contemplé & admiré ensemble cet ouvrage , qui est unique en son genre.

En France, il y a à Versailles la célèbre Sainte Famille de Raphaël, gravée d'abord par Edelinck, & ensuite par de Frey ; ainsi qu'une Sainte Catherine. En Espagne, on voit à l'Escurial deux tableaux de ce maître, dont l'un est une Vierge. En Allemagne, il y a aussi deux morceaux de lui, savoir, une Sainte Catherine à Vienne ; & à Dresde, un tableau d'autel , qui a appartenu au couvent de Saint Sixte à Plaisance ; mais ce dernier n'est pas de la meilleure manière de Raphaël, & par malheur il est peint sur toile, tandis que tous ses autres ouvrages à l'huile sont sur panneau ; de sorte qu'il a déja beaucoup souffert en venant d'Italie. D'ailleurs, quoique le deſſin y faſſe reconnoître la main de Raphaël, il faut convenir que le coloris en eſt mauvais. Un prétendu tableau de Raphaël, que le roi de Pruſſe fit acheter, il y a quelques années, pour trois mille écus Romains, n'eſt pas regardé par les vrais connoiſſeurs comme un ouvrage de ce grand artiſte ; & l'on ne put pas non plus obtenir dans le tems un certificat par écrit de ſon authenticité.

Ce que nous venons de dire prouve que ce n'eſt qu'en très-petit nombre qu'on trouve hors de l'Italie les meilleurs ouvrages en marbre des anciens, & les tableaux de Raphaël, & que Rome ſeule fournit les moyens d'acquérir & de rectifier le ſentiment du beau. Cette capitale du monde eſt encore & reſtera probablement toujours la ſource principale des beautés de l'art ; & l'on y y découvre plus de nouveaux monumens dans un mois qu'en une année entière dans les différentes villes enſevelies par le Véſuve. Après avoir examiné dans mon *Hiſtoire de l'Art* tout ce que l'art des anciens nous offroit de plus beau en Italie, je ne penſois pas qu'il fût poſſible de voir jamais une plus belle tête d'adoleſcent que celles de l'Apollon, du Génie Borghèſe, ou du Bacchus de Médicis à Rome ; mais quelle fut ma ſurpriſe en trouvant une plus haute beauté encore dans la tête d'un jeune Faune, avec deux petites cornes naiſſantes au front, qu'on a découverte depuis peu, & dont le sculpteur Cavaceppi est possesseur. Il lui manque le nez & quelque chose de la lèvre supérieure. Quelle idée de la beauté ne nous donneroit point cette tête, si elle n'avoit pas été ainsi mutilée ! (1) Au mois de mai de l'année 1763, on trouva proche d'Albano, dans une *villa* du prince Altieri, une des plus savantes statues de l'antiquité. Elle représente un jeune Faune qui tient devant lui une grande coquille d'où couloit de l'eau, & dans laquelle il est supposé se regarder en baissant la tête & en courbant le dos. Le Faune dansant de Florence perd beaucoup auprès de celui-ci, qu'on ne peut pas mieux comparer qu'au torse de l'Hercule déifié, dont j'ai donné la description. Il faut donc croire que ce Faune de la *villa* Altieri sera un jour aussi célèbre que le sont le prétendu Gladiateur Borghèse & l'Hercule Farnèse.

Après ce coup-d'œil général, il seroit nécessaire d'entrer dans quelques détails sur ce qui caractérise en particulier les trois arts libéraux, savoir, la peinture, la sculpture & l'architecture ; mais ce champ est trop vaste pour le parcourir ici. Je dois me tenir renfermé, pour le moment, dans les bornes que demande cet écrit ; d'autant plus que d'autres occupations exigent tout mon

---

(1) *Voyez* la page 322 du *Recueil de Lettres de M. Winckelmann sur les Découvertes faites à Herculanum, à Pompeii, à Stabia, à Caserte & à Rome*, dont nous avons donné une traduction qu'on trouve chez Barrois l'aîné. *Note du Traducteur.*

tems : je me contenterai donc de cueillir, en paſſant, quelques fleurs ſur cette route.

C'eſt dans le premier de ces trois arts que le beau eſt le plus difficile à ſaiſir ; cela eſt plus aiſé dans le ſecond, & moins pénible encore dans le troiſième ; cependant il eſt, pour ainſi dire, également impoſſible de donner une définition exacte de la beauté, & de ce qui la conſtitue dans ces trois arts : c'eſt ici qu'on peut appliquer la maxime, que rien n'eſt plus difficile que de fournir la preuve d'une vérité évidente, & que tout le monde peut diſcerner par le moyen des ſens.

On peut dire qu'en général le beau règne plus dans l'architecture que dans la peinture & dans la ſculpture, puiſqu'il conſiſte principalement dans la proportion, qui ſeule ſuffit pour donner de la beauté à un édifice. La ſculpture a deux parties difficiles de moins que la peinture, ſavoir, le coloris & le clair-obſcur, par leſquels la peinture atteint à ſon plus haut degré de perfection. Il eſt donc plus aiſé de poſſéder & de ſavoir apprécier l'architecture que la ſculpture, & l'on parvient plus tôt à la connoiſſance de ce dernier art qu'à celle de la peinture. C'eſt d'après ce principe que le Bernin pouvoit être un grand architecte, ſans avoir une idée exacte de la beauté humaine, éloge qu'il n'a pas mérité comme ſculpteur. Cette réflexion me paroît ſi naturelle, que je ne puis comprendre comment il eſt poſſible qu'il y ait des gens qui puiſſent douter que la peinture ſoit un art plus difficile que la fculpture ; car on ne peut pas alléguer ici , comme une preuve en faveur du contraire, que les bons fculpteurs ont été auffi rares, dans les tems modernes, que les bons peintres. Il s'enfuit donc de ce que nous venons de dire, que puifque dans l'architecture le beau ne confifte que dans une feule partie, favoir, la proportion, nous devons auffi être d'autant plus rarement touchés des productions de cet art, que le beau s'y trouve moins fouvent, ainfi qu'on peut s'en convaincre à Rome même, où parmi les plus magnifiques édifices publics des derniers fiècles, on en trouve très-peu qui foient bâtis d'après les règles du vrai beau, contre lefquelles péchent, fans exception, tous ceux de Vignole. La belle architecture eft fort rare à Florence, de forte même qu'il n'y a qu'une feule petite maifon qu'on puiffe regarder comme bien bâtie, & que les Florentins ne manquent pas non plus de faire remarquer comme une merveille. Mais Venife furpaffe Rome & Florence par plufieurs magnifiques palais que Palladio a bâtis fur le grand canal. On peut appliquer à d'autres pays ce que je viens de dire de l'Italie. Il y a néanmoins plus de beaux monumens d'architecture à Rome, que dans tout le refte de l'Italie pris enfemble : le plus bel édifice de notre tems, c'eft la *villa* du cardinal Alexandre Albani, dont le falon peut être regardé comme le plus parfait & le plus magnifique ouvrage en ce genre.

On peut fe former une idée de la beauté de l'architecture par le plus admirable monument de cet art qu'il y ait au monde, favoir, l'églife de Saint Pierre à Rome. Ce que Cambell, dans fon Vitruve Anglois, & d'autres écrivains ont dit des défauts de cet édifice, n'eft appuyé que fur des ouï-dire, & n'a pas le moindre fondement. On veut que les baies ou les ouvertures de la façade de devant, ainfi que leurs divifions, ne foient pas proportionnées à la grandeur du bâtiment. Mais on ne fe reffouvient pas fans doute que ce prétendu défaut provient néceffairement du balcon duquel le pape avoit coutume de donner fa bénédiction au peuple, tant à l'églife de S. Pierre qu'à celles de S. Jean-de-Latran & de Sainte Marie-Majeure. Le plus grand défaut cependant qu'on remarque à cet édifice, c'eft que Carle Maderno, qui a été chargé de la façade de devant, l'a fait trop faillir en avant, & qu'au lieu de former une croix Grecque, où la coupole fe trouvât au milieu, il a donné à ce temple la forme d'une croix Latine. Mais il faut fe rappeler qu'il lui fut ordonné d'opérer de cette manière, afin de renfermer tout le terrain de l'ancienne églife dans les murs du nouvel édifice. Ce prolongement avoit déja été projeté par Raphaël, comme architecte de l'églife de S. Pierre, avant que Michel-Ange en fût chargé; ainfi qu'on peut s'en convaincre par le plan géométral qu'on en trouve dans Serlio; & il femble que Michel-

Ange ait eu auſſi la même idée., ſuivant le plan
que nous en a donné Bonanni. Cette forme d'une
croix Grecque eſt contre les règles des anciens
architectes, qui enſeignent que la largeur d'un
temple doit être du tiers de ſa longueur (1).

Le premier pas vers la connoiſſance du beau
dans les ouvrages de ſculpture des anciens, eſt
de ſavoir ce que chaque ſtatue offre de vraiment
antique, & ce qu'il y a de moderne ou de reſ-
tauré. Le défaut de cette connoiſſance a induit
en erreur un grand nombre d'écrivains & de prétendus connoiſſeurs : car cette reſtauration n'eſt
pas auſſi facile à remarquer à tous les monumens
anciens, qu'elle l'eſt aux ſtatues du palais Giuſ-
tiniani, qui révoltent juſqu'au moindre écolier.
Je veux parler ici de la reſtauration de quelques
parties des ſtatues mêmes ; car pour ce qui eſt
des attributs qu'on y a ajoutés après coup, ils
n'ont aucun rapport avec le ſentiment du beau
dans l'art. Tous les écrivains en général ſe ſont
trompés en parlant du Taureau Farnèſe, auquel
ils n'ont découvert aucune partie moderne. Cependant, s'ils avoient eu la moindre connoiſſance
du beau , ils auroient formé du moins quelque
doute ſur la moitié entière de quelques figures
de cet ouvrage. Tout n'eſt pas de la même beauté
dans le nu (car il y avoit auſſi dans l'antiquité

---

(1) Voyez les *Remarques ſur l'Architecture des anciens*, dont
nous avons donné une traduction qu'on trouve chez Barrois l'aîné.
Note du Traducteur.

de bons & de mauvais artiftes, ainfi que Platon
le remarque dans fon Cratyle) ; mais on n'y
trouve néanmoins que peu de défauts : & comme
dans la nature humaine, on appelle parfait ce
qui eft le moins mauvais, on doit regarder, dans
ce fens, comme belles un grand nombre de ftatues antiques. Mais il eft facile de diftinguer le
beau idéal & abftrait de l'expreffion de la beauté
ou du beau aĉtuel. L'Apollon du Belvédère eft,
pour la phyfionomie, un modèle du beau idéal,
& le Génie de la *villa* Borghèfe nous en offre
un de la beauté aĉtuelle ou purement humaine ;
la tête de l'Apollon ne peut convenir qu'à un
dieu irrité, & qui en même tems méprife fon
ennemi. Il faut convenir auffi que les draperies
des ftatues antiques ne font pas moins belles que
le nu : le jet en eft heureux & fage, & toutes
n'ont pas été faites d'après l'étoffe mouillée,
comme on le prétend fauffement. Ce ne font
que les étoffes légères avec de petits plis, & qui
touchent immédiatement la chair que les anciens
ont faites dans ce goût. On ne peut donc pas,
d'après cette affertion, difculper les artiftes modernes d'avoir donné aux figures des fujets
d'hiftoire des draperies arbitraires qui n'ont jamais exifté, au lieu d'imiter fagement celles des
anciens.

Quelques écrivains, qui font autant en état de
parler des ouvrages des anciens, que les pélerins
le font de donner une defcription exaĉte de Rome,

prétendent cependant que toutes les figures des bas-reliefs antiques font également faillantes, & qu'elles fe trouvent toutes placées fur un même plan, fans aucune obfervation des règles de la perfpective. Ils avancent tout cela comme démontré, & ils en concluent que les anciens n'avoient abfolument aucune connoiffance de cette partie ; comme s'il étoit plus difficile de modeler des figures plates qu'en ronde boffe ou en relief. On trouve néanmoins des bas-reliefs dont les figures font placées fur trois plans différens, & dont la faillie diminue en raifon de leur diftance : il y en a un entre autres de cette efpèce dans le fuperbe falon de la *villa* Albani. Dans les ouvrages des artiftes modernes on eft obligé de s'écarter de la règle générale, & l'on ne peut pas toujours juger du maître par fes productions : telle eft, par exemple, la ftatue de S. Dominique revêtu des habits de fon ordre, qu'on voit dans l'églife de S. Pierre à Rome, dans laquelle le célèbre le Gros, qui d'ailleurs étoit un fi grand maître, a trouvé des obftacles invincibles pour atteindre au beau.

Dans la peinture, la beauté confifte auffi bien dans le deffin & dans la compofition, que dans le coloris & dans le clair-obfcur. La beauté eft la pierre de touche du deffin, même dans les objets qui font naturellement faits pour infpirer de la terreur; car tout ce qui s'écarte d'une belle forme peut bien être favant, mais non pas beau. Plufieurs figures de l'Affemblée des dieux de Raphaël nous ſerviront de preuve de ce que j'avance ici ; mais il faut ſe rappeler que cet ouvrage a été exécuté par les diſciples de ce maître, parmi leſquels Jules Romain, qu'il aimoit particulièrement, ne poſſédoit certainement pas le ſentiment du beau. Lorſque l'école de Raphaël, qui ne brilla, pour ainſi dire, qu'un inſtant, eut diſparu, les artiſtes abandonnèrent bientôt l'étude de l'antique, & ne conſultèrent plus que leur goût & leur caprice. Ce furent les deux Zucchari qui les premiers replongèrent l'art dans les ténèbres ; & Joſeph d'Arpino, en s'égarant lui-même, en entraîna pluſieurs dans l'erreur. Environ un demi-ſiècle après Raphaël, commença à paroître l'école des Carrache, dont Louis, l'aîné des deux frères, qui en fut le fondateur, ne paſſa pas quinze jours à Rome, & reſta bien au deſſous de ſes neveux, & particulièrement d'Annibal, dans le deſſin. Ceux-ci furent éclectiques, & cherchèrent à réunir la pureté des anciens & de Raphaël, & la ſcience de Michel-Ange à la richeſſe & à la profuſion de l'école Vénitienne, & au gracieux dont le Corrège avoit donné l'exemple à l'école Lombarde. C'eſt de l'école d'Auguſtin & d'Annibal Carrache que ſont ſortis le Dominiquin, le Guide, le Guerchin & l'Albane, qui tous ont atteint à la célébrité de leurs maîtres, mais qu'on ne doit cependant regarder que comme des imitateurs.

De tous les ſucceſſeurs des Carrache, le Dominiquin fut celui qui étudia le mieux l'antique. Il ne

commençoit jamais un tableau qu'après en avoir
deffiné auparavant toutes les parties, comme on
peut le voir par les porte-feuilles de ses deffins,
que possédoit autrefois le cardinal Alexandre Albani, & qui se trouvent aujourd'hui dans le cabinet du roi d'Angleterre. Cependant il n'a pas
atteint, dans le nu, à la correction de Raphaël. Le
Guide ne peut pas être comparé au Dominiquin,
ni dans le deffin, ni dans l'exécution : il a eu, à
la vérité, le sentiment du beau, mais il n'y est
parvenu que rarement. L'Apollon de son célèbre
plafond de l'Aurore, n'est rien moins qu'une belle
figure, & resemble à un homme du peuple,
quand on le compare à l'Apollon au milieu des
Muses que Mengs a peint dans un plafond de
la *villa* du cardinal Alexandre Albani. La tête
de son Archange est belle, sans avoir néanmoins
rien d'idéal. Il abandonna son premier coloris, qui
étoit vigoureux, d'un ton gris tirant sur le verdâtre, & en prit un qui étoit tout-à-fait gris &
foible. Ce n'est pas dans le nu que le Guerchin
s'est principalement diftingué ; il ne s'est pas attaché non plus à la sévérité du deffin de Raphaël,
ni à la draperie des anciens, dont il n'a que rarement imité la manière. Ses figures sont belles &
conçues d'après un goût qui lui étoit particulier ;
de sorte qu'il a plus de droit à l'originalité que les
maîtres dont nous avons parlé plus haut. L'Albane a été le peintre des Graces, mais on ne
peut pas le ranger parmi ceux qui ont le plus
facrifié

facrifié à l'antiquité : fes têtes font plus gracieufes que belles. D'après les principes que nous venons d'établir, le Lecteur pourra juger par lui-même de la beauté des figures individuelles des autres peintres, qui font dignes qu'on les étudie.

La beauté de la compofition confifte dans la fageffe, c'eft-à-dire, que les perfonnages en doivent être fages & tranquilles, & non pas dans des mouvemens violens & convulfifs, tels que ceux du célèbre la Fage. Le fecond principe eft de n'y rien introduire d'inutile ou d'oifif, qu'on puiffe comparer aux chevilles dans la poéfie, afin que les figures acceffoires ne reffemblent pas à des boutures étrangères, mais à des rejetons de la même fouche. La troifième qualité requife, c'eft le contrafte, qui confifte à éviter la répétition des mêmes attitudes & des mêmes mouvemens ; ce qui prouveroit ou une difette d'idées, ou une pareffe d'efprit. Il y a de très-grandes compofitions qu'on n'admire pas comme telles : les peintres machiniftes, ou ceux qui ont l'art de remplir facilement de beaucoup de figures des champs confidérables, tels que Lanfranc, dont les plafonds contiennent des centaines de figures, reffemblent à certains écrivains d'ouvrages *in-folio*. Nous favons, comme le dit Phèdre :

Plus effe in uno fæpe, quam in turba, boni.

Le parfait n'eft que rarement le fruit de la preffe ; & celui qui écrivoit à fon ami : » Je n'ai

» pas eu le tems de m'exprimer plus laconique-
» ment, « ne favoit fans doute pas que ce n'eft
point la quantité , mais le peu qui eft difficile.
Tiepolo exécute plus en un jour que Mengs dans
toute une femaine ; mais on a oublié les ouvrages
du premier auffitôt qu'on les a perdus de vue ;
tandis que les chefs-d'œuvre de Mengs font une
impreffion auffi profonde que durable. Cependant, lorfque toutes les parties d'un ouvrage ont
été étudiées avec foin, ainfi que dans le Jugement
dernier de Michel-Ange , dont il y a un grand
nombre d'études de fimples figures & de groupes
de la main de ce célèbre artifte , dans la collection
qui appartenoit autrefois au cardinal Alexandre
Albani, & dont le roi d'Angleterre eft aujourd'hui
poffeffeur ; & comme dans la Bataille de Conftantin
par Raphaël, où l'on ne trouve pas moins d'objets
d'étonnement & d'admiration que n'en éprouva
le héros à qui Pallas, dans Homère, montre le
champ de bataille ; c'eft alors , dis-je , que nous
avons devant les yeux un fyftême entier & parfait
de l'art. On trouvera un exemple des réflexions
que nous venons de faire dans le tableau de la
Bataille d'Alexandre contre Porus de Pierre de
Cortone, au capitole , qui eft un amas confus
& bizarre de figurines conçues & exécutées à la
hâte, qu'on montre néanmoins, & qu'on admire
comme un chef-d'œuvre ; d'autant plus que la
chronique dit que Louis XIV a fait offrir pour
ce tableau vingt mille écus Romains à la famille

Savelli ; menfonge qu'on peut placer à côté du conte qu'on fait, que ce même monarque auroit offert cent mille louis d'or pour la Nuit du Corrège.

La beauté du coloris confifte en une exécution finie & foignée ; & ce n'eft point par une étude précipitée qu'on parvient à la connoiffance des différentes gradations des couleurs & de leurs demi-teintes. Aucun grand peintre n'a travaillé à la hâte ; & l'école de Raphaël, ainfi que tous les grands coloriftes en général, ont cherché à donner à leurs ouvrages un fini qui permît de les examiner de près. Les derniers peintres Italiens, parmi lefquels Carle Maratte tient le premier rang, ont affecté une grande facilité dans le faire, & fe font contentés d'un effet général dans leurs ouvrages ; voilà pourquoi leurs tableaux perdent tant lorfqu'on les regarde de près, & qu'on les examine pendant quelque tems. C'eft fans doute la manière de ces peintres qui a donné lieu au proverbe Allemand, qui dit : » Cela eft beau de loin, » comme les tableaux Italiens. « Je fais néanmoins abftraction ici des peintures à frefque, qui, devant être vues de fort loin, ne demandent point une exécution finie ; je ne veux point parler non plus de ces tableaux d'un pinceau léché & pénible, qu'on admire plus pour le travail qu'ils ont coûté, que pour le talent de l'artifte. Les ouvrages à frefque font, en général, exécutés avec une certaine franchife & hardieffe qui plaifent ; &

la facilité du pinceau, en faisant un plus grand effet de loin, ne perd cependant rien à être vue de près. De cette espèce est la merveille des petits tableaux de chevalet qu'on voit dans le palais Albani; savoir, la célèbre Transfiguration de Raphaël, que quelques connoisseurs regardent comme un ouvrage de la main même de ce grand artiste, mais que d'autres attribuent à l'un de ses disciples. De l'autre genre est la Descente de croix du chevalier Van-der-Werff, une des meilleures productions de ce maître, qu'il a peint pour l'électeur Palatin, qui en fit présent au pape Clément XI, & qui est aussi dans le palais Albani. De tous les maîtres Italiens, ce sont le Corrège & le Titien qui ont atteint au plus haut degré de perfection dans la carnation des chairs; & l'on peut dire que le nu de leurs figures est la vérité & la nature même. Rubens, qui dans le dessin n'a rien d'idéal, il l'est beaucoup dans le coloris: ses chairs ressemblent à la couleur vermeille des doigts de la main quand on les tient contre le soleil; & son coloris peut être comparé à de la véritable porcelaine; tandis que celui du Titien & du Corrège ressemble à des compositions verreuses & opaques.

Peu d'ouvrages du Caravage & de l'Espagnolet sont véritablement beaux, parce qu'ils péchent par le clair-obscur; & l'on diroit qu'ils semblent craindre la lumière. C'est la mauvaise distribution des objets qui est la cause de leur noirceur. Des objets placés avec intelligence les uns à côté des autres, en deviennent plus clairs & plus distincts : tel est, par exemple, l'effet d'une chair blanche à côté d'une draperie sombre. Ce n'est cependant pas d'après ce principe qu'agit la nature, qui passe par gradations de la lumière aux ombres : l'aurore précède le jour, & la nuit est amenée par le crépuscule. Les demi-connoisseurs du tems du Caravage admiroient néanmoins cette manière, & la préféroient à celle des Carrache & de leur école. Il arrive souvent qu'un amateur de l'art, qui se sent lui-même pénétré du sentiment du beau, mais qui ne possède pas toutes les connoissances requises pour le définir, se laisse séduire par les décisions des prétendus connoisseurs, tandis que ses yeux & son esprit lui prouvent le contraire. Mais si un pareil amateur a étudié les ouvrages des meilleurs maîtres, & s'est donné quelques principes de l'art, il fera bien de s'en rapporter plutôt à ses propres idées, qu'au jugement péremptoire de ceux qui ne l'ont pas persuadé : car il y a des gens qui ne louent que ce qui ne plaît point aux autres, pour se mettre par là au dessus du sentiment général. Tel fut, par exemple, le célèbre Maffei, qui, avec des connoissances fort superficielles du grec, mettoit l'obscur & l'ampoulé Nicandre au dessus d'Homère, pour se distinguer par ce sentiment extraordinaire, & pour faire croire qu'il avoit lu & compris son auteur favori. L'amateur doit d'ailleurs être per-

fuadé que fi ce n'étoit la néceffité de connoître
la manière des différens maîtres, il pourroit fe
paffer d'étudier les ouvrages de Lucas Jordans,
de Pierre Calabrèfe, de Solimène, & en général
de toute l'école Napolitaine. On peut en dire autant des peintres modernes de l'école de Venife,
& particulièrement de Piazzetta.

Il me refte à ajouter ici quelques réflexions
qui pourront contribuer à la connoiffance du beau
dans l'art. Il faut fur-tout être attentif à bien diftinguer les idées particulières & originales dans les
ouvrages de l'art, qui s'y trouvent fouvent cachées
& perdues, de même que les perles fines le font
quelquefois dans un collier de fauffes perles. Il eft
néceffaire que nous commençions par les conceptions de l'efprit du peintre, comme la partie la
plus eftimable, même dans le beau, pour paffer
enfuite à l'exécution ou à la manière dont il a
rendu ces idées. Cette marche eft, en particulier,
utile dans l'examen des ouvrages du Pouffin, où
l'œil ne fe trouve point flatté par le brillant du
coloris, & dont on pourroit par conféquent ne
point apprécier tout le mérite. Dans fon tableau
de l'Extrême-Onction, il a rendu ces paroles de
l'Apôtre : » *J'ai combattu heureufement,* « en repréfentant au deffus du lit de l'agonifant un bouclier avec le nom de J. C., qui fe trouve auffi fur
une ancienne lampe chrétienne. Au deffous pend
un carquois, qu'on peut regarder comme une allégorie des flèches du pécheur. Le fléau des Phi-

liftins, frappés aux parties fecrettes du corps, eft indiqué par deux figures qui tendent une main fecourable aux malades, en fe bouchant le nez de l'autre. On trouve une idée plus noble dans le célèbre tableau de l'Io, du Corrège; on y voit un cerf altéré fur le bord de l'eau, fuivant ce paffage du Pfalmifte : »Tel que le cerf qui rait, &c. ; « ce qui eft une image fenfible de l'amour dont Jupiter brûla pour la fille du fleuve Inachus; car le raire du cerf fignifie auffi en Hébreu, defirer quelque chofe avec ardeur. Rien n'eft mieux rendu encore que la Chûte du premier homme par le Dominiquin, qu'on voit dans la galerie Colonne : le Tout-Puiffant porté par un groupe d'Anges, reproche à Adam fon péché; celui-ci en rejette la faute fur Eve, qui à fon tour en accufe le Serpent qui rampe à fes pieds. Ces figures font placées fucceffivement dans le même ordre que la tranfaction s'eft paffée, & forment une chaîne de circonftances qui fe rapportent l'une à l'autre.

La feconde réflexion a pour objet l'étude de la nature. L'art, qui ne confifte que dans une imitation de la nature, ne doit point s'en écarter, même en produifant le beau; mais il faut éviter, autant qu'il eft poffible, tout ce qui eft chargé ou altéré, puifque dans la nature même la beauté nous déplaît lorfqu'elle prend des attitudes pénibles ou contraintes. Et de même qu'une inftruction fimple & intelligible eft préférable, dans un écrit, à une érudition embrouillée & obſcure, de même la nature ſera toujours préférée à l'art, qui doit lui être entièrement ſoumis. C'eſt contre ce principe qu'ont péché de grands artiſtes, à la tête deſquels il faut placer Michel-Ange, qui, pour montrer ſon ſavoir, a manqué aux convenances dans ſes figures du tombeau des Grands-Ducs. C'eſt par la même raiſon qu'on ne doit point chercher la beauté dans les trop grands raccourcis, qui dérobent à la vue des parties qui devroient être viſibles. Les grands raccourcis peuvent bien, à la vérité, faire connoître l'habileté de l'artiſte dans la partie du deſſin; mais ils ne ſeront jamais une preuve de ſes connoiſſances du beau.

La troiſième réflexion regarde le fini. Comme il ne doit point être le premier & le principal but de l'artiſte, on peut regarder comme des taches de beauté les rafinemens qu'on emploie à cet égard; car c'eſt dans cette partie que les ouvriers du Tyrol, qui ont le talent de graver en relief tout le *Pater* ſur un noyau de ceriſe, peuvent diſputer le premier rang. Mais lorſque les acceſſoires ſont exécutés avec le même ſoin & le même fini que l'objet principal, ainſi que le ſont les plantes ſur le premier plan du tableau de la Transfiguration de J. C., elles prouvent l'eſprit de routine, ou l'uniformité d'idées ou d'exécution de l'artiſte, qui, à l'égal du Créateur, veut paroître grand & beau juſque dans les plus petites choſes.

Maffei qui prétend, quoique à tort, que les anciens graveurs de pierres fines favoient donner
un plus grand poli au fond de leurs figures gravées en creux, que les modernes, a fans doute
fixé davantage fon attention fur les petits détails,
que fur la partie effentielle de l'art même. Le
poli du marbre n'eft pas une qualité néceffaire
pour rendre le nu d'une ftatue, comme il l'eft
pour les draperies : ce poli du nu doit tout-au-
plus reffembler à la furface d'une mer tranquille ;
& il y a des ftatues, même quelques-unes des
plus belles, à qui les artiftes n'ont pas donné ce
poli.

J'en ai dit affez, je penfe, pour un écrit dans
lequel je voulois me borner à des vues générales.
Il eft impoffible de donner le dernier degré d'évi-
dence à des chofes qui ne dépendent que du
fentiment ; & l'on ne peut pas enfeigner dans un
livre les différens caractères du deffin, ainfi que
d'Argenville, entre autres, a cru pouvoir le faire
dans fes *Vies de Peintres*. C'eft ici qu'on peut
dire : » Allez y voir vous-même «. Pour vous,
mon ami, je defire beaucoup de vous poff.der
encore une fois à Rome. Vous vous reffouvenez
fans doute que je vous promis ce petit ouvrage,
dans le tems que je gravois votre nom fur l'écorce
d'un plantane fuperbe & touffu, à Frafcati, où
je me rappelai, dans votre compagnie, ma jeuneffe écoulée fi triftement, & où nous facri-
fiâmes enfemble au génie. Rappelez-vous quel-

quefois ces inftans délicieux, & n'oubliez jamais
votre ami. Que votre belle jeuneffe fe paffe dans
les plaifirs nobles & purs de l'efprit, loin de la
folie des cours, afin que vous jouiffiez entièrement de vous-même, tandis que vous le pou-
vez; & que le ciel vous accorde enfin des fils
& des neveux qui vous reffemblent.

DE LA GRACE

DANS

LES OUVRAGES DE L'ART.

DE LA GRACE

DANS

LES OUVRAGES DE L'ART.

La grace eſt ce qui plaît à l'eſprit. L'idée de ce mot eſt fort étendue, puiſqu'elle peut être appliquée à tout ce qui ſort de la main de l'homme. La grace eſt un don du ciel, mais qui n'eſt pas de la même eſpèce que la beauté ; car elle ne fait qu'annoncer la diſpoſition qu'ont les objets à être beaux. La grace ſe forme par l'éducation & par la réflexion ; elle peut même devenir naturelle à l'homme, qui ſemble fait pour la poſſéder. Elle fuit toute eſpèce d'affectation & de contrainte ; mais il faut cependant du travail & de l'attention pour parvenir à la connoître dans les productions de l'art. Elle agit dans le calme & dans la ſimplicité de l'ame ; tandis que le feu des paſſions & de l'imagination l'obſcurcit. C'eſt par elle que toutes les actions & tous les mouvemens de l'homme deviennent agréables , & elle règne avec la plus grande puiſſance dans un beau corps. Xénophon en fut doué ; c'eſt par elle qu'Apelle & le Corrège ont embelli leurs chefs-d'œuvre ; & elle eſt répandue généralement ſur tous les ouvrages de l'antiquité, & s'y fait ſentir même dans les productions médiocres ; mais Thu-

cydide & Michel-Ange ne la connurent & ne la
cherchèrent jamais.

Le jugement que nous portons de la grace naturelle à l'homme diffère, à ce qu'il paroît, de celui
que nous formons de l'imitation de cette grace dans
les ouvrages de peinture & de sculpture, puisqu'on ne trouve souvent pas mauvais dans les productions de l'art, ce qui nous déplaît dans la nature.
Cette différence dans la manière de voir doit être
regardée comme une qualité de l'imitation même,
qui nous frappe d'autant plus, qu'elle offre plus
de singularité; ou plutôt elle doit être attribuée à
des sens peu exercés, & au défaut d'avoir étudié
& comparé les ouvrages de l'art. Car ce que les
préjugés & l'éducation nous font souvent trouver
agréable dans les ouvrages modernes de l'art, nous
révolte lorsque nous sommes parvenus à la connoissance des beautés de l'antique. Le sentiment
de la grace n'est donc pas naturel à l'homme,
puisqu'on peut l'acquérir & l'enseigner, ainsi que
le goût & la beauté, comme l'a remarqué l'auteur des *Lettres sur les Anglois*, quoiqu'on n'ait
pas encore pu en donner une définition exacte.

C'est la grace qui, dans les productions de l'art,
est la partie la plus facile à distinguer, & qui nous
donne l'idée la plus sensible de la différence qu'il
y a entre les ouvrages des anciens & ceux des
modernes. C'est donc de cette partie qu'il faut
commencer à bien s'instruire, si l'on veut s'élever
aux idées abstraites & sublimes de la beauté.

La grace dans les ouvrages de l'art, regarde principalement la figure de l'homme. Elle ne confiste pas feulement dans ce qui lui eft effentiel, comme l'attitude & les mouvemens, mais auffi dans les acceffoires, comme les draperies & les ornemens. Sa qualité eft la jufte proportion qui fe trouve entre la perfonne qui agit & l'action : elle reffemble à l'eau, qui eft d'autant plus parfaite qu'elle a moins de goût. Tout ornement étranger eft funefte à la grace ainfi qu'à la beauté. Il eft à obferver qu'il eft ici queftion du grand ftyle, ou du ftyle héroïque & tragique de l'art, & non de fon emploi dans le genre comique ou familier.

L'attitude & les mouvemens des figures antiques font ceux d'un homme qui, fe préfentant dans une affemblée de perfonnes refpectables & fenfées, excite & eft en droit d'exiger de l'eftime, de la confidération & des égards. L'action des figures n'eft prefque fenfible & caractérifée que par la difpofition immédiate qu'elles ont à l'action, comme celui d'un homme dont les humeurs font dans un jufte équilibre, & dont l'efprit eft tranquille & ferein. Il n'y a que l'attitude des Bacchantes fur les pierres gravées, qui foit violente, parce qu'elle eft convenable au fujet. Ce que je viens de dire des figures debout, doit s'entendre auffi de celles qui font couchées.

Dans les attitudes tranquilles, où le corps porte fur une jambe, tandis que l'autre refte oifive,

cette dernière n'eſt portée en avant ou en arrière
qu'autant qu'il le faut pour faire ſortir la figure
de la ligne perpendiculaire ; & les anciens ont
cherché à indiquer la nature brute des Faunes,
par la poſition de cette jambe qui ſe trouve tournée un peu en dedans, pour faire comprendre
que cette eſpèce d'êtres ne cherchoient point à
ſe donner une grace factice. Les artiſtes modernes,
à qui une attitude tranquille paroît inanimée &
ſans expreſſion, écartent davantage du corps la
jambe oiſive, & s'imaginent que pour donner une
attitude idéale à leurs figures, il faut faire ſortir
le corps de ſon centre de gravité qui ſe trouve
dans cette jambe, & forcer en ſens contraire ſa
partie ſupérieure hors de ſon à-plomb, en donnant à la tête l'air d'une perſonne frappée tout-
à-coup d'une lumière inattendue. Ceux qui, faute
de connoître les ouvrages des anciens, ne peuvent pas ſe former une idée de ce que je viens
de dire, n'ont qu'à ſe repréſenter un amoureux
de théâtre, ou un petit-maître parfumé de la
tête juſqu'aux pieds. Lorſque la place ne per-
mettoit pas cette poſition de la jambe, les anciens cherchoient à ne pas la laiſſer abſolument
oiſive, en la plaçant ſur quelque choſe d'élevé;
ainſi que le feroit une perſonne qui, pour s'entre-
tenir plus à ſon aiſe avec une autre, poſeroit le
pied ſur une chaiſe ou ſur une pierre. Ils avoient
même tellement égard à la bienſéance, qu'ils ne
repréſentoient que très-rarement des figures avec

les

les jambes croiſées, à moins qu'ils ne vouluſſent déſigner des perſonnages dévoués à la molleſſe ; c'eſt dans cette attitude qu'on voit, entre autres, un Bacchus en marbre, & un Pâris & un Nérée ſur des pierres gravées.

Dans les figures antiques, la joie n'éclate jamais ; elle n'énonce que le contentement & la ſérénité de l'ame. Sur le viſage d'une Bacchante, on ne voit briller, pour ainſi dire, que l'aurore de la volupté. Dans la douleur & l'abattement, l'ame eſt l'image de la mer, dont la profondeur eſt tranquille quand la ſurface commence à s'agiter. Au milieu des plus grands maux, Niobé paroît toujours cette héroïne qui ne vouloit point céder à Latone ; car l'ame peut être réduite, par l'excès de la douleur, à un état d'inſenſibilité & d'apathie, qui ne lui permet plus d'appercevoir la grandeur de ſon infortune. Les artiſtes ainſi que les poëtes de l'antiquité, ont repréſenté leurs perſonnages hors de l'action, quand l'action n'étoit propre qu'à faire naître la terreur, la déſolation & le déſeſpoir ; & cela, pour conſerver la dignité de l'homme qu'ils vouloient montrer ſupérieur aux ſituations les plus accablantes & les plus douloureuſes.

Les modernes qui n'ont étudié la grace ni dans l'antiquité, ni dans la nature, non-ſeulement repréſentent la nature comme elle ſent, mais comme elle ne ſent pas. La paſſion érotique d'une Vénus aſſiſe, de marbre, qu'on voit à Potſdam, eſt ex-

primée par une grimace singulière de la bouche,
qui semble respirer avec difficulté ; cependant
l'artiste qui a fait cette statue, a passé plusieurs
années à Rome pour étudier l'antique. La Charité
du Bernin, qu'on voit au tombeau d'un pape,
dans l'église de S. Pierre à Rome, devroit regarder ses enfans d'un air tendre & gracieux, en
un mot, avec les yeux d'une mère ; mais que de
contradictions dans son visage ! Au lieu d'un sou-
rire doux & intéressant, on y trouve un ris sardo-
nique & forcé, que l'artiste lui a donné en faveur
de sa grace favorite, qui consiste à creuser de
petits trous dans les joues. La douleur est souvent
poussée jusqu'au point de s'arracher les cheveux,
ainsi qu'on peut s'en convaincre par plusieurs tableaux célèbres qui ont été gravés.

Quoiqu'il y ait peu de statues antiques dont
les mains se soient conservées, cependant, à en
juger par la direction des bras, on voit bien que
le mouvement des mains étoit naturel, tel enfin
qu'on le remarque dans une personne qui ne croit
pas être observée. Ceux des artistes modernes qui
ont été chargés de restaurer ces chefs-d'œuvre
mutilés, leur ont donné, comme dans leurs propres ouvrages, les mains d'une coquette, qui,
devant son miroir, affecte de faire jouer sa prétendue belle main, & de la montrer à tous ceux
qui assistent à sa toilette. Quand il s'agit d'expression, les mains, dans nos figures modernes,
sont gênées comme celles d'un jeune prédicateur

en chaire. Une figure prend-elle fon vêtement, elle le tient comme une toile d'araignée. Une Némélis qui, fur les pierres antiques, foulève fon *peplon* d'une manière tranquille, le feroit, chez nos modernes, en écartant élégamment les trois derniers doigts de la main.

La grace dans l'acceffoire de la figure, confifte, comme dans la figure même, à fe rapprocher le plus qu'on peut de la nature. Dans les ouvrages de la plus haute antiquité, le jet des plis fous la ceinture eft prefque perpendiculaire ; ils font repréfentés tels qu'ils fe forment naturellement dans une draperie moëlleufe & légère. A mefure que les arts ont fait des progrès, on a cherché la variété ; mais les vêtemens ont toujours été traités comme un tiffu léger, dont les plis ne devoient être ni lourdement accumulés, ni bizarrement difperfés, mais rapprochés & réunis avec élégance & fimplicité, pour en former de grandes maffes. Voilà les deux parties fur lefquelles les anciens ont principalement fixé leur attention, ainfi qu'on peut le voir encore à la belle ftatue de Flore, non celle du palais Farnèfe, mais du capitole, qui a été faite du tems de l'empereur Hadrien. C'eft aux Bacchantes que les anciens ont donné des draperies volantes, mais en obfervant toutefois la convenance, & fans jamais forcer la capacité de la matière, comme nous le prouve une ftatue de Bacchante du palais Riccardi à Florence. Leurs dieux & leurs héros

font repréfentés d'une manière propre à infpirer
du refpect, & comme placés dans des lieux faints
& tranquilles; & non avec des draperies qui femblent être le jouet des vents, ou comme des dra-
peaux déployés. C'eft fur les pierres gravées, à
une Atalante, & à d'autres figures pareilles qui
demandent du mouvement, qu'il faut principalement chercher les draperies légères & agitées
par l'air.

La grace s'étend donc auffi fur les draperies.
Il eft facile de fe former une idée de la manière
dont les Graces devoient être vêtues dans les premiers tems; ce n'étoit certainement point avec
des étoffes lourdes & magnifiques, mais d'un voile
léger jeté négligemment autour du corps, ainfi
qu'on voudroit voir fortir de fon lit une jeune
beauté qu'on aime.

Dans les temps modernes, il ne paroît pas
qu'après Raphaël & fes meilleurs élèves, on ait
penfé que la grace s'étendît jufqu'aux vêtemens,
puifqu'on n'a employé que des draperies affom-
mantes, fous lefquelles la forme du corps, que
les anciens étoient fi jaloux de prononcer, fe
trouve enfevelie. On voit même telle figure qui
femble n'avoir été faite que pour porter une étoffe
lourde, ainfi que le Bernin & Pierre de Cortone
en ont donné l'exemple à leurs imitateurs. Nous
nous habillons à la légère, mais nous aimons à
accabler nos figures fous des draperies pefantes
& incommodes.

Le caractère de grandeur & de fierté que Michel-Ange donna à la sculpture, fut extrêmement funeste à la grace, en s'écartant du goût des anciens. On s'empressa d'imiter un homme, à qui la force de son génie, le feu de son imagination & la profondeur de son savoir n'avoient jamais permis de sentir les mouvemens doux, naturels & tranquilles de la grace. Ses poésies, tant imprimées que manuscrites, sont pleines d'idées de la beauté sublime; mais il n'est jamais parvenu à la rendre, non plus que la grace, dans ses ouvrages de l'art. Comme Michel-Ange ne s'attacha qu'au difficile, à l'étonnant, à l'extraordinaire, il négligea le gracieux, qui demande plus de sentiment que de science; & pour se montrer savant, il tomba dans l'exagération. L'attitude qu'il a donnée aux figures qu'on voit sur le tombeau de la chapelle du Grand-Duc, dans l'église de S. Laurent à Florence, est si forcée, que le modèle le plus patient & le plus exercé ne sauroit la soutenir sans se faire violence. Mais c'est sur-tout dans les ouvrages des élèves & des imitateurs de Michel-Ange, que le manque de grace est remarquable & choquant, parce qu'il s'en faut bien que ce défaut y soit racheté par les beautés sublimes que ce grand maître a répandues dans les siens. On peut se convaincre combien Guillaume de la Porte, le meilleur élève de cette école, a peu connu la grace & le bon goût de l'antiquité, en considérant, entre autres, le Taureau du palais Farnèse, dont la Dircé est, jusqu'à la ceinture, du ciseau de cet artiste.

Le Bernin parut enfin comme un homme de génie & de grands talens ; mais il ne connut jamais la grace. Il voulut embrasser toutes les parties de l'art, & fut peintre, sculpteur & architecte. A l'âge de dix-huit ans il fit son groupe d'Apollon & Daphné, ouvrage merveilleux & bien propre à faire espérer que cet artiste porteroit la sculpture au plus haut degré de perfection. Il fit ensuite son David, qui ne peut en aucune manière être comparé à l'ouvrage dont nous venons de parler. Encouragé par les éloges flatteurs qu'on lui accordoit universellement, & sentant bien qu'il ne lui étoit possible ni d'atteindre, ni d'effacer les anciens, le Bernin voulut s'ouvrir une nouvelle route, que le mauvais goût de son tems lui rendit facile à parcourir. Dès-lors la grace s'éloigna de lui entièrement & pour toujours. Et comment se feroit-elle accordée avec les procédés de cet artiste ? Il ne cherchoit & ne puisoit ses traits que dans la nature commune ; & quand il voulut s'élever à l'idéal, il ne représenta que ses propres idées : du moins la nature n'offre-t-elle en Italie rien de conforme à ses expressions & à ses figures. Il fut cependant regardé comme le dieu de l'art ; mais il ne dut cette gloire qu'au goût corrompu de son siècle, ainsi que je l'ai déja remarqué.

On peut juger des artistes des autres pays, par ce que je viens de dire de ceux de Rome ; & je

me fuis borné à parler des ouvrages de fculpture,
parce qu'il eft facile de fe former, hors de l'Italie,
une idée du mérite des peintres modernes. Je ne
fais au refte ici qu'expofer quelques réflexions
générales fur l'art, que je compte développer davantage dans la fuite, lorfque le tems & des circonftances plus heureufes me le permettront.

F I N.

NOTE pour la page 9ᵉ, ligne 17ᵉ.

Kabardinski. Les Kabardinski ou Kabardiens, généralement connus
en Europe fous le nom de Circaffiens, habitent le dos feptentrional
du Caucafe, & font répandus en petit nombre fur les rives inférieures du fleuve Koûban. La beauté naturelle des Kabardiennes,
& les rafinemens de l'art qu'elles emploient pour plaire, font, comme
on fait, ce qui leur a mérité une grande célébrité dans les harems
de l'Afie.

Traité philosophique & politique sur le Luxe, 1786, 2 vol. in-12. 6 liv.

Livres classiques de l'Empire de la Chine, recueillis par le P. Noël, précédés d'Observations sur l'origine, la nature & les effets de la Philosophie morale et politique dans cet Empire, 8 vol.

Les quatre premiers volumes sont en vente, br. 7 l. 4. f.

Les mêmes sur papier-vélin d'Annonay, br. 16 liv.

Examen du Fatalisme, ou Exposition & Réfutation des différens Systêmes de Fatalisme qui ont partagé les Philosophes sur l'origine du Monde, la nature de l'Ame, & sur les principes des Actions humaines, 3 vol. in-12. 9 liv.

Mémoires pour servir à l'Histoire des Égaremens de l'Esprit humain par rapport à la Religion Chrétienne, ou Dictionnaire des Hérésies, des Erreurs & des Schismes, 2 vol. in-8°. 9 liv.

De la Sociabilité, 2 vol. in-12. 5 liv.

Doutes sur différentes opinions reçues dans la société, troisième édition seule reconnue par l'auteur, 2 vol. in-12, br. 2 liv. 8 f.

Lettres de Mad. la Comtesse de L***. à M. le Comte de R***. in-12. br. 2 liv.

De la Sagesse, par Charron, nouv. édit. 2 vol. in-12, 6 l.

Code des Présidiaux, ou Conférence de l'Edit des Présidiaux, du mois d'août 1777, par Dreux du Radier, in-12, br. 1 liv. 16 f.

Histoire des Gouvernemens du Nord, traduite de l'anglois de Williams, 4 vol. in-12 rel. 12 liv.

Œuvres de Mᵉ. de Staal, contenant ses Mémoires & ses Comédies, 2 vol. in-12. 6 liv.

Histoire de la Ligue de Cambray contre la République de Venise, par l'Abbé Du Bos, 2 vol. in-12. 6 liv.

Fables de La Fontaine, avec les figures dOudry, *premières épreuves*, 4 vol. in-fol. 200 liv.

Dictionnaire des Cultes religieux, 3 vol. in-8°. fig. 15 l.

Rollin. Histoire ancienne, 14 vol. in-12. 42 liv.

————————————Romaine, 16 vol. in-12. 48 liv.

————Traité des Etudes, 4 vol. in-12. 12 liv.

Abrégé de l'Histoire ancienne, par Tailhié, 5 vol. in-12. 15 l.

——————————— Romaine, par le même, 5 vol. in-12. 15 l.